Elena Skrjabin

Von Petersburg bis Leningrad

Elena Skrjabin

Von Petersburg bis Leningrad

Eine Jugend zwischen
Monarchie und Revolution

Einführung von
Norman Luxemburg

Limes Verlag

Deutsch von
Peter Böbbis

Vorwort von
Harrison E. Salisbury

This edition is reprinted by arrangement with Transaction, Inc.

© 1986, Limes Verlag Niedermayer und Schlüter GmbH,
Wiesbaden und München
Satz: Fotosatz Völkl, Germering
Gesetzt aus 10/12 Punkt Aldus auf CRTronik
Druck: Jos. C. Huber KG, Dießen
Binden: Thomas Buchbinderei, Augsburg
Umschlagentwurf: Werner Rebhuhn
Printed in Germany
ISBN 3-8090-2243-8

Inhalt

Vorwort
von Harrison E. Salisbury

Nur wenige haben die andauernde Tragödie der gegenwärtigen russischen Generation so ergreifend genau erfaßt wie Elena Skrjabin. Zuerst kam ihr mustergültiges Tagebuch der Belagerung von Leningrad, die sie mit ihrer Familie erdulden mußte. Sie war eine der wenigen ihrer Familie, die überleben konnten. Dann kam ihr Bericht von den Heimsuchungen und Leiden unter der deutschen Besetzung und dazu der glückliche Umstand, daß sie am Ende des Zweiten Weltkriegs von der Repatriierung in ihr Heimatland verschont blieb. Und hier haben wir jetzt diese heraufbeschwörende Erinnerung an eine Lebensweise, die völlig verschwunden ist: an das vorrevolutionäre Rußland und die frühen, fast noch unschuldigen Tage des bolschewistischen Regimes.

Alexej Tolstoi hat den wichtigen russischen Roman *Der Leidensweg* geschrieben, in dem er versuchte, einige der Ereignisse und etwas von den Leiden ins Gedächtnis zurückzurufen, die Elena Skrjabin erdulden mußte. Aber hier haben wir das Leben einer Frau in kräftig-leuchtenden und sehr persönlichen Einzelheiten: die sonnigen Kindheitstage in Nischnij-Nowgorod und St. Petersburg, die überschatteten Jahre vor dem Ausbruch des Ersten Weltkriegs sowie die Revolution und die Verwüstungen auf dem Lande in den Jahren 1917 und 1918.

Elena Skrjabins Vater gehörte zum rechten Flügel der Duma. Er war extrem konservativ, aber ein überzeugter Verfechter der parlamentarischen Prinzipien, die nur kurz in dem Zeitraum zwischen den russischen Revolutionen von 1905 und 1917 aufflackerten. 1917 wurde er schnell von der Bewegung der Weißen mitgerissen, die in Opposition zu den Kommunisten standen.

Aber der Kampf war zum Scheitern verurteilt, und innerhalb weniger Jahre starb er in Paris, ein Teil jenes endlosen Stroms menschlicher Bruchstücke, die von Rußlands inneren Konvulsionen hinausgeschleudert wurden.

Elena Skrjabin lebte auch unter den Sowjets weiter. Sie schaffte es, zu heiraten, Kinder zu gebären und Arbeit zu finden. Und dann, nach Lenins Tod, sah sie mit fast unerträglicher Beklemmung zu, wie Freunde und Verwandte in dem unersättlichen Rachen von Stalins Gefängnissystem verschwanden. Am Ende war sie eine der wenigen Überlebenden. Die Belagerung von Leningrad, die Hungersnot und die schrecklichen Heimsuchungen des Zweiten Weltkriegs rafften den größten Teil der anderen dahin.

Und doch gab es vor diesem Hintergrund sonnige Augenblicke, winzige Zeitspannen, in denen es schien, als sei der furchtbare Tiger der Angst in die Ecke gedrängt und ein Leben wieder möglich. Aber niemals waren Angst oder Terror für lange fern. Sie kamen wieder und wieder zurück, solange Stalin lebte. (Und auch nach seinem Tod waren sie nicht völlig vorüber.) Dennoch gab es neben den Speichelleckern und Maulhelden anständige, menschliche und freundliche Kommunisten, die Elena Skrjabin und ihrer Familie halfen. Am Ende waren es die Parteianhänger, die mehr unter den Säuberungen zu leiden schienen, als die Parteilosen und Unpolitischen wie Elena Skrjabin.

Dies Buch ist eine wertvolle Ergänzung zu der immer umfangreicher werdenden Darstellung der Verhältnisse in der Sowjetunion in den zwanziger und dreißiger Jahren. Diese Darstellung neigte ein wenig zur Unschärfe durch das ganz natürliche Interesse der jüngsten Jahre für die Dissidenten-Bewegung und für die Lebensbedingungen in der Sowjetunion während der Zeit nach Stalin und nach Chruschtschow.

Elena Skrjabin sah nur einen kleinen Ausschnitt des Lebens. Sie stand nicht im Mittelpunkt der Ereignisse. Sie ist vor dem Krieg einmal mit dem späteren Premierminister Alexej Kossygin zusammengetroffen, als er noch ein tatkräftiger junger Mann auf dem Weg nach oben war, aber sie war zu unpolitisch, um zu begreifen, daß er einer der kommenden Männer war. (Und tatsächlich wäre Kossygin von Stalins Hand fast vernichtet worden, bevor er schließlich unter Chruschtschow zu einer Säule des Regimes wurde.)

Elena Skrjabins Erinnerungen sind ein Denkmal für die moralische Kraft und den Überlebenswillen, ohne die das russische Volk die furchtbare Bedrängnis nicht hätte ertragen können, die ihm eine ununterbrochene Folge tyrannischer Herrscher auferlegt hat.

Einführung
von Norman Luxenburg

Im Jahre 1912 bereitete Elena Skrjabins Vater Alexander Gorstkin den Umzug seiner Familie in die damalige russische Hauptstadt St. Petersburg vor, das heutige Leningrad, um seinen Sitz im russischen Parlament (der Duma) einzunehmen. Das St. Petersburg, in das die junge Elena 1912 zog, unmittelbar vor dem dreihundertsten Jubiläum der Thronbesteigung durch die Romanow-Dynastie, war eine sehr weltoffene und moderne Stadt. Sie hatte ein enormes Wachstum hinter sich, von 485 000 Einwohnern im Jahre 1850 auf eineinhalb Millionen im Jahre 1880 und über zwei Millionen im Jahre 1912. Straßenbahnen, Wasser- und Gasinstallationen, Elektrizität und Telefon waren vorhanden. 1912 hatte St. Petersburg mehr Telefone pro Kopf der Bevölkerung als Paris. Obwohl es mit Sicherheit beträchtliche Armut in Rußland gab, blieb Elena jedoch isoliert von den Problemen des »bäuerlichen Rußlands«, der großen Masse der Bevölkerung.

Dieses Petersburg von 1912 war eine schnellwachsende, sich schnell verändernde Stadt, und das Rußland von 1912 und der Vorkriegszeit war ein sich schnell veränderndes Land, das sich in die verschiedensten Richtungen entwickelte. Die Veränderungen waren überwältigend, wenn man sie nüchtern betrachtete.

Erst fünfzig Jahre zuvor war noch keine einzige russische Stadt an die Eisenbahn angeschlossen. Im ganzen Land gab es gerade 1500 Kilometer Eisenbahnlinie. Bis 1912 waren die wichtigsten russichen Städte mit dem Eisenbahnnetz verbunden, und die transsibirische Strecke verband St. Petersburg, Moskau und andere russische Städte mit dem rund elftausend Kilometer entfernten Wladiwostok und dem Pazifik. Das Schienennetz wuchs

rasch, und 1912 hatte Rußland mehr Schienenkilometer vorzu-
weisen als jede andere Nation der Welt außer den Vereinigten
Staaten. Die westeuropäischen Eisenbahnsysteme, besonders die
englischen und deutschen, waren natürlich wesentlich weiter
entwickelt als die russischen; sie hatten jedoch praktisch ihre
größte Dichte erreicht, während das russische noch zunahm.

Ein halbes Jahrhundert vor 1912 gab es in allen Erziehungs- und
Bildungseinrichtungen Rußlands nur 400 000 Schüler und Studenten. Im Jahre 1895 waren es 2,5 Millionen, 1905 5,5 Millionen und 1915 9,5 Millionen. Ein halbes Jahrhundert vor 1912,
also noch vor der Befreiung von 1861, wurde der Durchschnitts-
russe als Leibeigener geboren.

Weniger als vierzig Jahre vor 1912, noch vor den großen Reformen des Militärwesens in den siebziger Jahren des neunzehnten
Jahrhunderts, standen dem durchschnittlichen russischen Re-
kruten bei seinem Eintritt in die Armee fünfundzwanzig Dienst-
jahre unter harter Disziplin bevor. Die Reformen der siebziger
Jahre reduzierten nicht nur die Dienstzeit auf sechs Jahre, sie
brachten auch eine gewaltige Verbesserung der Lebensbedingungen für die Truppen.

Beinahe gleichzeitig mit den Heeresreformen brachte die Justiz-
reform der siebziger Jahre das Geschworenengericht, kompeten-
tere Richter, gerechtere Verfahren, und sie stellte das russische
Rechtswesen auf eine klare gesetzliche Basis.

Der Ausstoß der russischen Schwerindustrie nahm rasch zu. In
dem Vierteljahrhundert vor 1913 hatte sich die russische Stahl-
produktion verneunfacht, und Rußland hatte Frankreich über-
holt und war viertgrößter Stahlproduzent der Welt geworden.
Die Produktion pro Kopf der Bevölkerung war natürlich beträchtlich geringer, und der Lebensstandard des Durchschnitts-
russen war 1912 immer noch niedrig, verglichen mit dem der
Westeuropäer. Doch die industriellen und wirtschaftlichen Veränderungen im russischen Reich waren gewaltig. Der industriellen Entwicklung entsprachen große kulturelle und politische
Veränderungen und Entwicklungen, und dies traf ganz beson-

ders für die Hauptstadt zu. Das kulturelle Leben der Hauptstadt vibrierte in praktisch jedem Bereich von Künstlern, die es mit den besten von Paris, London oder anderen Zentren der Welt aufnehmen konnten. In den zwanzig Jahren vor dem Ersten Weltkrieg bereicherten Rimskij-Korssakow, Tschaikowskij, Strawinskij, Rachmaninow, Skrjabin, Glasunow und Kussewitzkij das kulturelle Leben der Stadt. St. Petersburg besaß vier Opernhäuser, jedes mit einer kompletten Spielzeit. Serge Diaghilew hatte dem Westen das russische Ballett gezeigt, ein Ballett, das nirgendwo übertroffen wurde. Russische Tänzer, Sänger und Schriftsteller von Nijinskij und Schaljapin bis Tolstoi und Gorki waren weltberühmt.

Ein gewaltiger Graben trennte immer noch die intellektuellen und gebildeten Kreise von der großen Masse der russischen Bevölkerung. Von einem jungen Mädchen, das in diese pulsierende‚schöne, erregende Hauptstadt der menschenreichsten Nation der nichtasiatischen Welt kam, konnte man jedoch kaum erwarten, daß sie sich der seit langem bestehenden sozialen Probleme bewußt war. Man konnte von ihr auch nicht erwarten, daß sie irgend etwas von den parlamentarischen Auseinandersetzungen zwischen ihrem Vater und dem rasch aufsteigenden Sozialistenführer Alexander Kerenskij verstand.

Allein die Tatsache, daß Rußland im Jahre 1912 ein Parlament hatte, in dem sich oppositionelle Stimmen und Meinungen zur Regierung des Zaren bemerkbar machten, war ein gewaltiger Fortschritt; denn 1906, nur sechs Jahre früher, hatte es dieses Parlament noch nicht gegeben. 1912 war die Duma schon eine anerkannte und gefestigte Einrichtung im politischen Leben Rußlands. 1914 wurde Rußland in den Ersten Weltkrieg verwikkelt, in dem es die größte Armee aufstellte und größere Verluste erlitt als jede andere Armee in der Geschichte. Von den rund fünfzehn Millionen Männern, die in der Armee dienten, fielen rund neun Millionen. Das russische Transportwesen und die verhältnismäßig dürftig entwickelten finanziellen und industriellen Einrichtungen waren bis zum Zerreißen belastet. Die

Lebensmittel-Lieferungen in einige der Hauptzentren, besonders in die Hauptstadt, wurden unterbrochen. Die russische Armee hatte an der Front mehrere schwere Niederlagen erlitten und wurde in Polen zurückgeworfen. In der Heimat stellte das schlecht bezahlte industrielle Proletariat fest, daß eine rasende Inflation seine schon vorher geringe Kaufkraft beschnitt. Rasputins wirkliche und angebliche Rolle in der Nähe des Thrones hatte dem Ansehen der Zarenfamilie bei genau den Kräften geschadet, die es in erster Linie stützten. Außerdem hatte die Nationalitäten-Politik des zaristischen Regimes Unzufriedenheit bei vielen der nicht-russischen Völker des Reiches erzeugt.

Unter diesen Umständen ist es nicht überraschend, daß es eine Revolution gab, sondern vielmehr, daß das Reich drei Jahre erbitterten Kampfes überstand, bevor die Revolution ausbrach.

Elena Skrjabin beschreibt, wie die gewaltigen Verluste des Ersten Weltkrieges das Hinterland trafen, wie fast alle Freunde ihrer Familie Söhne oder Verwandte an der Front verloren. Sie beschreibt die Plünderung der Güter und die Verhaftung der vermutlichen »Klassenfeinde«. Eindrücke von der Hungersnot an der Wolga in der Zeit nach dem Bürgerkrieg, der schreckliche Wohnungsmangel, die »American Relief Administration«, die Hungersnot in Leningrad während der frühen zwanziger Jahre, die Menschen zu Tieren werden ließ, dies alles scheint in den Seiten dieser bemerkenswerten Erinnerungen auf.

Elena Skrjabin beschreibt darüber hinaus die Lebensbedingungen im Leningrad der dreißiger Jahre; die Sechs-Tage-Woche mit Gefängnisstrafen für jeden, der dreimal zu spät kam; und das niederdrückende Gefühl, wenn gegen zwei oder drei Uhr morgens bewaffnete Männer in die Wohnung stürmten; und die Angst der Ungewißheit, ob die herannahenden Stiefelschritte im Flur jemandem aus der eigenen Familie gelten.

Hier haben wir die ungeschminkte Geschichte des russischen Lebens, erzählt von einem Menschen mit Beobachtungsgabe, der sie selbst erlebt hat; dies ist Pflichtlektüre für alle, die den Hintergrund des gegenwärtigen Sowjetregimes verstehen wollen.

1

Aus der fernen Vergangenheit

Im Jahre 1912 lebten meine Eltern, meine zwei Brüder und ich, die jüngste, in Nischnij-Nowgorod, dem heutigen Gorki. Mein ältester Bruder Wassili studierte in St. Petersburg und wohnte dort im Haus meiner Tante. Gegen Ende Mai und Anfang Juni, als der Unterricht am adeligen Lehrinstitut von Nischnij-Nowgorod zu Ende ging, wurde beschlossen, daß die ganze Familie nach Obrochnoje reisen sollte, unser Landgut im Distrikt Lukojanow. Obwohl ich immer ein wenig traurig war, unser behagliches Haus und besonders meinen über alles geliebten Garten zu verlassen, so bedeutete doch Obrochnoje mit seinem riesigen Park und seinem Haus mit dem weißen Säulenvorbau etwas Lockendes und Romantisches für mich.

Am Frühjahrsbeginn jenes Jahres hörte ich zufällig ein Gespräch meiner Eltern mit, das mich außerordentlich ratlos machte, verwirrte und betrübte. Meine Mutter sagte gerade, man müsse unbedingt mit den Vorbereitungen für unseren Umzug nach St. Petersburg beginnen. Ich erinnere mich gut, was dies für einen Eindruck auf mich machte: Es erschien mir äußerst unangenehm, obwohl Kinder doch die Abwechslung lieben. Tränenüberströmt warf ich mich in Mutters Arme und flehte sie an, Nischnij, mein geliebtes Haus und den Garten nicht zu verlassen. Nachdem sie sich meinen Ausbruch in Ruhe angehört hatte, antwortete Mutter, daß Vater in die Reichsduma gewählt worden sei. Dies sei eine so wichtige Angelegenheit, daß wir vom Herbst an in St. Petersburg wohnen müßten. Keine ihrer Erklärungen konnte Eindruck auf mich machen. St. Petersburg schien so weit weg, so kalt und fremd. Nischnij dagegen, mit dem prächtigen Wolgastrom und seinen sanften Uferhängen, mit den Spaziergängen, die Nana und ich fast jeden Tag unternahmen, mit seinem fröhlichen Jahrmarkt und den Rodelpartien den vereisten Hügel hinab – das alles war mir so teuer, daß ich mir kaum vorstellen konnte, es zu verlassen. Außerdem lebten alle meine Freunde hier, Jungen und Mädchen in meinem Alter.

Besonders beglückend waren unsere Weihnachtsfeiern, für die jedesmal ein gewaltiger Tannenbaum im Salon aufgestellt wurde. Wir Kinder warteten dann unruhig im Nebenzimmer, bis sich die Tür endlich öffnete und Peter, unser Diener, in seinem schwarzen Rock und mit weißen Handschuhen feierlich ankündigte:

»Wenn ich bitten dürfte«. Geblendet vom Licht einiger Dutzend Kerzen, von zahlreichen gold- und silberglänzenden Spielzeugen, vergoldeten Nüssen, Äpfeln und Süßigkeiten in bunten Verpackungen, drängten wir in den Raum. Es schien mir, als ob all dies nun zu Ende sein sollte.

Diese St. Petersburger Duma, die die Anwesenheit meines Vaters erforderte, brachte mich völlig durcheinander. Da mir meine Mutter keine ausführliche Erklärung gegeben hatte, wandte ich mich an Nana, meine treue Vertraute für schwierige Zeiten. Nana wußte bereits von den beabsichtigten Veränderungen und begrüßte sie genausowenig wie ich. Wenn sie auch mit mir klagte, so beruhigte sie mich doch, als sie mir sagte, daß es nicht sofort geschehen würde, daß ein herrlicher und prachtvoller Frühling in Nischnij auf uns wartete; und noch immer konnten wir unsere Lieblingsspaziergänge am Ufer und die Fahrten auf der Wolga unternehmen. Und sie erinnerte mich ebenfalls daran, daß unsere ganze Familie Anfang Juni, wenn der Unterricht für meine Brüder zu Ende ging, nach Obrochnoje reisen würde. Und diesen Sommer sollte ich, so hatte es Vater versprochen, ein Pferd bekommen und Reitunterricht erhalten. Mein Kummer war also zunächst einmal vergessen.

Jener Sommer des Jahres 1912 war erfüllt von den aufregendsten Ereignissen. Ich sollte Französisch lernen, und auf die Anzeige meiner Mutter kamen zahlreiche Frauen jeden Alters in unser

16

Haus, um sich für die Stelle der Französisch-Hauslehrerin vorzustellen. Dies geschah jeden Tag während der wenigen Wochen
vor unserer Abreise aufs Land, und es bedeutete nicht nur für
mich, sondern auch für meine Brüder einen Mordsspaß. Jedesmal, wenn die Glocke ging, sprangen Paul und Georg auf und
versteckten sich hinter der Tür, um die Kandidatinnen zu mu-
stern. Und wenn die Bewerberin wieder gegangen war, platzten
sie jedesmal in den Salon, um Mutter mit Ratschlägen zu über-
schütten. Die älteren und weniger attraktiven Frauen schnitten
dabei nicht besonders gut ab. Nach eine Woche ununterbroche-
ner Besuche und Beratungen fiel die Wahl einmütig auf Yvette
Delacroix, ein attraktives und charmantes Mädchen aus Lyon.
Meine Mutter war völlig zufrieden mit ihren Empfehlungsschreiben, meinen Brüdern dagegen gefielen ihre Jugend und ihr
Aussehen.
Am fünften Tag des Junis reiste unsere ganze Familie nach
Obrochnoje, einschließlich Wasja, der aus St. Petersburg gekommen war. Das Hauptereignis dieses Jahres sollte im Juli die
Vermählung unseres Onkels Nikolai, des jüngsten Bruders meines Vaters, mit einer einundzwanzigjährigen Studentin namens
Olga sein. Obwohl ich damals noch nicht verstand warum, bemerkte ich doch, daß Großmutter die Verlobte ihres Sohnes
nicht akzeptierte. Später erst, als ich ein Gespräch zwischen Erwachsenen mithörte, begriff ich, daß Großmutter emanzipierte
Frauen verabscheute. Olga war sehr selbstsicher und – wie ich
meinte – auch sehr hübsch. Sie verhielt sich recht herablassend
zu den Menschen in ihrer Umgebung und begann mit jedem
Streit, auch mit Großmutter. Thema ihrer Auseinandersetzungen war die Stellung der Frau in der damaligen russischen Gesellschaft. Olga sprach laut, scharf und etwas durch die Nase, was
Großmutter besonders irritierte. Olga Alexeijewna, meine
Großmutter, war noch von der alten Schule und hielt das Kinderzimmer, die Speisekammer und sogar die Küche für den einer
Frau angemessenen Platz. Höhere Schulbildung und gar Studien
waren für die Köpfe der Frauen ungeeignet. Es war schwer, mit

ihr darüber zu diskutieren - sogar ihre Söhne vermieden dieses Thema.

Aus mitgehörten Gesprächen zwischen Nana und den Bediensteten schloß ich, daß die Hochzeit möglicherweise nicht stattfinden würde. Das betrübte mich besonders, weil ich Olga sehr mochte. Sie hatte einen völlig neuen Geist in die Atmosphäre unseres alten Gutes gebracht. Meiner Meinung nach war es nicht ganz und gar falsch, uns mit etwas Neuem bekannt zu machen, besonders dann nicht, wenn es eine gebildete Tante war. Darüber hinaus war dies mein erster Kontakt mit einer jungen Frau, die andere Interessen hatte als Heim und Herd. In meinem späteren Leben, als ich mit sechzehn die Oberschule verließ, träumte ich davon, eine Technische Hochschule zu besuchen und Ingenieur zu werden. Die Erinnerung an Olga begleitete mich, sie wurde mein Vorbild.

Neben der persönlichen Sympathie für Olga betrübte mich die mögliche Absage der Hochzeit noch aus einem anderen Grund. Ich hatte früher schon von Hochzeitsfeiern auf dem Lande gehört und einige gesehen, und der Gedanke, in einer mit Glöckchen und Blumen geschmückten Troika zur Kirche zu fahren, gefiel mir ziemlich gut. Später dann wären die Erwachsenen so beschäftigt, daß wir Kinder von der ständigen Überwachung befreit wären. Was für eine herrliche Feier versprach das zu werden, mit all den Verwandten, Freunden, und Nachbarn, die kommen würden! Was für ein Vergnügen würde das sein, wenn ich mit meinen Vettern und Kusinen bei solch einem großen Festessen beisammensäße.

Glücklicherweise bestätigten sich meine Befürchtungen nicht, und am 24. Juli, meinem Namenstag, wurde die Hochzeit zwischen Olga und Onkel Nikolai mit viel Jubel gefeiert. Nie werde ich die Zehnergruppen und Troikas vergessen, eine schöner und schneller als die andere, die herausgeputzten Kutscher in den bunten langen Blusen, die mit roten Schärpen zusammengebunden waren, die Versammlung eleganter Gäste, die zahlreichen Blumensträuße und den feierlichen Gottesdienst. Besonders beeindruckt war ich von dem überwältigenden Festmahl und dem riesigen Tisch mit Vorspeisen, der für uns Kinder der größte Anziehungspunkt war.

Das zweite große Ereignis dieses Sommers war das Geschenk meines Vaters: Mousme, eine wunderbare rotbraune Stute, stand mir ganz allein zur Verfügung, und wir begannen sofort mit den Reitstunden. Paul, ein hervorragender Reiter, wurde mit meinem Unterricht betraut. Zunächst setzte er mich auf einen Kosakensattel, weil er das für weniger gefährlich hielt. Aber schon bald wurde ich zu einem prachtvollen Damensattel promoviert, der nach frischgegerbtem Leder roch. Und als ein passendes Reitkostüm anprobiert und genäht war, als ein Hut mit Schleier gekauft wurde, kannte mein Stolz keine Grenzen. Das Pferd war ruhig und gut dressiert, so daß ich schon bald den extra angelegten großen Kreis auf der Wiese hinter dem Haus abreiten konnte. Entweder mein Bruder Paul oder der Stalljunge begleiteten mich, so daß ich nie allein war. Zur Ferienzeit kamen immer Besucher auf das Gut, meist unsere nächsten Verwandten. Paul lud sie jedesmal in unser »Hippodrom« ein, um ihnen meine Fortschritte zu demonstrieren. Wir waren immer so glücklich und fröhlich in Obrochnoje.

Das Anwesen wurde durch eine breite Straße geteilt. Der alte Teil mit seinen ehrwürdigen Bäumen, den birkengesäumten Wegen und einem weitläufigen Obstgarten gehörte Großmutter. Das Gebäude aus dem achtzehnten Jahrhundert, es hatte den Namen »das alte Haus« erhalten, war aus Holz gebaut und umfaßte eine große Zahl von Räumen; und wenn es auch manche Annehmlichkeit vermissen ließ, so war es doch sehr wohnlich und voller besonderer Geräusche und Gerüche. Unser Haus aus dem Jahre 1906 nannte man das »neue Haus«. Es war aus weißem Stein gebaut, mit hochragenden weißen Säulen über die ganze Frontseite. Es enthielt jede Art modernen Komforts, einschließlich zweier Badezimmer (ein seltener Luxus in jenen Tagen) und einer riesigen Terrasse mit einem weiten Ausblick. Meine Mutter, die eine schöne Aussicht liebte, hatte angeordnet, einen Teil des Obstgartens umzuhacken, so daß man die grünen Wiesen und den Fluß sehen konnte. In diesem Haus gab es weit weniger Zimmer als in dem alten Haus, auf der anderen Seite jedoch war hier alles vorhanden, was schön und bequem war. Ich mochte besonders die prächtige Auffahrt zum Haus, die langsam ansteigende Asphaltstrecke, über die die Troikas der Gäste heranrollten, wenn sie sich der imposanten Vorhalle näherten.

Großmutter versammelte alle um sich, die ihr nahestanden. Zu jener Zeit war sie etwas über Siebzig und immer noch schnell genug auf den Beinen, um mit ihren Enkeln zu spielen. Außerdem spielte sie oft flotte Walzer und Polkas auf dem Klavier und zwang jeden, zu ihrer Begleitung zu tanzen. Jedermann bewunderte und fürchtete sie gleichermaßen. Sie war streng, aber nicht nachtragend. Zu jener Zeit zog sie gerade mehrere Waisenmädchen groß und bildete sie als Dienstmädchen aus, »für gute Häuser«, wie sie sagte. Bei Ungehorsam zögerte sie keine Sekunde, körperliche Züchtigung anzuwenden. Als ich zum erstenmal sah, wie sie Sima schlug, ein liebes Mädchen, mit dem ich jeden Tag spielte, brach ich in Tränen aus. Großmutter, die sich schnell wieder beruhigt hatte, wurde ganz verlegen durch meine heftige Reaktion. Sie hastete in die Speisekammer und kehrte mit einer hübschen Portion meiner Lieblings-Süßigkeiten für Sima und mich zurück. Offenbar wollte sie Sima entschädigen, weil sie bestraft worden war, und mich belohnen, weil ich Mitleid gezeigt hatte. Sima, die nicht eine Träne vergossen hatte, versuchte mich zu trösten, indem sie mir zwischen meinen Schluchzern Süßigkeiten in den Mund steckte. Die Kinder der Familie und der Freunde, die zu Besuch waren, gingen jeden Morgen um Punkt neun Uhr zum alten Haus, um Großmutter einen guten Morgen zu wünschen. Sie war stets im Eßzimmer, wo sie in einem Lehnstuhl auf uns wartete, umgeben von Körbchen mit Schokoladenstückchen, Nüssen und anderen für jedes Kind verlockenden Leckereien. Sie teilte freigebig alles aus, ermahnte uns jedoch, damit bis nach dem Essen zu warten. Das taten wir natürlich nie; aber unseren Appetit haben wir dabei nie eingebüßt.

20

Ich mußte zum Essen immer in das neue Haus. Wenn wir mit dem Nachtisch fertig waren, eilten meine Brüder und ich zum alten Haus, wo die Mahlzeiten gewöhnlich später begannen. So konnten wir noch einmal ganz von vorn anfangen, beim ersten Gang. Anfangs war Mutter böse und schalt uns für ein derartiges Benehmen. Später winkte sie nur mit der Hand, und schon rannten wir für unser zweites Essen zu Großmutters gastfreundlichem Haus.

Als der August kam, begann die glückliche Sommerstimmung schon zu verblassen. Meine Eltern erörterten den Umzug nach St. Petersburg und die Notwendigkeit, eine Wohnung zu finden. Aber wir hatten noch eine letzte gute Sache, auf die wir uns in jenem Jahr freuen konnten – Vaters Geburtstag am dreißigsten August. An diesem Tag würden ebenso viele Gäste da sein wie am 24. Juli, wenn Großmutter ihren Geburtstag feierte.

Vor diesem letzten Ereignis, auf das wir uns lange freuten, stand jedesmal unsere Rückkehr nach Nischnij-Nowgorod. Wie glücklich war ich doch jeden Herbst gewesen, zu all meinen Freunden und zu meinem behaglichen, hellen Schlafzimmer zurückzukehren. Eine ziemlich enge, wenig befahrene Straße lief an meinem Fenster vorbei, wo Frauen von Haus zu Haus Milch, Gemüse und Beeren verkauften. Sie machten sich ihren Kunden mit lauten, singenden Stimmen bemerkbar.

Außer den Frauen kam oft ein tatarischer »Prinz« – so nannte man diesen Tataren in Nischnij – vorbei, um gebrauchte Sachen zu kaufen. Aber die Hauptattraktion war der Drehorgelspieler mit seinem Papagei. Ich kletterte jedesmal auf die breite Fensterbank und warf ihm, wenn sein Repertoire beendet war, die Kupfermünzen hinab, die mir Vater dann gab.

All das war nun vorbei, und der graue Himmel mit den jagenden Sturmwolken ließ alles nur noch bedrückender erscheinen. Ich hätte gern geweint, schämte mich aber in der Gegenwart von Yvette. Sie stand fröhlich schwatzend neben mir, als wir in St. Petersburg einfuhren, diese Stadt, die so rätselhaft und wenig anziehend auf mich wirkte. Sogar meine Mutter schien Yvettes

Stimmung zu teilen. Mama hatte ihre Jugend in St. Petersburg verbracht und die glücklichsten Erinnerungen an jene Zeit zurückbehalten.

Als der Zug hielt, kam eine aufgeregte Gruppe, um uns zu begrüßen: Vater, meine drei Brüder, meine Tante (Mutters Schwester), sowie ihre Söhne und Töchter. Sie waren alle bester Laune und froh über unsere Ankunft. Meine Brüder umringten mich, drückten und küßten mich und fielen sich gegenseitig ins Wort, um mir von den interessanten Dingen und den wundervollen Geschenken zu erzählen, die Vater für mich bereithielt. Ich kannte seine Großzügigkeit, und so hatte ich schon einen Vorgeschmack auf die angenehmen Dinge, die da kommen sollten.

Wir mieteten Kutschen und fuhren los in die Pantelejmonowskaja-Straße, wo Vater eine Wohnung gemietet hatte. Obwohl es zu regnen aufgehört hatte, war es immer noch grau und trübe. Und so schien mir, daß wir uns endlos dahinschleppten, obwohl die Fahrt vom Nikolajewski-Bahnhof bis zur Pantelejmonowskaja-Straße nur wenig mehr als fünfzehn Minuten dauerte. Doch schließlich hielten wir vor einem grauen, fünfgeschossigen Gebäude.

In der Eingangshalle befand sich ein winziger Fahrstuhl, der mit Mühe zwei Personen faßte. Wir ließen unsere Eltern damit fahren, während wir zur fünften Etage hinaufgingen.

Ich nahm sofort die Acht-Zimmer-Wohnung in Augenschein. Sie hatte einen langen, engen Korridor, eine Küche und zwei Räume für die Bediensteten; aber sie machte gar keinen guten Eindruck auf mich. Besonders enttäuscht war ich von meinem Zimmer – es war lang, eng und sogar verwinkelt, überhaupt nicht zu vergleichen mit meinem hellen, geräumigen Zimmer in Nischnij-Nowgorod. Kaum Herr meiner Tränen, begann ich, die Pakete auszuwickeln, die auf mich warteten. Das lenkte meine Aufmerksamkeit ein wenig von den ersten unangenehmen Eindrücken ab.

Mit jenem Tag begann für mich und meine ganze Familie ein völlig neues Leben. Mein Vater hatte früher, als Oberhaupt des

Adels im Bezirk Lukojanow und Präsident des Semstwo von Nischnij-Nowgorod, den ganzen Tag zu Hause verbracht, wenn er
nicht auf einer Geschäftsreise war. Aber hier in St. Petersburg
ging er jeden Tag von morgens bis sechs Uhr abends in die Duma. Er war gewöhnlich sehr erregt, wenn er nach Hause zurük-
kam, und bis er sich beruhigt hatte, war er beim Abendessen so
laut, daß man ihn durch das ganze Haus hören konnte. Ich war
damals nicht fähig, zu verstehen, was ihm an seiner neuen Arbeit
so mißfiel. Es gab auch niemanden, den ich hätte fragen können.
Meine Brüder waren der Meinung, ich sei zu jung, um zu verstehen.
Ich brachte nie so recht den Mut auf, Mutter zu fragen, und Nana
begriff auch nicht mehr als ich. Erst einige Jahre später wurde
mir einiges von dem klar, was damals vor sich ging. In der Duma
kam Vater, ein extremer Konservativer, mit Menschen verschiedener Parteien in Berührung, die rückhaltlos ihre Meinung sagten. Mein Vater war der Ansicht, daß dies beleidigend für den
Zaren sei, den er verehrte.
Damals war das alles ein absolutes Rätsel für mich, und es schien,
daß St. Petersburg selbst für den Kummer und die Veränderungen verantwortlich war, die in unser Leben getreten waren.
»Und warum haben ihm alle in Nischnij gratuliert? Sie hätten
uns lieber in Ruhe und zu Hause lassen sollen«, belehrte ich Nana. Sie war vollkommen meiner Meinung. Trotz aller Begeiste-
rungsausbrüche von Yvette war das Leben für uns beide in Nischnij erheblich besser gewesen. Hier schien es sogar im prachtvollen Sommergarten mit seinen vielen Wegen, dem Krylow-
Denkmal, dem Sommerpalast Peters des Großen und den Mar-
morstatuen weniger schön zu sein als an unseren Hügeln und der
herrlichen Wolga.
Das Weihnachtsfest nahte, fast hätten wir es nicht bemerkt. Wie
in den vergangenen Jahren wollten meine Eltern eine Weihnachtsbaum-Party für mich geben und Kinder meines Alters dazu einladen, von denen ich inzwischen etliche kennengelernt
hatte. Ich erhielt mehrere Einladungen zu Gesellschaften wäh-

rend der ersten Ferientage, deshalb beschlossen meine Eltern, die Weihnachtsbaum-Party auf den vierten Tag zu legen. Sie beeilten sich nicht besonders damit, den Baum zu kaufen, sie waren eben an die uns gut bekannten Kaufleute von Nischnij gewöhnt, die den Baum regelmäßig ins Haus brachten. Aber hier lagen die Dinge anders. Als wir am Weihnachtsabend auf den Markt gingen, waren alle für uns geeigneten Bäume schon verkauft. Mit leeren Händen kehrten wir zurück. Mutter begann überall anzurufen, in der Hoffnung, daß uns jemand aushelfen oder wenigstens einen guten Rat geben könnte. Es war alles umsonst. Und erst am zweiten Weihnachtstag, als ich schon jede Hoffnung auf einen Weihnachtsbaum verloren hatte, rief ein Vetter, ein junger Offizier, an und erbot sich, am folgenden Tag einen Baum zu bringen. Diesen Baum hatten die Offiziere seines Regiments für eine Weihnachtsfeier der Soldaten aufgestellt. Er machte uns allerdings darauf aufmerksam, daß die Soldaten sich nach dem Ende des Festes das Zuckerwerk und das Gebäck aus dem Baum holen durften und daß dieser nach ihrem Angriff mitleiderregend und abgenutzt aussehen würde. Jede Diskussion war überflüssig, wir nahmen überglücklich an.

Noch oft habe ich mich an den Augenblick erinnert, als die Soldaten den armseligen Weihnachtsbaum in unsere Wohnung trugen. Viele Zweige waren abgebrochen, und der ganze Baum war in der Tat in einem sehr traurigen Zustand. Meine Brüder trösteten mich und versprachen, sich alle Mühe zu geben, um den Schaden zu reparieren. Ich hatte wenig Vertrauen zu ihnen und erwartete mit Zittern den Abend, an dem sich meine kleinen Gäste einstellen sollten. Als die festgesetzte Stunde kam, und meine Gäste, Dutzende von Kindern, die in Vaters Arbeitszimmer auf das Öffnen der Türen gewartet hatten, in das Eßzimmer stürmten, blieben alle wie angewurzelt stehen: Ich traute meinen Augen nicht, so wunderbar war der Anblick, der sich uns bot. Meine Mutter und meine Brüder hatten sich offensichtlich sehr angestrengt, um diesen armseligen, nackten Baum ganz besonders reizvoll zu machen.

24

Nach Neujahr folgten meine Eltern einer Einladung der Familie Saburow und nahmen mich für einige Tage mit nach Pawlowsk. Saburow war Oberaufseher im Palast; er hatte prachtvolle Pferde und Kutschen zu seiner Verfügung - und er hatte zwei Töchter in meinem Alter. Wir machten Ausflüge in die ganze Umgebung: nach Zarskoje Selo, Pulkowo und Gatschina. Die Stadt selbst war ein bezaubernder kleiner Ort mit einem von tiefem, weichem Schnee bedeckten Palais und dem Park. Es machte uns Spaß, die riesigen vereisten Hügel hinabzurutschen, die man im Park aufgeworfen hatte, und wir spazierten über die freigeschaufelten Fußwege des Großen Parks. Hier lernte ich zum erstenmal das Vergnügen eines Winterausflugs in Troikagruppen kennen, die alle in einer Reihe hintereinander herfuhren.

Das Jahr 1913 war ein wichtiges Jahr. Große Festlichkeiten sollten zur Dreihundert-Jahr-Feier des Hauses Romanow stattfinden; und Vater, als Mitglied der Duma, erhielt eine Einladung zum Ball im Winterpalast. Die ganze kaiserliche Familie würde anwesend sein! In der Stadt wurden alle möglichen Feiern, Illuminationen und Feuerwerke vorbereitet. Aber während des Gottesdienstes in der Kathedrale der Muttergottes von Kasan ereignete sich am Festtag ein unerfreulicher Zwischenfall.

Rodsjanko, der Präsident der Duma, hatte in den vorderen Reihen, nicht weit von der kaiserlichen Familie, Sitzplätze für die Duma-Mitglieder reservieren lassen. Als er sich dem Eingang der Kathedrale näherte, warnte ihn der Türsteher, daß ein Bauer in einer Hemdbluse aus Seide und mit ledernen Schaftstiefeln nach vorn gegangen sei, die Anordnungen der Wachen mißachtete uns sich weigere, die Kirche zu verlassen. Rodsjanko begriff sofort, daß der unerwünschte Gast Rasputin[1] war, den er haßte. Erzürnt vom ungehörigen Verhalten dieses Mannes, ließ er Rasputin mit Gewalt aus der Kathedrale entfernen.

Dieser Zwischenfall verdarb meinen Eltern ein wenig die festliche Stimmung. Erst gegen Abend, als wir in Vaters gemieteter Kutsche zusammen mit Tausenden von anderen heimfuhren und unsere Blicke auf die von einer Vielzahl von Lichtern mär-

chenhaft erstrahlende Stadt fielen, begann sich der unangenehme Eindruck zu verwischen, den der morgendliche Zwischenfall
in der Kathedrale verursacht hatte.

Bald nach diesem Vorfall begannen meine Eltern mit ihren Vorbereitungen für den Ball, der im Frühjahr stattfinden sollte.
Meine Mutter bestellte ein Ballkleid aus weißem Brokat mit auf-
gestickten silbernen Rosen über einem blaßrosa Unterkleid. Der
Stoff war so wunderschön, daß ich vor Entzücken kaum an mich
halten konnte. Mutter war auch sehr zufrieden, während sie sich
für den bevorstehenden Ball herrichtete. Mein Vater schenkte
ihr für diesen Tag ein Armband mit verschiedenfarbigen Saphi-
ren. Jahre später sollte uns eben dieses Armband im Tausch gegen Salz, Mehl und Fett vor der unglaublichen Hungersnot retten, die damals in der Sowjetunion wütete.

Wasjas Krankheit und Tod

Alles ging gut voran. Meine Brüder studierten; Wasja stach be-
sonders hervor durch seine große Begabung ebenso für die
Rechtswissenschaften wie auch für eine musikalische Karriere.
Er spielte jetzt nicht nur zu Hause, sondern begann sogar, Kon-
zerte zu geben. Paul dagegen war eher fleißig und ein tüchtiger
Arbeiter. Georg wohnte im Internat und war nur während der
Ferien zu Hause.

Meine Eltern unterhielten sich oft über die Zarenfamilie, über
Rasputin und die Krankheit des jungen Thronfolgers. Mutter
insbesondere träumte allerdings manchmal von dem bevorstehenden Ball, auf dem sie beide den ganzen Hofstaat sehen würden.

Es war März, als Wasja überraschend krank wurde. Unser Hausarzt kam beinahe jeden Tag; zunächst konnte er nichts Ernstes
feststellen, er meinte, es sei nur die übliche Grippe. Während der
ersten Tage erhielt Wasja Besuch von vielen Freunden und Bekannten. Er war sehr glücklich und machte eine Menge Spaß,

wie man es von ihm gewohnt war. Aus seinem Zimmer konnte man fast ununterbrochen Gelächter hören, und ich ging gern hinein, um den Gesprächen der Erwachsenen zu lauschen, bis mich meine Brüder hinauswarfen. Dann ging ich beleidigt in mein Zimmer.

Doch je länger diese Krankheit dauerte, desto schlimmer wurde sie. Wasjas Gesicht wurde von einer gelblichen Färbung überschattet, und seine Hochstimmung nahm sichtbar ab. Unser Hausarzt wurde ernsthaft besorgt und ersuchte uns, einen berühmten Professor hinzuzuziehen. Mir wurde untersagt, das Zimmer des Kranken zu betreten. Paul unterbrach seine Studien und verbrachte seine ganzen Tage an Wasjas Bett. Gäste wurden jetzt zu einer Seltenheit. Mutter war sehr besorgt. Der alte Professor kam regelmäßig und bestand auf der Beratung mit verschiedenen Spezialisten. Wasjas Krankheit stellte sich als etwas heraus, das der medizinischen Welt von St. Petersburg unbekannt war. Die Ärzte sagten meiner Mutter, daß dies der dritte Fall jenes Jahres war. Das Ärztekollegium konnte nicht helfen und keine Diagnose stellen. Wasja lag im Bett – blaß, gelblich und mürrisch. Die Stimmung der Familie wurde von Tag zu Tag schlechter.

Unterdessen machte sich der Frühling in St. Petersburg bemerkbar. Der Schnee war noch nicht gänzlich verschwunden, aber am Newski-Prospekt tauchten die ersten Blumenverkäufer auf. Für gewöhnlich nahm Nana mich mit aus dem Haus, wir streiften dann für Stunden am Ufer der Newa entlang und bewunderten die Bewegung des Eises, oder wir machten einen Abstecher in den Sommergarten, der jetzt die ersten Anzeichen des Frühlings erkennen ließ. Zahlreiche Statuen waren schon von ihrer winterlichen Hülle befreit – Holzkisten, die sie vor Eis und Schnee schützen sollten. Die Straßen waren geräumt. Kinder umringten die Statue von »Großvater« Krylow und summten wie ein Bienenschwarm. Hier, im durch den Frühling verwandelten Schoß der Natur, war die lastende, niederdrückende Atmosphäre unserer Wohnung vergessen. Wir wurden jedesmal für lange Zeit am

Liteinij Prospekt festgehalten. Er zeichnete sich besonders durch die wunderschönen Schaufenster aus, und hier pflegte ich meine Ostergeschenke auszusuchen. Immer wieder nahmen mich die kleinen Eier aus den verschiedensten Edelsteinen gefangen, die ich in der Regel zu jedem Osterfest von meinen Eltern und Verwandten erhielt. In meiner Sammlung hatte ich schon etliche Dutzend. Und jetzt bezeichnete ich jene, die ich in diesem Jahr geschenkt haben wollte.

Eines Morgens so gegen Ende März wachte ich in glücklicher Stimmung auf, die in das Zimmer fallenden Sonnenstrahlen hatten mich geweckt. In jener Nacht hatte ich besonders schöne Träume gehabt und stand noch unter deren Einfluß. Ich erkannte nicht sofort, daß im Haus keineswegs alles zum Besten stand, daß Wasja noch krank war, daß gestern wieder das Ärztekollegium dagewesen war. Ein seltsames Geräusch im Haus ließ mich schnell aufspringen. Nana war nicht in ihrem Zimmer. Erschrocken rannte ich den Korridor entlang und stieß fast mit Leuten zusammen, die unseren Wasja auf einer Bahre hinaustrugen. Sofort fiel mir auf, wie schmal sein gelbliches Gesicht war und wie spitz seine Nase. Sein sonst so glattes, schwarzglänzendes und gekämmtes Haar fiel unordentlich herab. Ich empfand ein merkwürdiges, bedrückendes Gefühl. Es schien mir, daß Wasja bereits gestorben wäre. Hinter der Bahre gingen meine Eltern.

Am Abend dieses Tages waren Nana und ich allein im Haus; mein Vater und meine Mutter waren nicht zurückgekehrt. Nana berichtete mir, daß sie in dem Krankenhaus bleiben würden, in das man Wasja gebracht hatte. Georg war im Internat, und Paul war den ganzen Tag aus dem Haus. Erfüllt von Ängsten schleppten sich die Tage dahin.

Für kurze Zeitabschnitte tauchte unser Vater damals auf, um dann wieder zu verschwinden, mal in die Duma, dann wieder ins Krankenhaus. Er war so schlechter Stimmung, daß wir noch nicht einmal daran dachten, ihn nach irgend etwas zu fragen. Die Köchin bereitete weiter die Mahlzeiten vor, aber niemand wollte sich an den Tisch setzen. Nana brachte unser Essen in das Kinderzimmer. Paul war fast nie zu Hause, und wenn er es war, aß er für gewöhnlich in der Küche. Alles schien Kopf zu stehen; alles war aus den gewohnten Gleisen geworfen. Die Atmosphäre war so, als ob eine bedrohliche Sturmwolke über dem Haus hing.

Aber dann, an einem sonnigen Morgen, weckte Nana mich, um mir zu sagen, daß Mutter heimgekehrt sei und ich sie wie immer gegen neun Uhr wecken gehen könne. Ich konnte den Zeitpunkt kaum erwarten, und Punkt neun saß ich auch schon an ihrem Bett. Sie lag noch in einem für sie ungewöhnlich tiefen Schlaf. Mir fiel auf, wie sehr sie sich in der kurzen Zeit verändert hatte, seit ich sie zuletzt gesehen hatte. Da war eine furchterregende Ähnlichkeit zwischen ihren vom Schmerz gezeichneten Zügen und denen des kranken Wasja. Als sie die Augen öffnete und mich erblickte, sagte sie ruhig und ohne jeden Ausdruck: »Wasja hat uns verlassen; der Herrgott hat ihn in den Himmel geholt.«

Ich war unfähig, ein einziges Wort zu sagen, und konnte nicht begreifen, was sich ereignet hatte. Wasja, ein einundzwanzigjähriger, hübscher, begabter junger Mann, den jeder liebte, sollte nicht mehr bei uns sein und war irgendwohin in etwas Unbekanntes gegangen. Eine Minute später brach ich in verzweifeltes Schluchzen aus. Mutter weinte nicht, sah mich mit leeren Augen an und versuchte gar nicht, mich zu beruhigen. Dies war der erste echte und schwere Schmerz in meinem Leben.

Und jetzt war alles, das wir mit solcher Ungeduld erwartet hatten, den Bach hinabgeschwommen. Für meine Eltern war keine Rede mehr vom Ball anläßlich der Romanow-Feiern. Das Frühjahr und die herannahenden Osterfeiertage – die höchsten Feiertage unseres Jahres – bargen keine Freude mehr für uns.

Nach dem Trauergottesdienst in der kleinen Kapelle neben dem Tawrischewskij-Garten wurde der Sarg mit Wasjas irdischen Überresten auf einen Leichenwagen gehoben; und die Familie ging, begleitet von einer großen Menge Studenten, Freunden, Verwandten und Bekannten zum Nikolajewskij-Bahnhof, dem heutigen Oktoberbahnhof. Noch am selben Tag wurde der Sarg nach Obrochnoje gebracht, wo die Familienkrypta lag, in der meine ältere Schwester schon seit fast zwanzig Jahren bestattet war. Wasja ruhte sieben Jahre lang in der Gruft. Aber dann, 1920 brach eine betrunkene Horde in unsere Kirche in Obrochnoje ein, nahm die Glocke ab, nahm die Ikonen mit; und weil sie gehört hatten, daß die Toten unserer Familie mit ihrem Gold- und Silberschmuck begraben worden seien, brachen sie die Mamorplatten auf und nahmen alles aus den Särgen heraus. Da sie keine Schätze fanden, wurden sie wohl wütend und warfen die Leichen in andere Gräber. Aus irgendeinem Grund wollten diese betrunkenen Banditen Wasjas Skelett in den Sarg eines kurz zuvor verstorbenen Grundstücksmaklers legen. Wasjas Skelett war länger als der Sarg des alten Mannes. Ihnen war es egal, sie schnitten seine Beine ab, warfen seine Überreste in den Sarg und bedeckten das Grab mit Erde. Dies wurde mir zehn Jahre später von Einwohnern aus Obrochnoje berichtet, die bei diesem Sakrileg anwesend waren. Mutter habe ich es nie erzählt.

In jenem Jahr verbrachte ich das trübsinnigste Osterfest meines Lebens, trotz allen Versuchen meiner Tante und ihrer Kinder, mich aufzumuntern. Ungeduldig wartete ich auf die Ankunft meiner Eltern. Weder der Frühling noch das prächtige Wetter machten mir Freude.

Nach der Rückkehr meiner Familie wurden meine Nana und ich nach Hause gebracht. Es war Zeit, sich auf die Abreise zum Sommer auf dem Land vorzubereiten. In jenem Jahr war der fünfundzwanzigste Hochzeitstag meiner Eltern. Im letzten Herbst hatte Wasja die Idee gehabt, wir vier sollten ein Foto von uns machen lassen und dieses Porträt den Eltern an ihrem Hochzeitstag überreichen. Aus irgendeinem Grund waren wir vor seiner Krankheit nicht zusammengekommen, um dies zu tun. Nun schlug Paul vor, daß wir hingehen und das Porträt machen lassen sollten. Wie sich der Fotograf auch anstrengte, er konnte uns nicht dazu bringen, eine frohe Miene zu machen; so wurden wir alle drei mit traurigen Gesichtern fotografiert. Als wir im Sommer dieses Porträt unseren Eltern schenkten, konnte ich in Mutters Augen Tränen erkennen. Mir scheint, das war das mißlungenste Geschenk, das wir je gemacht haben.

Ende April gab Mutter wieder eine Anzeige auf, diesmal aber für eine deutsche Hauslehrerin. Die Einstellungsprozedur war diesmal völlig anders als vor einem Jahr in Nischnij, als wir alle noch glücklich gewesen waren. Sie nahm eins der ersten deutschen Mädchen, die in unserem Haus vorsprachen, sie hieß Ingeborg. Meine Brüder waren nicht im geringsten interessiert, und sogar mir war es gleichgültig. Es schien, als hätte sich seit Wasjas Tod eine Wolke über die Familie gesenkt. Fast jeder war teilnahmslos geworden.

Im Mai fuhren wir nach Obrochnoje. Während der Fahrt versuchte ich, mit meiner neuen Hauslehrerin zu sprechen, aber meine Kenntnisse der deutschen Sprache waren äußerst schwach, und so war die Konversation recht begrenzt. Als wir endlich das Haus erreichten, beschloß Paul, ein wenig anzugeben. Aber anstatt »Wir sind angekommen« sagte er »Wir sind gestorben«. Das deutsche Mädchen sah ihn nur ausdruckslos an, ohne ein Wort zu sagen. Nach der fröhlichen, geistreichen Yvette erschien uns Ingeborg trotz ihrem recht hübschen Gesicht unattraktiv, und zwar wegen ihrer kalten Stimme und ihrer eigentümlichen Zurückhaltung.

Irgendwie kehrte unser Leben bald wieder in die gewohnte Bahn zurück. Aber die frühere Fröhlichkeit und die beinahe grenzenlose Freude, die unser Leben auf dem Land ausgezeichnet hatte, sie waren vergangen.

Ein zweiter Schmerz legte sich auf mein junges Leben. Mutter kam zu dem Schluß, daß ich nur deshalb so schlecht beim Lernen fremder Sprachen war, weil ich es vorzog, mit Nana zu plaudern und nicht mit den Hauslehrerinnen. Und letztere lernten Russisch, anstatt mich genügend zu motivieren, die eine oder andere Fremdsprache zu erlernen. So war es mit Yvette gegangen, und jetzt geschah dasselbe mit Ingeborg. Mutters Entscheidung bedeutete eine absolute Katastrophe für mich. Nana mußte unser Haus verlassen und zu ihren Eltern nach Obrochnoje zurückkehren. Ich wurde nun völlig meiner Lehrerin überantwortet, zu der nie ein gutes Verhältnis entstand.

Auch der Namenstag meiner Großmutter und mein eigener brachten keine Freude. Meine Eltern stritten sich jetzt oft, und verschiedene Male hörte ich, wie meine Mutter den Ruin der ganzen Familie vorhersagte, wenn Vater so weitermachte wie immer und nicht unverzüglich Schritte unternähme, um unsere Lage zu verbessern. Ich hielt uns für reich, mit all den Feldern, Wäldern, Bauernhöfen, Landsitzen und Viehherden, die uns gehörten; daher war mir Mutters Erregung völlig unverständlich. Im August kam ein junger, hübscher Bursche in unser Haus und wollte Vater sprechen. Ich konnte nicht hören, worüber sie sprachen, aber ich sah, daß das Gesicht des jungen Burschen sich nach ihrer Unterhaltung aufhellte, und daß er Vater für irgend etwas dankte. Nachdem er gegangen war, kam es zu einer bösen Szene zwischen meinen Eltern. Meine sonst so zurückhaltende Mutter sprach diesmal mit einer so lauten Stimme, daß es schon fast den Anschein hatte, sie schrie. Vater dagegen, der sich sonst ständig über Kleinigkeiten aufregte, war verwirrt und murmelte irgend etwas, um sein Handeln zu rechtfertigen. Mutter wollte sich nicht beruhigen. Ich begann ihrem Gespräch zuzuhören und begriff bald, daß der ganze Ärger wegen einer Kuh entstanden war, die Vater dem jungen Mann versprochen hatte. Dieser Bursche stammte aus einer der ärmsten Familien unseres Dorfes und wollte heiraten. Er hatte jedoch kein Geld, um eine Kuh zu kaufen. Seine zukünftigen Schwiegereltern waren unter keinen Umständen bereit, ihre Tochter einem völlig verarmten Freier zur Frau zu geben, der noch nicht einmal für ihre geringsten Bedürfnisse sorgen konnte. Der Freier hatte also eine unmißverständliche Ablehnung erhalten. Völlig verzweifelt, weil sie schon lange ineinander verliebt waren, entschloß er sich zu einem allerletzten Schritt und bat den Landbesitzer um Hilfe. Das ging ihm zwar völlig gegen den Strich, weil er zu den Armen des Dorfes gehörte; und diese Leute waren erbitterte Widersacher aller Kapitalisten und des niederen Adels. Weil er die Kuh jedoch so dringend brauchte, schob er seine politischen Überzeugungen beiseite und kam zu uns. Mein Vater war sowohl von der Geschichte als auch von dem Auftreten des jungen Mannes beeindruckt und willigte ein, ihm nicht nur ein Kälbchen, sondern sogar eine Milchkuh aus der Herde zu geben. Mein Vater war bereit, selbst am nächsten Tag auf den Gutshof zu fahren, um eine Kuh auszusuchen, die der zukünftigen Braut besonders gefallen würde.

Deshalb war Vater nach dem Gespräch mit Iwan in bester Stimmung. Er lief jedoch Mutter in die Arme, die sofort eine Szene begann, als sie den Grund für seine ausgezeichnete Laune erfuhr. Ich weiß nicht, was Mutter mehr aufregte, der Verlust einer Kuh oder die Tatsache, daß sie in den Besitz eines »eindeutig revolutionären« Elements überging. Wie auch immer, meinem Vater klangen die Ohren. Nichtsdestoweniger erwies sich diesmal er, der sonst meist einlenkte, als hart wie ein Fels. Er sagte, er habe sein Wort gegeben und habe nicht die Absicht, seine Meinung zu ändern. Nichts was Mutter sagen oder tun könne, werde seine Entscheidung beeinflussen.

Am nächsten Tag nahm Vater mich mit, als er in seiner kleinen Kutsche wegfuhr, während alle im Haus noch schliefen. Ich fühlte mich geschmeichelt, daß ich in diese Angelegenheit miteinbezogen wurde, und fand viel Vergnügen an der ganzen Prozedur der Auswahl. Nicht nur Braut und Bräutigam nahmen daran teil, sondern auch die Eltern der Braut, die offensichtlich bis zur letzten Minute nicht an die Geschichte glaubten, die ihnen ihr zukünftiger Schwiegersohn erzählt hatte. Was mich besonders stolz machte, waren die lautstarken Dankesbezeigungen der gesamten Familie. Ich mochte auch die Kuh und war in der bestmöglichen Stimmung, als der betagte Vater der Braut zu mir sagte: »Sehen Sie, gnädiges Fräulein, da können Sie etwas von Ihrem Vater lernen. Wenn Sie gut zu den Menschen sind, dann wird der Herrgott Ihnen Glück und Zufriedenheit schenken.«

Sieben Jahre später erinnerte ich mich wieder an die Worte des Bauern aus Obrochnoje. Die Revolution war gekommen und vorbeigegangen. Zu jener Zeit lebten meine Mutter und ich in Simbirsk. Wir hatten keine Nachricht von meinem Vater und meinem älteren Bruder, die sich beide der Weißen Armee angeschlossen hatten. Georg war zur Roten Armee eingezogen worden. Unsere Lage war sehr schwierig; Mutter tauschte ein Stück nach dem anderen jener Juwelen und Wertsachen ein, die mein großzügiger Vater ihr einst geschenkt hatte. Durch einen Bekannten, den Vater einer Klassenkameradin, hatte ich die Position einer Büroangestellten in einer Abteilung der Finanzverwaltung bekommen. Meine Arbeit bestand darin, die eingehenden und ausgehenden Schriftstücke abzuheften. Ich wurde sehr schlecht bezahlt, aber dennoch konnten wir davon existieren.

Eines Tages war ich kurz vor Ende der Arbeitszeit aus irgendeinem Grund aufgehalten worden und beeilte mich, die Arbeit zu erledigen, die mir mein Bürochef übertragen hatte. Plötzlich sah ich, wie ein hochgewachsener, gutaussehender Mann sich meinem Schreibtisch näherte. Er war noch jung, aber an seinen Abzeichen und seinem Auftreten erkannte ich den gerade ernannten Direktor der gesamten Finanzverwaltung. Man sagte, er sei ein höherer Parteifunktionär und jeder fürchte ihn wie das Höllenfeuer. Er kam direkt auf mich zu und fragte mit scharfer Stimme: »Wie ist Ihr Name?« Ich antwortete. »Wessen Tochter sind sie, Sergeis oder Alexanders?« War seine zweite Frage.

Ich wurde vor Schreck über dieses unerwartete Verhör fast ohnmächtig und antwortete ängstlich: »Alexanders«. Ohne ein weiteres Wort drehte sich der neue Direktor um und ging. Als ich meine Arbeit fertig hatte, lief ich nach Hause und erzählte Mutter von diesem Vorfall, einem Ereignis, das normalerweise unwichtig erschienen wäre, aber unter den gegenwärtigen sowjetischen Umständen fatale Folgen anzunehmen drohte. Ich sagte Mutter, daß ich gewiß sei, am nächsten Tag hinausgeworfen zu werden. Zu jener Zeit suchten die Sowjets in Simbirsk ebenso wie in anderen Städten die »Leute von früher« heraus. Und die Tatsache, daß der neue Direktor so gut über meine Familie informiert war, daß er sogar die Namen meines Vaters und meines

Onkels kannte, erlaubte keinen Zweifel daran, daß meine berufliche Karriere zu Ende war.

Am nächsten Morgen, als ich ängstlich das Büro betrat, rief mich unser Abteilungsleiter zu sich herein und gratulierte mir zu meiner Beförderung und der Ernennung zur Assistentin des geschäftsführenden Sekretärs unserer Abteilung. Dies war eine bedeutende Beförderung, wenn man mein Alter und den Mangel an Erfahrung berücksichtigte. Ich mochte kaum an mein Glück glauben und verstand nicht, wie es dazu gekommen war. Das Rätsel wurde jedoch bald gelöst. Mehrere Tage darauf traf ich eine hübsche junge Frau auf der Straße, die mich anhielt und sagte: »Erkennen Sie mich nicht wieder, gnädige Frau?« (An diese Art der Anrede war ich schon seit langem nicht mehr gewöhnt und blickte sie überrascht an.) »Ich bin Tatjana Grigorjewa, Iwans Frau. Erinnern Sie sich noch, wie Sie eine Kuh für uns auswählten, als wir heiraten wollten? Jetzt ist Iwan zum Direktor der Finanzverwaltung des Regierungsbezirks ernannt worden.« Da verstand ich, wem ich meine Beförderung verdankte und weshalb. Ich erinnerte mich an alles, so als ob es gestern gewesen wäre: den großen Viehhof auf dem Gut in Obrochnoje, die hübsche cremefarbene Kuh, auf die die Wahl des bescheidenen, hübschen Mädchens gefallen war und den strahlenden jungen Mann in einer weißen, bestickten Hemdbluse. Und ich erinnerte mich an die Worte des alten Vaters.

In jenem Jahr verließen wir Obrochnoje vor Vaters Namenstag und kehrten Ende August nach St. Petersburg zurück. Meine Brüder mußten in die Schule zurück; und für mich war eine Privatlehrerin – wieder eine Deutsche – eingestellt worden, die dreimal in der Woche kam. In der restlichen Zeit beschäftigte ich mich unter der Aufsicht von Mutter mit unterschiedlichen Fächern, und zwar mit denen, die für die Aufnahmeprüfung für die Mädchenoberschule unerläßlich waren, auf die mich meine Eltern zu schicken beabsichtigten.

Einige Bekannte der Familie mit Kindern in meinem Alter taten sich zusammen, um in der weiträumigen, eleganten Wohnung von Oberst Gladky in der Tawrischeskij-Straße private Tanz-stunden zu organisieren. Der Ballettmeister des Hofes wurde eingestellt, was die Eltern beeindruckte, aber nicht die Kinder. Die Kinder liebten diesen hochgewachsenen, gutaussehenden Herrn nicht, der sehr streng war und unsere Ungeschicklichkeit und Fehler zornig der Lächerlichkeit preisgab. Ich selbst konnte mich nicht über ihn beklagen. Er war mir offensichtlich wohlge-sinnt und wählte immer einen guten Partner für mich aus. Mei-ne Mutter, die recht gut nähen konnte, machte mir ein duftiges, hübsches Tanzkleidchen aus buntem Chiffon. Dank ihrer An-strengung war ich eins der elegantesten Mädchen in der Tanz-stunde.

Diese Zeit ist in meiner Erinnerung fest mit meiner ersten Liebe verbunden. In der Tanzstunde waren ungefähr zwanzig Kinder zwischen acht und dreizehn Jahren. Vom ersten Tage an zog ein schlanker, rotbäckiger, gutgewachsener Junge mit üppigem, leichtgelocktem Haar meine Aufmerksamkeit auf sich. Sein Na-me war Stepan. Das einzige, was ich an ihm nicht mochte, war sein Name. Aus irgendeinem Grund wollte ich unbedingt, daß er Nikita hieße. Dieser Name, der so sehr mit der russischen Ge-schichte verbunden ist, schien mir weitaus romantischer. Ste-pans dagegen gab es überall in unserem Dorf; und hier in St. Pe-tersburg hieß auch unser alter Hausverwalter Stepan. Ich fand mich schließlich mit dem Namen ab, weil ich seinen Träger so sehr mochte. Stepan machte sich nicht besonders viel aus diesen Tanzstunden und kam am Anfang ziemlich oft überhaupt nicht. Dann griff unser Ballettmeister zu einigen Tricks. Wenn er Step-an im Vestibül erblickte (Stepan kam immer zu spät), befreite mich unser Lehrer sofort von meinem Partner und schwebte mit eleganten Schritten über das Parkett, um mich meinem Helden zuzuführen. Anscheinend waren wir ein gutes Paar, wir wurden oft mit Beifall bedacht. Das gefiel Stepan und mir natürlich sehr. Schritt für Schritt fanden wir mehr und mehr Gefallen an der Gesellschaft des anderen. Stepan ließ nun keine Tanzstunde mehr aus. Wenn er aber, aus welchem Grund auch immer, nicht bei den Gladkys war, verbarg ich meine Niedergeschlagenheit nicht und tanzte in der Regel schlechter, was bei meinem Lehrer ein spöttisches Grinsen hervorrief.

Nach zwei Stunden Unterricht wurde gewöhnlich Tee mit leckerem Gebäck und anderen süßen Sachen aus den besten Konditoreien St. Petersburgs serviert. Für lange Zeit blieb mir die Erdbeertorte im Gedächtnis. Es war immer eine große Gruppe, die sich zum Tee versammelte. Außer den Kindern und den Erwachsenen, die unseren Tanzstunden zuschauten, waren gewöhnlich noch Brüder und Schwestern der Tanzschüler da, die jene Kinder nach Hause begleiten sollten, deren Eltern nicht gekommen waren. Ich wurde immer von meinem Bruder Georg abgeholt. Er war in den vergangenen beiden Jahren mächtig gewachsen; seine Gesichtszüge ähnelten denen unserer Mutter, und sie war außergewöhnlich schön. Georg war immer elegant gekleidet mit der Ausgehuniform seines Gymnasiums. Während der Teezeit sah er mich nie an, er war zu beschäftigt, mit den hübschen Mädchen zu flirten. Ich war ebenso glücklich, in Stepans Nähe zu sein, der mich mit meinen Lieblings-Leckerbissen verwöhnte.

Bald nach dem Tee gingen alle auseinander. Und jedesmal wartete ich schon am nächsten Tag ungeduldig auf die nächste Tanzstunde. Diese Tanzgesellschaften im Heim der Gladkys und meine jugendliche Schwärmerei für Stepan waren später die heitersten Erinnerungen an mein Leben in St. Petersburg.

Was unsere häuslichen Verhältnisse anging, so waren diese alles andere als glücklich. Alle trauerten noch um Wasja, und der erste Jahrestag seines Todes rückte näher. Irgendwie hatte er uns immer einander nähergebracht. Jeder liebte ihn: meine Eltern und Brüder, unsere Bekannten und das Hauspersonal. Frohgestimmt und intelligent unterhielt er alle entweder mit interessanten Geschichten oder er spielte, – als der hervorragende Pianist, der er war – den ganzen Abend zu ihrer Unterhaltung. Unser Haus war immer voller Glück gewesen. Jetzt aber fanden sich Bekannte und Freunde nur noch unregelmäßig ein. Georg verbrachte den Montag bis zum Sonnabend im Internat des Gymnasiums; und der zurückhaltende Paul, ein Stotterer und betrübt durch den Tod seines geliebten Bruders, konnte diesen im Kreis von Wasjas Freunden und Bewunderern nicht im geringsten ersetzen.

Was die politischen Ereignisse in unserem Land anging, so begriff ich aus den Gesprächen meiner Eltern, daß die Dinge alles andere als günstig lagen. Von Mal zu Mal erregter kam mein Vater nach Hause, berichtete uns über Einzelheiten der Sitzungen der Duma und verfluchte Kerenskij, der anscheinend sein bitterster Feind war. Oft entschlüpfte ihm der Name Rasputin. Weil mich ihre Gespräche interessierten, wandte ich mich an meinen Bruder Paul, er schien eher als alle anderen bereit, sich zu einer Diskussion über diese Angelegenheit mit mir herabzulassen. Er erklärte mir, daß Kerenskij ein politischer Gegner meines Vaters sei und einer diametral entgegengesetzten Partei angehöre. Er erklärte weiter, daß Rasputin als ein Schurke gelte, der das Vertrauen der Zarin Alexandra erschlichen habe, weil nur er den bezaubernden jungen Thronfolger heilen könne, der an der Bluterkrankheit litt. Ich war von Pauls Geschichte ganz niedergeschmettert, weil ich wie fast alle russischen Kinder diesen bezaubernden neunjährigen Jungen, dessen Porträt in meinem Zimmer hing, innig liebte. Irgend etwas von seiner Krankheit hatte ich schon früher gehört, aber aus irgendeinem Grunde war sie von einem Geheimnis umgeben und man sagte nur sehr wenig darüber.

Zu Beginn des Jahres 1914 wurde bei uns zu Hause ein Empfang für Mitglieder der Duma gegeben, darunter Rodsjanko, der Präsident der Duma, und Chwostow, ein enger Freund meines Vaters, der für die Provinz Nischnij-Nowgorod gewählt worden war. Es waren noch viele andere da, deren Namen ich nicht kannte. Von der Unterhaltung, die bei Cocktails im Arbeitszimmer meines Vaters stattfand, bekam ich mit, daß eine große Gefahr für das Land drohte und daß diese Gefahr zum größten Teil von einem sibirischen Bauern ausging – Rasputin, eben der Mann, den Rodsjanko genau vor einem Jahr während der Festlichkeiten zum dreihundertsten Jubiläum der Romanows aus der Kathedrale der Muttergottes von Kasan hatte werfen lassen. Rasputin hatte sich nur für kurze Zeit von St. Petersburg entfernt und spielte schon wieder eine Rolle am Hof. Weil er Rodsjanko haßte und die Beleidigung nicht verwinden konnte, nahm er jetzt offenbar Rache. An diesem Abend sprachen die Erwachsenen zum erstenmal von der Möglichkeit eines Krieges. Nachdem ich dies alles gehört hatte, fand ich lange keinen Schlaf – und als ich dann einschlief, hatte ich fürchterliche Alpträume von dem schmalen Gesicht des kranken Thronfolgers und dem darübergebeugten fürchterlichen, dunkel drohenden Gesicht des bärtigen Rasputin.

Sommer 1914

Der Frühling jenes Jahres war wundervoll, und sobald der Unterricht der Jungen zu Ende war, fuhren wir nach Obrochnoje. Die letzten Tage in St. Petersburg waren besorgniserregend. Meine Eltern diskutierten über den Besuch Poincarés, sie waren zwar glücklich über die Allianz mit Frankreich, befürchteten aber, daß sie die Möglichkeit eines Krieges mit Deutschland mit sich brächte. Sie sprachen auch über die häufigen Militärparaden, die zumeist in Krasnoje Selo stattfanden. Das Wort »Krieg« war immer häufiger zu hören. All dies machte einen lebhaften Eindruck auf mein kindliches Gemüt; oft lief ich dann zu Paul, um Antworten auf die mich quälenden Fragen zu suchen. Aber er antwortete mir meist einsilbig und kurzangebunden: »Falls es Krieg gibt, werde ich mich freiwillig melden.« Und damit waren unsere Unterhaltungen auch schon zu Ende.
In Obrochnoje gab es lautstarke Auseinandersetzungen in Großmutters Haus, wenn die Verwandtschaft – besonders meine beiden Onkel Sergei und Nikolai – zusammensaß, man konnte sie sogar bis in unser Haus hören. Vater erregte sich besonders, weil er mit den Ansichten seiner Brüder nicht übereinstimmte. Er

stellte sich ohne Vorbehalt hinter den herrschenden Zaren Nikolaus II., während seine Brüder ihre Angriffe auf die Zarin Alexandra konzentrierten und von Rasputins Verhalten aufgebracht waren.

Onkel Nikolai verehrte Großfürst Nikolai Nikolajewitsch und glaubte, daß er an Stelle des willensschwachen Nikolai II., der unter dem Einfluß seiner Gemahlin und Rasputins stand, auf dem Thron sitzen sollte. Sergei war noch liberaler, und brüllte etwas von der Notwendigkeit, die Macht des Zaren einzuschränken und eine konstituierende Nationalversammlung einzuberufen. Meine Großmutter war entsetzt, daß jeder auf dem Gut den Streit zwischen den Brüdern mitanhören konnte, und flehte sie an, sich zu beruhigen. Für kurze Zeit war dann Ruhe, bis der Streit wegen einer unbedeutenden Kleinigkeit wieder aufflammte. Ich konnte diese Zusammenkünfte nicht ertragen. Sie brachten nur Aufregung und Unannehmlichkeiten mit sich. Wenn sie begannen, machte ich mich davon zu meinen geliebten Pferden und Hunden und verbrachte den Rest des Tages mit ihnen.

Als wäre es gestern, erinnere ich mich an den strahlenden, sonnigen Tag gegen Ende Juli, als ich alle Mädchen, die Töchter der Arbeiter und Angestellten des Gutes, zusammengerufen hatte, um vor dem Eingang des Hauses ein Theaterstück aufzuführen. Plötzlich sahen wir meinen Bruder Paul von der Hauptstraße zum neuen Haus herangaloppieren. Er sprang aus dem Sattel und schien völlig außer Fassung. Er band sein Pferd an und ging sofort ins Haus. Das war sonst gar nicht seine Art, er blieb immer stehen, um mit meinen Freundinnen und mir zu sprechen.

Ich schlich in den Eingang und hörte, wie man von der Ermordung des Erzherzogs Franz Ferdinand in Sarajewo[2] sprach, des Neffen des österreichischen Kaisers Franz Joseph. Paul erzählte von einem Ultimatum Österreichs, auf das Serbien in achtundvierzig Stunden antworten sollte. »Jetzt ist der Krieg unvermeidlich«, murmelte mein Vater. Erschrocken rannte ich nach draußen zurück, unterbrach unser Stück und schickte die Mädchen nach Hause.

Die Ereignisse begannen sich zu überschlagen. Binnen weniger Tage war Rußland bereits im Krieg. Überall wurde mobilisiert. Durch Obrochnoje und die umliegenden Dörfer hallten die ununterbrochenen Klagen der Frauen und Kinder, die ihre Männer und Väter in den Krieg ziehen lassen mußten.

Zuhause war die Atmosphäre gespannt. Am ersten Tag des Krieges kündigte Paul meinen Eltern an, daß er die Universität verlassen und sich als Freiwilliger melden wolle. Mutter war verzweifelt; nachdem sie gerade ihren ältesten Sohn verloren hatte, fürchtete sie nun, daß man ihr auch den zweiten nähme. Mein Vater schwieg. Offensichtlich focht er einen heftigen inneren Kampf aus. Er konnte die patriotischen Gefühle seines Sohnes nur unterstützen, fürchtete aber andererseits auch, ihn zu verlieren. Paul war immer sein Lieblingssohn gewesen.

Auch die Bediensteten waren unruhig. Fast jeder von ihnen hatte jemanden, der ins Feld ziehen mußte. Ein allgemeines Gefühl der Beängstigung einte sie alle; und Haß flammte auf gegen meine Hauslehrerin Ingeborg, die mit uns in diesem Sommer nach Obrochnoje zurückgekehrt war.

Ich erinnere mich noch an einen Vorfall aus dieser angespannten Zeit. Beim Mittagessen, als meine Familie anwesend war und Peter, der Butler, das Essen auftrug, wandte ich mich plötzlich und sogar für mich unerwartet an alle und fragte niemanden im besonderen: »Ist es war, daß unsere Zarin eine Deutsche ist?« Meine Frage wurde durch ein ohrenbetäubendes Brüllen meines Vaters beantwortet, das mich nicht nur vom Tisch, sondern auch aus dem Eßzimmer verbannte. Tränenüberströmt lief ich in mein Zimmer und schluchzte dort lange vor mich hin, trotz allen Versuchen meiner Mutter und Ingeborgs, die mir nachgelaufen waren, mich zu trösten. Am meisten erregte mich die Ungerechtigkeit meines Vaters.

»Es ist doch so, und jeder weiß es«, wiederholte ich pausenlos, »daß die Zarin eine Prinzessin aus Darmstadt ist, und das bedeutet, sie ist eine Deutsche.« Mein Vater wütete noch lange im Eßzimmer, und wir konnten hören, wie meine Brüder versuchten, ihn irgendwie zu beruhigen. Ingeborg befürchtete, man könne sie verdächtigen, mit mir darüber geredet zu haben, und sie schwor Mutter, daß sie damit nichts zu tun habe, daß alle Bediensteten, angefangen bei Peter, darüber sprächen und daß ich solche Unterhaltungen überall gehört hätte. Meine Mutter, deren Einstellung weit weniger monarchistisch war, maß dem, was sich da abgespielt hatte, keine große Bedeutung bei. Sie versuchte nur, mich davon zu überzeugen, solche Fragen nicht vor anderen zu stellen und mich nicht so sehr in Angelegenheiten zu mischen, die mich nichts angingen. Damit war der Vorfall erledigt.

In jenem Herbst kehrte unsere Familie sehr früh nach St. Petersburg zurück. Paul verließ die Universität und trat in die Nikolajewskij-Kavallerie-Akademie ein. Nach Beendigung seiner Fachkurse würde er in den Krieg ziehen. Er hatte bereits angekündigt – offensichtlich unter dem Einfluß von Onkel Nikolai –, daß er in das Zweite Dagestanische Kavallerieregiment eintreten werde.[3]

Auch Onkel Nikolai gehörte dem Regiment an und war gut befreundet mit Großfürst Nikolai Nikolajewitsch. Er wußte, daß der Großfürst die Dagestanis stark begünstigte, und deshalb sei es das Beste, wenn Paul in das »Wilde Regiment« einträte. Vater war damit nicht zufrieden, aber Paul wollte an nichts anderes mehr denken.

Alle verfolgten täglich die Nachrichten von der Front. Unter unseren Verwandten und Freunden gab es schon Opfer zu beklagen. Der älteste Sohn von Gerschelmanns Tante war gefallen. Wasja hatte bei ihnen gelebt, bevor wir nach St. Petersburg gezogen waren, und auch ich war dort über die Ostertage gewesen, als meine Eltern zur Beerdigung nach Obrochnoje gefahren waren. Gerschelmann hatte im Ulanen-Regiment gedient. Schon bei den ersten Begegnungen mit dem Feind hatte das Regiment große Verluste erlitten. Mein Vetter Sergei Dawidow, der im Ismailowskij-Regiment diente, war verwundet worden und lag jetzt im Hospital.

Meine Eltern ließen Ingeborg gehen. Seit dem Beginn des Krieges war ihre Gegenwart in unserem Haus für alle unangenehm gewesen – unangenehm auch für sie selbst, nehme ich an. Die Erwachsenen vergaßen oft, daß sie dabei war, und machten verschiedene Bemerkungen, die sie unfreiwillig mitanhörte. Das Hauspersonal ging ihr sichtlich aus dem Weg. Ich kündigte meiner Mutter kategorisch an, daß ich auf der Straße kein Deutsch sprechen würde. An den vergangenen Tagen waren wir in Grabesstille nebeneinander hergegangen, Ingeborg mit brodelndem Ärger, aber unfähig, irgend etwas mit mir anzufangen. Schließlich konnte sie sich nicht länger damit abfinden und bat meine Eltern, sie zu entlassen. Niemand war dagegen, und so verließ sie unser Haus.

Das ganze Leben in St. Petersburg hatte sich verändert. Unsere fröhlichen Tanzstunden hatten aufgehört; Oberst Gladky war in den Krieg gezogen, und die Eltern meiner Mitschüler waren der Überzeugung, daß dies nicht die Zeit für Tanz und Unterhaltung sei. Nur selten traf ich Stepan, meine erste Liebe, bei Familien gemeinsamer Bekannter. Mir schien, daß er sich völlig verändert hatte. Letztes Jahr war ich seine Hauptpartnerin beim Tanzen gewesen, und alle hatten uns gelobt. Das hatte ihm sehr gefallen. Jetzt aber, in diesen Familien, waren die Mädchen viel älter als ich; sie hatten gemeinsame Interessen und Geheimnisse mit Stepan, Geheimnisse, die sie mit aller Gewalt vor mir zu verbergen suchten. Ich war verletzt und traurig wegen ihrer ablehnenden Haltung mir gegenüber. Schließlich sagte ich eines Tages zu meiner Mutter, daß ich nicht mehr zu diesen Familien gehen wolle, dort sei es zu langweilig. Damit endete meine erste Liebesaffäre.

Dreiunddreißig Jahre später, als ich nach dem Zweiten Weltkrieg in der französischen Besatzungszone im Rheinland als Sekretärin für die Franzosen arbeitete, erfuhr ich durch Zufall, daß Stepan mit Frau und Kind in München lebte, in der amerikanichen Besatzungszone. Weil sie weder Englisch noch Deutsch sprachen, konnten beide keine Anstellung finden. Über den Direktor der Behörde, für die ich arbeitete, konnte ich ihnen eine Erlaubnis besorgen, in die französische Zone zu reisen. Da sie alle sehr gut Französisch sprachen, hatten sie keine Schwierigkeiten, Arbeit zu finden. Während eines Gesprächs sagte Stepan mir, daß der Winter 1913—14, die Tanzstunden bei den Gladkys und seine Bekanntschaft mit dem blauäugigen kleinen Mädchen für immer ein Lichtpunkt in seinem Leben bleiben würden. (Ich bedauerte, daß ich das nicht früher erfahren hatte.)

Im Frühjahr sagte mir meine Mutter, daß wir für den kommenden Winter nicht nach St. Petersburg zurückkehren, sondern in Obrochnoje bleiben würden. An jenem Abend konnte ich lange nicht einschlafen, ich versuchte den Grund für diese Entscheidung zu erraten. Ich fragte mich, ob die Duma aufgelöst worden, oder ob mein Vater nicht mehr im Dienst war. Er war jetzt ständig mißgelaunt, verfluchte Kerenskij, wo er nur konnte, und ich argwöhnte, daß Kerenskij ihn wohl hinausgeworfen hatte.

Nebenbei bemerkt, mein Vater behauptete immer, daß Kerenskijs Stimme zum Quieken neige, wenn er in Versammlungen zu schreien beginne. Sechsunddreißig Jahre später, als ich eben diesen Kerenskij in New York traf, bemerkte ich nichts von der quiekenden Stimme. Die Umstände hatten sich allerdings beträchtlich verändert. Es gab niemanden, den er hätte anschreien oder mit dem er hätte streiten können. Damals half er Einwanderern dabei, Darlehen von einer Bank zu erhalten, mit der er zusammenarbeitete. Er half auch mir. Er schien ein außerordentlich höflicher älterer Herr zu sein, der mir artig in den Mantel half und die Tür aufhielt. Ich war glücklich, daß er nicht darauf kam, mich nach meinem Mädchennamen zu fragen; ich bin sicher, das hätte in ihm die unangenehmsten Erinnerungen wachgerufen. Später traf ich ihn durch Zufall bei verschiedenen Anlässen, sogar auf einer Hochzeit gemeinsamer Bekannter. Gespräche über die Vergangenheit kamen dabei jedoch nie auf.

Zu Hause gab es endlose Gespräche über Rasputin, über den kranken Thronfolger und über den Ministerwechsel. Die Gespräche über die Zarin riefen in der Verwandtschaft große Uneinigkeit hervor. Mein Vater versuchte immer noch, die Zarenfa-

44

milie zu verteidigen; meine Mutter dagegen bestand darauf, daß Rasputin eine Schande sei und daß er die Monarchie zerstöre.

Während dieser Zeit begeisterte man sich in St. Petersburg enorm für den Spiritismus. Meine Mutter organisierte einen Kreis von Anhängern des Spiritismus, die sich oft in unserem Haus versammelten. Alle beschworenen Geister sagten die Vernichtung unseres Staates durch Rasputin voraus. Ich fand diese politischen Séancen außerordentlich interessant und versuchte, den Salon zu betreten, wenn sie stattfanden. Aber ich wurde jedesmal abgewiesen.

Die Atmosphäre in Obrochnoje war so niederdrückend, daß man glauben mochte, alle Freude sei verschwunden, um niemals wiederzukehren.[4] Ganze Tage lang lief ich in den Feldern und Wäldern herum oder ritt aus. Man hatte österreichische Kriegsgefangene zur Arbeit auf das Gut geschickt; einer von ihnen, Wilhelm, arbeitete als Stalljunge. Er wurde mir als Begleiter beigegeben, da ich mich nicht mehr mit unserem Hippodrom hinter dem Gut begnügte, sondern zu den benachbarten Dörfern und sogar in den riesigen Tannenwald fünfzehn Werst von unserem Haus entfernt ausritt. Und nur dort, wo ich so galoppieren konnte, daß der Wind mir um die Ohren pfiff, konnte ich alles vergessen, was um uns herum passierte.

Der Sommer ging zu Ende, und der Herbst kam früh. Die Frage nach meinem Unterricht stellte sich, und meine Eltern engagierten eine junge russische Lehrerin aus Murom mit Namen Zinaida. Das junge, bescheidene, magere Mädchen von ungefähr achtzehn Jahren erschien bald in unserem Haus. Sie hatte gerade das Seminar beendet und wurde uns von einem Freund der Familie, einem Lehrer am Seminar von Murom, auf das wärmste empfohlen. Jeder mochte das Mädchen, und wir begannen mit dem Unterricht.

Spät im Herbst, im Oktober, beschlossen meine Eltern, in eine der westlichen Provinzen zu reisen, wohin das Dagestan-Regiment für eine Ruhepause geschickt worden war. Während ihrer Abwesenheit wurde meine alte Nana vom Lande zurückgerufen;

meine Eltern hielten diese junge Lehrerin für zu unerfahren, und außerdem war sie eine Fremde in Obrochnoje. Es war besser, jemanden von unseren eigenen Leuten aus Obrochnoje im Haus zu haben. Ich war vollkommen zufrieden mit dieser Wendung der Dinge und verspürte nur wenig Bedauern über die Abreise meiner Eltern.

Im November kehrten meine Eltern zurück. Der Urlaub des Regiments war zu Ende. Abends kam meine Großmutter immer vom alten Haus mit ihrem Bruder herüber, und meine Eltern unterhielten dann alle mit Geschichten über die jüngsten Ereignisse hinter der Front. Sie hatten viele Fotos mitgebracht und viele neue Bekanntschaften geschlossen. Wir begannen, uns auf Weihnachten und Georgs Rückkehr zu freuen.

Kurz vor Weihnachten kamen Georg und sein Schulfreund Worontsow-Daschkow an. Dieser Worontsow war ein hübscher, rotwangiger Junge von siebzehn Jahren. Georg und er widmeten sich jeder Art von ländlicher Unterhaltung: den Hügel hinabrodeln, in der Troika ausfahren, Skilaufen und so weiter. Ihr zweiwöchiger Aufenthalt in Obrochnoje hatte für mich keine besondere Bedeutung; sie betrachteten mich als Kind, behandelten mich mit Geringschätzung und versuchten mir überall aus dem Weg zu gehen. Natürlich war ich beleidigt und beschwerte mich bei Zinaida. Sie fühlte mit mir, konnte mir aber nicht helfen.

In jenem Winter von 1915/16 erwies sich der Briefwechsel mit einem vierzehnjährigen Jungen, dem Sohn einer Freundin meiner Mutter aus Nischnij-Nowgorod, als meine größte Unterhaltung. Jede Woche, und meist am Dienstag (offenbar schrieb er am Sonntag) erwartete mich ein kleiner Umschlag mit seinem Brief auf dem Postamt. Wir tauschten Neuigkeiten aus. Er schrieb gewöhnlich, was in der Stadt vor sich ging, und ich schilderte unser ländliches Leben.

Im Frühjahr 1916 wechselte Georg vom Internat für eine beschleunigte Ausbildung ins Pagenkorps, um später zur Artillerie zu gehen. Er wollte in Pauls Fußstapfen treten und in den Krieg ziehen.

Der Sommer des Jahres 1916 war nicht ruhig. Die liebenswürdige Haltung der örtlichen Bauern veränderte sich, und verschiedene kleine Störungen begannen sich auf dem Gut zu ereignen. Jeden Sonntag wurden aus dem Zaun, der das Gut von der Straße trennte, Latten herausgebrochen. Die Straße führte von Baew, dem Nachbardorf, zur Kirche von Obrochnoje. Für die Dörfer auf der anderen Seite des Guts gab es auf eine Entfernung von fünf Werst nicht eine Kirche; und deshalb mußten die Bauern aus diesen Dörfern an unserem Gut vorbei. Der Sommer war heiß; die Sonne brannte vom frühen Morgen an auf alles herab. Natürlich war es angenehmer, den dicht von Birken gesäumten Weg entlangzugehen, als die staubige Straße unter der glühenden Sonne. Diese Abstecher durch den Park hatte der Verwalter früher verboten, und niemand hatte seine Anordnungen übertreten. Jetzt aber profitierten nicht nur die Jugendlichen, sondern auch die älteren Leute von dieser Bresche im Zaun und gingen in ganzen Gruppen zur Kirche von Obrochnoje. Nichts hatte mehr Bestand. Zum großen Ärger meiner Mutter verlangte mein Vater, daß wir uns nicht einmischen sollten. Er selbst sprach mit dem Kirchenältesten. Eine Zeitlang sah es so aus, als sei die Ordnung wiederhergesellt – aber nicht lange. Bald begann alles von vorn und mit frischer Kraft. Die Zaunlatten verschwanden; die Bresche wurde immer größer, und der Birkenpfad war so ausgetrampelt, als ob eine ganze Kuhherde darübergezogen wäre.

Ab und zu erschienen Fremde in Zivilkleidung auf dem Gut, und einmal kamen sie ans Haus und fragten nach Vater. Wie es seine Gewohnheit war – er hatte sich immer durch seine große Gastfreundlichkeit ausgezeichnet –, lud Vater sie zum Essen ein. Es waren Menschewiki, die schon oft in unserer Gegend gewesen waren und sich für die Stimmung unter den Bauern interessierten. Bei Tisch unterhielt sich Vater ganz ruhig mit ihnen, was mich überraschte. Aber nachdem sie gegangen waren, war er sehr aufgebracht und sprach lange mit Mutter hinter den verschlossenen Türen des Eßzimmers. Glücklicherweise hatte es wenigstens in Gegenwart der Fremden keine Szene gegeben. Je länger dies andauerte, desto gespannter wurde die Stimmung. Es waren schon verdächtige Leute auf dem Lande, die sich kaum die Mühe gaben, sich zu verstecken, und auf Bauernversammlungen auftraten. Sie redeten und hetzten die Bauern mit ihren Reden auf. Manchmal fielen sie der Polizei in die Hände und wurden weggebracht, ins Gefängnis von Nischnij, wie man sagte. Meistens jedoch ging alles ganz glatt für sie, und sie wurden in Ruhe gelassen.

Mein Brieffreund aus Nischnij schrieb mir, daß es auch dort nicht mehr ruhig war. Rasputin war in aller Munde. Interessant war, daß sogar mein Vater aufgehört hatte, die Zarenfamilie unbedingt zu verteidigen, wie er das früher getan hatte. Sein Haß auf Kerenskij allerdings legte sich nicht; bei jeder passenden Gelegenheit brauste er wieder auf und verdammte ihn in jeden Winkel der Hölle.

Weihnachten 1916

Die Weihnachtszeit kam und der riesige Weihnachtsbaum wurde im Eßzimmer aufgestellt. In Rußland feiert man am ersten Weihnachtstag und nicht am Heiligen Abend. Mit der Einwilligung meiner Eltern hatte ich alle Kinder nicht nur des örtlichen Kleinadels, sondern auch unseres Personals eingeladen. Die Tochter des Kochs, meine beste Freundin, und ich bereiteten uns vor, sie auf jede erdenkliche Weise zu unterhalten und zu verwöhnen. Es war der Weihnachtsabend. Ungeduldig erwarteten wir den nächsten Tag. Alle versammelten sich im Salon; meine Eltern, Großmutter mit ihrem Bruder aus dem alten Haus, meine Hauslehrerin Zinaida und ich warteten auf das Abendessen. Nach den strengen Regeln, die Großmutter befolgte, durfte nicht gegessen werden, bevor der erste Stern des Weihnachtsabends erschienen war.

In dem Augenblick hörten wir ein Geräusch im Vorzimmer; die

Haustür öffnete sich, jemand trat ein und Stimmen wurden in der Eingangshalle laut. Ich war die erste, die aufsprang und hinauseilte, um die unerwarteten Gäste zu begrüßen. In der Tür zum Eßzimmer blieb ich vor Überraschung und Freude wie angewurzelt stehen.

In der Eingangshalle stand, in einem Pelzmantel, mit einer kaukasischen Pelzmütze und einem purpurfarbenen Umhang mein Bruder Paul. Augenblicklich hatte ich ihn umarmt, und hinter mir eilten alle anderen herbei. Während der ganzen Küsserei und Fragerei bemerkte niemand, daß in der Ecke eine kleine Gestalt geduldig wartete. Paul befreite sich von den Umarmungen der Familie und stellte seinen Freund Victor Stein vor. Er hatte schon in seinen Briefen von ihm berichtet, und jetzt hatte er ihn für seinen Urlaub mit nach Hause gebracht.

Von diesem Tag an wechselten sich die unterhaltsamen Ereignisse zwischen unserem Haus und denen unserer Nachbarn ab, wo dann jedesmal eine große Versammlung von Gästen war. Am Tage machten wir Ausritte in die Umgebung oder Schlittenfahrten auf den vereisten Hängen des Gutes. Victor erwies sich als ein gutgelaunter und geistreicher Bursche. Jeden Tag dachte er sich etwas Neues aus. Er amüsierte sich wie ein Kind; und in der Tat war er gerade erst neunzehn Jahre alt.

Das Neue Jahr begrüßten wir bei unseren Nachbarn, den Priklonskijs. Ihr Dorf Uljanowka war nur drei Werst von Obrochnoje entfernt. Zu Pauls und Victors Unterhaltung wurden die jungen Lehrerinnen, die Chishowijs, eingeladen. Es waren sieben junge Mädchen zwischen achtzehn und siebenundzwanzig Jahren. Meine Favoritin war die zwanzigjährige Schuroschka, die in meinen Bruder Paul verliebt war. An diesem Abend vergaß jeder den Krieg und daß Paul und Victor bald an die Front zurückkehren mußten. Wir waren so fröhlich wie nie zuvor. Heute glaube ich, daß dies die letzte der sorglosen und turbulenten Gesellschaften war.

Wenige Tage später erreichte uns die Nachricht von der Ermordung Rasputins. In unserem Haus herrschte allgemeine Befriedigung und die Hoffnung, daß sich jetzt alles zum Besseren wenden müßte. Aber unsere Hoffnungen auf günstige Veränderungen erfüllten sich nicht. Die Unruhe legte sich nicht. Die Ereignisse überstürzten sich mit unglaublicher Geschwindigkeit, und für uns gab es schon Anfang 1917 keinen Anlaß mehr zu Freude und Glück.

Anfang Februar kam Zinaida eines frühen Morgens blaß und erschrocken in mein Zimmer. Ich schlief nicht, lag aber noch im Bett. Ich sah erstaunt zu ihr auf; aber, bevor ich noch ein Wort herausbrachte, hörte ich die schrecklichen Worte: »Stehen Sie schnell auf, ihre Großmutter hat sich verbrannt! Ihre Eltern haben die Nacht im alten Haus verbracht.« Sie erzählte mir, wie es geschehen war. Großmutter war in der Nacht mit einer Kerze auf die Toilette gegangen, weil es im alten Haus keinen elektrischen Strom gab. Sie hatte die Kerze auf den Boden gestellt und war offenbar eingenickt. Als sie aufwachte, stand ihr langer wollener Morgenrock in Flammen. Auf ihre Schreie lief Anuschka, das nebenan schlafende Dienstmädchen, herbei; und mit der Hilfe ihrer Schwester – Großmutter zog die beiden Waisenkinder auf – riß sie den brennenden Morgenrock herunter und wickelte Großmutter in feuchte Tücher. Zugleich gelang es den Mädchen, die Flammen am Morgenrock und an einigen anderen Dingen, die Feuer gefangen hatten, zu löschen; und dann schickten sie nach meinen Eltern. Ein Arzt wurde unverzüglich aus dem ungefähr fünf Werst von Obrochnoje entfernten Dorf Kemlya gerufen. Ein anderer Doktor, den man mit Pferden aus der Kreisstadt abgeholt hatte, kam am frühen Morgen. Nachdem er Großmutter untersucht hatte, erklärte er, daß die Verbrennungen dritten Grades wären und kaum Hoffnung auf ihre Wiederherstellung bestände.

Von diesem Tag an bis zum 27. Februar, dem Tag, an dem Großmutter starb, gab es keine ruhige Minute für meine Eltern, für die bei uns versammelten Verwandten und für das Personal. Aber die schlimmsten Leiden hatte natürlich Großmutter zu erdulden. Ich erinnere mich noch, wie mich die mitleiderregende, fast winselnde Stimme meiner unglückseligen Großmutter verfolgte, wohin ich auch immer ging. Nur am Abend, nach einem qualvollen Verbandswechsel gab man ihr gewöhnlich ein Beruhigungsmittel; und für eine kurze Zeit dämmerte sie dann in halbbewußtem Zustand vor sich hin, ohne wirklich einzuschlafen.

Meine Mutter und meine Tante, eine aus Simbirsk angereiste Schwester meines Vaters, pflegten Großmutter abwechselnd. Großmutter meinte, daß meine Mutter sie am besten pflegte und bat darum, sie ständig bei ihr zu lassen. Nach einigen Tagen war Mutter nur noch schwer wiederzuerkennen; sie war blaß geworden und so hager, daß ihr hübsches Gesicht vom Schmerz wie ausgemergelt wirkte.

Großmutters Gesicht wurde überhaupt nicht in Mitleidenschaft gezogen. Als sie am 27. Februar aufgebahrt wurde, war jedermann erstaunt, wie jung, friedvoll und hübsch sie aussah. Vor der Beerdigung erschienen die Nonnen des benachbarten Klosters. Es war Großmutters Wunsch gewesen, daß ein Chor der Nonnen die Bittgebete singen sollte. Sie hatte das Kloster früher oft besucht und schätzte den Gesang der Nonnen sehr.

Das ganze alte Haus war mit schwarzen Gestalten angefüllt, die geräuschlos über den Parkettboden glitten. Die Äbtissin persönlich, eine rundliche, großgewachsene, ansehnliche Frau, leitete das Ganze. Und sie sangen wirklich wunderschön; die herrlichen Stimmen erfüllten das ganze Haus. »Es ist, als ob Engel die Seele deiner Großmutter forttragen«, sagte Nana. Die vielen Totenämter, der Gesang der Nonnen, der Geruch des Weihrauchs und die zahllosen brennenden Kerzen hatten eine so starke Wirkung auf mich, daß ich am zweiten Tag während des Gottesdienstes in Ohnmacht fiel und Mutter, die selbst kaum noch stehen konnte, damit erschreckte. Ich wurde ins neue Haus geschickt und man verbot mir, noch einmal zu kommen. Darüber hinaus wurde ich nicht zur Beerdigung mitgenommen, trotz meiner flehenden Bitten und Tränen. Und so ging also unsere energische, fröhliche Großmutter, eine Säule des alten Regimes, von uns.

Zur selben Zeit ereigneten sich im fernen St. Petersburg Dinge, die nicht nur unsere Zukunft, sondern die der ganzen Nation beeinflussen sollten.[5] Wir hatten schon von der Abdankung des Zaren gehört, aber unter dem schmerzvollen Eindruck von Großmutters Krankheit hatte sogar Vater darauf mit Gleichmut reagiert. Jetzt aber rührte sich die Revolution überall im Land.

Am 1. März wurde Großmutter beerdigt. Eine Menge von Freunden und Verwandten kam, und der Trauerzug reichte vom Gut bis zur Kirche. Großmutters Lieblingsneffe, der Ulan Denis Dawidow kam direkt von der Front. Später erzählte man mir, er habe darum gebeten, vor dem Eingang zur Krypta, in die der Sarg hinabgelassen wurde, fotografiert zu werden. Ich habe dieses Foto gesehen: Mit gesenktem Haupt stand er da in tiefem Schmerz. Einen Monat später fand er selbst an der Front den Tod.

Am Abend nach der Beerdigung sagte Vater wie zu sich selbst, ohne jemand im besonderen anzusprechen: »Mit Mama haben sie die alte Welt zu Grabe getragen. Diese Welt ist für immer dahin. Was wird die Zukunft für uns bringen?«

Noch nicht einmal zwei Wochen waren nach dem Tag der Beerdigung vergangen, als eine ganze Truppe von Bauern aus Obrochnoje und Baew, die von Vertretern der örtlichen Verwaltung angeführt wurden, bei uns nach meinem Onkel Sergei suchten, der sich angeblich versteckt hatte. Er war Oberhaupt des Kleinadels von Penza gewesen; und die Bauern mochten ihn überhaupt nicht, obwohl er ein Liberaler war. Seltsam genug wurde mein Vater, ein glühender Monarchist, von den Bauern außerordentlich respektiert und geliebt.

Die Menge begann also unser Haus zu durchsuchen und forschte in allen Winkeln, sogar unter den Betten. Die Frauen, die die Gelegenheit nutzten, um durch die »Räume der Herrschaft« zu streifen, gerieten in Ekstase über die Spiegel der Toilettentische, die sie in voller Größe reflektierten; sie versuchten auf dem Klavier zu klimpern und waren besonders beeindruckt von dem Marmorbad im Schlafzimmer meiner Mutter. Sie nahmen nichts, obwohl vieles davon sie gereizt haben muß. Ich mischte mich unter die Menge, die voller Bekannter aus meiner Kindheit war. Niemand warf mich hinaus; ganz im Gegenteil befragten sie mich nach verschiedenen Gegenständen, die sie zum erstenmal sahen.

Am meisten amüsierte ich mich über zwei Frauen, die einen Nachttopf hervorgezogen hatten und sich fragten, ob das ein Suppentopf sei. Die Suche verlief ohne Ergebnis. Selbstverständlich konnten sie Sergei nicht finden, er war seit der Beerdigung nicht mehr bei uns gewesen. Die Bauernältesten entschuldigten sich für die Unannehmlichkeiten, die sie verursacht hatten, und schüttelten Vater die Hand. Selbst die Jüngeren zeigten ihm gegenüber keine Feindschaft.

Wir erfuhren bald, daß Onkel Sergei gefunden und ins Gefängnis gebracht worden war. Meine Tante war darum bemüht, ihn wieder freizubekommen; und ihre etwa zehnjährige Tochter Natascha wurde zu uns geschickt und teilte das Zimmer mit mir. Vater war die ganze Zeit sehr deprimiert. Er konnte sich nicht damit abfinden, daß neben Prinz Lwow auch Kerenskij, sein schärfster Feind, in der Provisorischen Regierung war.

Das Amüsante dabei war, daß jede der Lehrerinnen, die zu uns kamen, in Kerenskij verliebt war. Meine Zinaida war keine Ausnahme. Weil sie jedoch die Ansichten meines Vaters kannte, vermied sie Gespräche über dieses Thema. Durch Zufall entdeckte ich eine Kerenskij-Fotografie in ihrem bestgehüteten Versteck, einem kleinen Koffer, den sie ab und zu öffnete, um in ihren Schätzen zu kramen. Als sie mich sah, versuchte sie schnell, sie zu verstecken. Aber ich hatte schon alles gesehen und noch lange neckte ich sie damit. Sie bat mich, meinen Eltern nichts zu erzählen.

Ich setzte meine Korrespondenz mit meinem Freund Alexei in Nischnij fort. Wir schilderten uns gegenseitig die Eindrücke von dem, was um uns geschah, und jeder versicherte dem anderen feierlich: »Ich bin natürlich auf der Seite der Aufständischen.« Darüber hinaus enthüllte Alexei, daß er mit einer Bande von Roten herumziehe, und riet mir, dasselbe zu tun. Ich lehnte trotzdem ab, aus Furcht vor der Reaktion meines Vaters.

Im Mai sollten meine Mutter und ich nach Nischnij fahren, wo ich die Aufnahmeprüfung für das Gymnasium machen mußte, anstatt für die Oberschule, wie wir zunächst beabsichtigt hatten. Ich genoß die Vorfreude auf diese Reise, aber zunächst erwarteten wir die Ankunft von Georg und zweier seiner Freunde für die Osterfeiertage. Spät am Abend des Montags der Osterwoche, als Natascha und ich bereits schliefen, kamen die jungen Leute an. Am Morgen platzte Zinaida glücklich und aufgeregt in mein Zimmer, verkündete die Ankunft der jungen Männer und begann sofort von den Eindrücken zu schwatzen, die die jungen Burschen auf sie gemacht hatten. Wie es schien, hatte sie sich auf der Stelle in alle drei auf einmal verliebt.

Von diesem Tag an unternahm mein Vater alles Mögliche, um unsere Gäste zu unterhalten. Auf die Ausritte folgten Jagden und dann das Fischen. Zugleich wurden die während der Osterwoche so wichtigen Gottesdienste nicht ausgelassen. Wir hatten für alles Zeit, und die jungen Leute litten nur unter einem – dem fleischlosen Fastenessen. Und das war natürlich ein Brauch seit unvordenklichen Zeiten.

Aber was war das dann für eine Feier, als nach dem Mitternachts-Gottesdienst (Georgs und seiner Freunde wegen hatte Vater die seit langem bestehende Regel durchbrochen, die ganze Abfolge der Liturgie hindurch bis gegen vier Uhr morgens zu stehen) alle nach Hause kamen und von dem Anblick des gedeckten Tisches überwältigt wurden. Er bog sich unter einer riesigen Menge von Gerichten. Alles war da – ein ganzes Schwein, ein ganzer Schinken, Kalbfleisch, jede Art von Hors d'Œuvres, Paschki, Kulichi, garnierte Eier und – das wichtigste von allem – eine ganze Reihe von selbstgebrauten Getränken.

Die jungen Männer blieben zwei Wochen bei uns zu Hause, und während dieser Zeit eroberten sie etliche Herzen bei den örtlichen jungen Damen und den jungen Dienstmädchen. Ganz abgesehen von der bescheidenen Zinaida und mir. Noch recht lange blieb das Bild des attraktiven neunzehnjährigen Kadetten Nikita Zubow in meiner Phantasie haften, und es löschte die Erinnerungen an meine erste Liebe, meinen blauäugigen Stepan, völlig aus.

Da ich manchmal mit ihnen ausreiten durfte, und Nikita meine stumme Bewunderung bemerkte, schenkte er mir eine Reitgerte mit einem silbernen Knauf, auf dem meine Initialen eingraviert waren. Ich habe dieses Geschenk sorgsam aufbewahrt und es überallhin mit mir genommen bis zum Jahre 1942, bis zu dem Tag, an dem wir unser kaltes, hungerndes, belagertes Leningrad verließen. Da vergaß ich zum erstenmal, auch nur daran zu denken, dieses kostbare Stück mit mir zu nehmen.

Nach der Abreise der jungen Männer verbrachten meine Mutter und ich zwei Wochen in Nischnij. Ich legte die Prüfungen mit Erfolg ab und unterzog mich, weil ich nun einmal da war, auch einer kleinen Fußoperation. Juni, Juli und August gingen vergleichsweise schnell vorbei. Wir hatten nur wenige Gäste: Großmutters Tod und Onkel Sergeis Verhaftung gaben wenig Anlaß zur Fröhlichkeit.

Gegen Ende August erhielt Mutter ein Telegramm von ihrer Schwester, Tante Lisa, die sie um Erlaubnis bat, mit ihrem Mann und ihrer Tochter nach Obrochnoje zu kommen und über den Winter bei uns zu bleiben. Sie lebten in Chausyi, in der Provinz Mogilew. Dort gab es ständig Unruhen, und sie wollten lieber tiefer ins Land ziehen, wo es ihnen sicherer schien.

Am 1. September vergrößerte sich unsere Familie durch die Ankunft meiner Tante, meines Onkels und meiner Kusine Marina. Ich war hocherfreut über ihre Ankunft. Ich glaubte, jetzt würde die gespannte Atmosphäre, die noch immer in unserem Haus herrschte, endlich verschwinden. Darin hatte ich mich getäuscht. Tante und Onkel waren von der Revolution verängstigt, sprachen von nichts anderem und zogen Mutter in ihre politischen Sorgen hinein. Unter ihrem Einfluß begann sie viele Dinge mit völlig anderen Augen zu betrachten.

Meine Kusine und ich verbrachten unsere ganze Zeit außerhalb des Hauses. Ich versuchte, sie zum Reiten zu verlocken, hatte damit aber unglücklicherweise keinen Erfolg. Da sie ihr ganzes Leben in der Stadt verbracht hatte, war sie mit der Welt der Tiere kaum in Berührung gekommen, und weder meine Lieblingshunde noch meine Pferde konnten sie irgendwie reizen. Nur mit Ausfahrten in der Troika war sie einverstanden. Und so bestand unsere schönste Zerstreuung darin, zum entfernt gelegenen Wald zu fahren und Pilze zu suchen, die in diesem Jahr besonders üppig wuchsen.

Der September und ein großer Teil des Oktobers gingen ohne besondere Ereignisse vorbei. Aber die Bolschewistische Revolution vom 25. Oktober 1917 spürten wir alle. Das Zerstören und Ausrauben der Landgüter begann, oft von Feuern begleitet. Und eins der ersten Güter, das angegriffen wurde, war das unseres Nachbarn Priklonskij. Sie suchten ihn und wollten ihn offenbar umbringen. Er hatte die Gegend jedoch mit seiner Familie schon lange verlassen. Von seinem Haus blieb nur Asche übrig. Auch das Gut des Filosophous, etwa fünf Werst von uns entfernt, wurde niedergebrannt.

Höchst beunruhigende Nachrichten kamen von überallher. Meine Lehrerin Zinaida war zu Tode erschrocken und bestand darauf, daß wir sie gehen ließen. Und bei der ersten Gelegenheit kehrte sie heim nach Murom. Mein Vater weigerte sich, irgendwohin wegzuziehen, er war überzeugt, daß ihn niemand anrühren werde. In dieser Überzeugung wurde er von den Bauern von Obrochnoje unterstützt, besonders von den älteren. Ihr Verhältnis zu Vater war außergewöhnlich gut. Wie oft hatten der Verwalter und auch Mutter unserem Vater Vorwürfe gemacht wegen seiner Freundlichkeit und seiner Neigung zu Verschwendung. Mein Vater sagte dann immer scherzhaft, daß er genug für den Rest seines Lebens und für das seiner Söhne habe, daß er seine Tochter mit einem reichen Mann verheiraten werde, so daß sie keine Mitgift brauche. Ob das nun als Scherz gemeint war oder nicht, wir hielten es für wahr und glaubten nicht, daß uns Gefahr drohe. Aber dann tauchten gegen Abend einige Karren auf der Landstraße auf, die das Gut durchquerten und auf das alte Haus zusteuerten. Außer den Zwillingsschwestern, die auf die Reste von Großmutters Besitz aufpaßten, lebte niemand mehr im alten Haus. Die verängstigten Mädchen kamen zu uns gelaufen und erzählten, daß die Leute die Türen und Fensterläden eingeschlagen hätten. Man sei dabei, das Haus völlig auszuplündern. Und in der Tat drangen schon bald lautes Geschrei und das Geräusch von zersplitterndem Glas zu uns herüber. Eine Delegation von Bauern, an der Spitze die Dorfältesten, sprach bei meinem Vater vor. Sie rieten uns allen, unser Haus zu verlassen, und versprachen, das Gut und das Haus vor weiterer Zerstörung zu bewahren. Sie sagten, daß das alte Haus nicht von Bauern aus Obrochnoje, sondern von Bauern aus anderen Dörfern geplündert worden sei und daß sie, was diese angehe, natürlich für nichts garantieren könnten. Mein Vater war unter keinen Umständen bereit, unser Gut zu verlassen, er beschloß aber, die Frauen und uns Mädchen fortzuschicken. Ein riesiger, kräftiger Bursche, einer unserer Bauern aus Obrochnoje, wurde zu unserer Begleitung mitgeschickt. Er hob die riesigen Koffer, in die wir hastig die notwendigsten Dinge gepackt hatten, auf, als ob sie so leicht wären wie Federn. Wir gingen zum Bahnhof, wo wir bei dem Bahnhofsvorsteher unterkommen sollten, einem alten Freund meines Vaters. Und während wir aufbrachen, konnte man beinahe ununterbrochen das Lärmen von Stimmen und krachende Geräusche vom alten Haus her hören.

Mit Schrecken dachten wir daran, was passieren würde, wenn die Bande das Plündern aufgäbe und uns verfolgte. Diese Furcht war unbegründet. Niemand interessierte sich für uns. Sie waren offensichtlich alle viel zu gefesselt von der Beute aus unserem alten Haus, von den Möbeln, dem Porzellan, der Kleidung und den anderen Sachen, die über Jahrhunderte angesammelt worden waren. Der Bahnhofsvorsteher nahm uns auf; und mit diesem Tag, dem 27. Oktober 1917, begann unser Nomadendasein.

Mein Vater blieb noch einige Tage auf dem Gut, er war Tag und Nacht von ihm ergebenen Bauern umringt. Mein Onkel, der

auch aus Chausyi gekommen war, und der Bruder meiner Großmutter blieben bei ihm. Beide waren unruhig und versuchten
nachdrücklich, meinen Vater zum Weggehen zu überreden. Er
blieb bei seiner halsstarrigen Ablehnung, und Mutter ließ uns
wissen, daß sie ohne ihn nicht abreisen würde.

Wir sollten eigentlich nach Lukojanow weiterfahren; fast der gesamte Kleinadel der Gegend war dort schon angekommen. Jeden
Tag hörten wir Gerüchte über neue Pogrome, Brandstiftungen
und sogar Morde. Ich wollte Obrochnoje so schnell wie möglich
verlassen und versuchte mit aller Kraft, Vater dazu zu überreden, wenn er uns auf dem einzig übriggebliebenen Pferd besuchen kam. Unsere sämtlichen Pferde und das ganze Vieh waren
in der ersten Nacht nach der Plünderung des alten Hauses weg-
getrieben worden. Erst nach zehn Tagen willigte Vater ein, abzu-
reisen. Unsere Wohltäter brachten uns noch einige zusätzliche
Dinge aus dem Haus, und am 12. November 1917 verließen wir
Obrochnoje für immer.

Anmerkungen

[1] Rasputin, ein praktisch des Lesens und Schreibens unkundiger Bauer aus
einem sibirischen Dorf und Anhänger einer verbotenen religiösen Sekte,
war 1905 in die Hauptstadt gekommen. Er war nie zum Priester geweiht
worden, obwohl er sich wie ein russischer »heiliger Mann« kleidete, weshalb ihn Außenstehende für einen Mönch hielten. In den ersten Jahren des
Jahrhunderts waren der Spiritismus und andere übernatürliche Moden en
vogue in bestimmten Kreisen der Gesellschaft von St. Petersburg und anderen Weltstädten wie etwa London. In der Hauptstadt wurde Rasputin ziemlich berühmt als ein Heiliger, der Wunder wirken könne. Zu jener Zeit hatte
die Zarin nur einen Sohn. Der Erbe des russischen Thrones litt unter der
Bluterkrankheit, gegen die die besten Ärzte der damaligen Zeit machtlos
waren. Rasputin wurde der Zarin von einigen Herzoginnen der besten Gesellschaft vorgestellt, und er machte einen sehr vorteilhaften Eindruck auf
sie. Aus nie geklärten Gründen – obwohl alles auf Hypnose hindeutet –
konnte Rasputin den Zustand des Zarewitsch bessern, die Ärzte waren dazu
nicht in der Lage gewesen. Den wenig schmeichelhaften Berichten über Rasputin und sein persönliches Auftreten glaubte die Zarin nicht, weil sie an
falsche, geschmacklose und böswillige Gerüchte über Personen, die dem

Thron nahestanden, gewöhnt war. Deshalb schenkte sie auch zutreffenden Berichten über Skandale, in die Rasputin verwickelt war, keinen Glauben, weil sie diese der üblen Nachrede aus persönlichen Gründen zuschrieb. Rasputins Gegenwart in der Nähe des Throns wurde langsam zu einem Skandal. Unter dem Druck seiner Minister befahl der Zar Rasputin, die Hauptstadt zu verlassen. Rasputin hatte jedoch den Palast kaum verlassen, als der Zarewitsch einen neuen Anfall der Bluterkrankheit hatte und die Ärzte sich wieder als hilflos erwiesen. Eilends rief man Rasputin ans Telefon, und er konnte den Zustand des Jungen bessern, indem er mit ihm redete. Rasputin kehrte zum Palast zurück; und künftig wollte die Zarin kein Wort mehr von Rasputins Entfernung vom Hofe hören. Während des Krieges, als der Zar in sein Hauptquartier abgereist war, konnte Rasputin einen enormen Einfluß auf jede Regierungsumbildung ausüben, was viel dazu beitrug, den Respekt für die kaiserliche Familie zu unterhöhlen. Die aufrechten und fähigen Minister der Regierung verachteten ihn genauso wie Rodsjanko, der Präsident der Duma. Hier erinnert sich Elena Skrjabin an einen Zwischenfall ein Jahr vor Kriegsausbruch, als Rodsjanko noch Rasputins Entfernung aus der Kathedrale befehlen konnte.

[2] Die Ermordung des österreichischen Erzherzogs und Thronfolgers Franz Ferdinand am 28. Juni 1914 in Sarajewo war der Auslöser für den Ersten Weltkrieg. Die schockierten Österreicher warfen Serbien vor, es habe die nationalistischen Terrororganisationen geduldet und unterstützt, aus deren Reihen die Mörder gekommen waren. Sie stellten Serbien ein Ultimatum und eine Reihe von Forderungen. Am 28. Juli 1914 erklärte Österreich Serbien den Krieg, in der Hoffnung, die deutsche Waffenhilfe würde Rußland aus dem Krieg heraushalten, so daß Österreich freie Hand in Serbien hätte. Am 29. Juli ordnete die russische Regierung die allgemeine Mobilmachung an. Zu jener Zeit betrachtete man die allgemeine Mobilmachung einer Großmacht als gleichbedeutend mit einer Kriegserklärung. Die Deutschen waren der Meinung, daß man Rußland nicht die Zeit lassen dürfe, seine Armeen zu mobilisieren und Truppen an die Front zu bringen, weil sonst Rußlands gewaltige zahlenmäßige Überlegenheit – besonders wenn es noch von Frankreich unterstützt wurde, mit dem es verbündet war –, eine deutsche Niederlage unabwendbar erscheinen ließ. Wenn Rußland erst einmal die Mobilisierung angeordnet hatte, war der Krieg nicht mehr aufzuhalten. Die eigentliche Saat dieses Krieges war schon 1871 gesät worden. Denn 1871 hatte das im Krieg gegen Frankreich siegreiche Preußen die beiden Grenzprovinzen Elsaß und Lothringen dem neugegründeten Deutschen Reich wiedereinverleibt. Der französische Groll über den Verlust dieser Provinzen hatte die deutsch-französischen Beziehungen der nächsten vierzig Jahre vergiftet. Um Frankreich zu isolieren, schloß der deutsche Reichskanzler Bismarck in den siebziger und achtziger Jahren des neunzehnten Jahrhunderts Verträge mit anderen europäischen Staaten, besonders mit Österreich und Rußland. Der junge Kaiser Wilhelm jedoch ließ den Vertrag mit Rußland 1890 auslaufen, und bereits vier Jahre später gelang es Frankreich, eine

Allianz mit Rußland zu schließen. Das kontinentale Europa war also durch zwei Bündnissysteme gespalten, die dann zum Ersten Weltkrieg führten. Die von Elena Skrjabin erwähnten Besuche des französischen Premierministers Poincaré im August 1912 und im Juli 1914 in Rußland waren »Goodwill-Reisen«, die die französisch-russische Allianz stärken sollten.

3 Das Dagestanische Kavallerieregiment, manchmal auch das »Wilde Regiment« genannt, war eine Eliteeinheit, die noch treu zur Regierung stand, als andere Einheiten längst aufgelöst waren.

4 Der Erste Weltkrieg begann sehr schlecht für Rußland. Ängstlich bestrebt, die Deutschen von ihrem schnellen Vormarsch auf Paris abzulenken, mißachteten die Russen ihre lange vorbereiteten Aufmarschpläne, die eine geordnete Mobilisierung und einen langsamen Truppenaufbau an der Front vorsahen, und begannen verfrüht mit einem Großangriff auf Ostpreußen. Dort erlitten sie bei Tannenberg eine der schlimmsten Niederlagen der Militärgeschichte. In dieser einen Schlacht verloren die Russen mehr als 250 000 Mann und einen großen Teil der schweren Artillerie. Nach Tannenberg war jede Batterie der russischen Armee von sechs auf vier Geschütze reduziert. So machte sich der Krieg in den allerersten Tagen auch im Inneren des Landes bemerkbar und traf Hunderttausende von russischen Familien.

5 Im Winter 1916/17 hatte sich die militärische Lage für Rußland verschlechtert. Die Gerüchte über Rasputins skandalöses Verhalten hatten das Prestige der Zarenfamilie erschüttert. Jede erdenkliche Korruption war in der Regierung aufgedeckt worden. Die Löhne hielten nicht mehr Schritt mit der Inflation. Rußland hatte die größte Armee in der Geschichte der Menschheit aufgestellt, aber auch die größten militärischen Verluste in der Geschichte erlitten. Das russische Eisenbahnnetz war nicht in der Lage, mit der zusätzlichen Belastung durch den Krieg fertigzuwerden, und brach immer öfter zusammen. Im März 1917 führten die Versorgungsschwierigkeiten zu Lebensmittelmangel in der Hauptstadt. Lange Schlangen bildeten sich vor den Bäckereien. Erste Demonstrationen gegen die zaristische Regierung fanden statt. Nach mehreren Tagen ständiger Demonstrationen versuchten die Truppen in der Hauptstadt gar nicht mehr, die Menge zu zerstreuen; manche Einheiten liefen sogar zu den Demonstranten über. Der Zar dankte ab, und damit endete die mehr als tausendjährige Monarchie in Rußland. Eine Provisorische Regierung wurde nominell die Exekutive in Rußland. Diese Provisorische Regierung konnte jedoch nur mit der Unterstützung der »Sowjets« regieren, der Arbeiter- und Soldatenräte, die in der Hauptstadt etabliert worden waren und sich rasch in allen größeren Städten bildeten. Genau in diesem historischen Augenblick brach das Feuer im Haus von Elena Skrjabins Großmutter aus.

2
Jugendjahre

Lukojanow

An einem trüben Novembertag kamen wir, die Verbannten von Obrochnoje, in der kleinen Provinzstadt Lukojanow an. Ich war niemals vorher dortgewesen, und sie machte einen ziemlich ungemütlichen Eindruck auf mich. Vom Bahnhof aus erstreckte sich eine sehr lange, matschige Straße mit kleinen Hütten aus Holz auf beiden Seiten. Sie lief auf das sogenannte Zentrum zu, das aus einem viereckigen Platz mit Kathedrale bestand, der an allen vier Seiten von Gebäuden umgeben war, in denen die Angestellten der Stadtverwaltung saßen und zwei oder drei Geschäfte mit den armseligsten Schaufenstern. Vater, der Lukojanow in der Vergangenheit oft besucht hatte, erzählte uns von der Geschichte der Stadt und von den Veränderungen, die dort eingetreten waren.

Wir gingen zu Vaters früherem Sekretär, der sich mit der neuen Ordnung hatte arrangieren können und dennoch gute Beziehungen zu »Leuten von früher« wie meinem Vater bewahrt hatte. Er bot uns zwei Zimmer in seiner recht geräumigen Wohnung an. Aber selbst beim besten Willen war es ziemlich schwierig, Raum für unsere ganze Familie zu schaffen. Mit den beiden Dienern zählten wir neun Personen. Glücklicherweise hatte Efimow dies bedacht und mit dem Popen in der Nachbarschaft abgemacht, daß er uns in seinem Haus drei Zimmer und die Sommerküche, die im Hof lag, zur Verfügung stellte. Die Frauen, also meine Mutter, meine Tante, Kusine Marina und die beiden Diener zogen bei Vater Basil ein, wo sie von ihm selbst und seiner Frau freundlich willkommengeheißen wurden. Das erleichterte es uns erheblich, uns an das trübe Novemberwetter und an die fremde, abweisende Stadt, in der wir nun leben mußten, zu gewöhnen.

Die Tage gingen dahin – Tage, die nicht ein bißchen wie jene in Obrochnoje waren. Am meisten vermißte ich die heißgeliebten Ausritte durch die Felder und Wiesen um das Gut. Statt in unserem geräumigen Herrenhaus lebten wir jetzt in einer kleinen Wohnung. Statt eines riesigen Parks hatten wir einen kleinen, zwanzig Schritt langen Garten, in dem Marina und ich der Bewegung wegen dennoch zwanzig bis dreißig Minuten auf und ab gingen, wobei wir uns beide an einen Gefängnishof erinnert fühlten, in dem die Gefangenen in Bewegung gehalten werden. Es war kein besonderes Vergnügen, durch die Stadt zu streifen. Die Einwohner blieben meist zu Hause – es waren unruhige Zeiten, und jeden Tag wurden neue Unterdrückungsmaßnahmen der sowjetischen Regierung bekanntgegeben. Auch das Wetter war nicht gut; es war ein kalter, feuchter November mit heftigen Winden und häufigem Regen. Die Lebensmittelversorgung war schlecht. Die alteingesessenen Bewohner lebten noch von alten Vorräten und den Erzeugnissen ihrer Gemüse- und Obstgärten. Aber für alle Neuankömmlinge war die Lage außerordentlich schwierig, und von ihnen gab es eine Menge in Lukojanow. Alle Landbesitzer nicht nur von Lukojanow, sondern auch aus den umliegenden Bezirken hatten aus irgendeinem Grund beschlossen, sich in dieser Stadt zusammenzufinden. Jeden Tag entdeckten wir, daß weitere angekommen waren, und die Einwohnerzahl wuchs ständig. Marina und mir gefiel das, weil es Spaß machte, neue Bekanntschaften zu schließen. Viele hatten Kinder in unserem Alter, mit denen wir uns schnell anfreundeten. Wir begannen, Kindertheater zu spielen, wir organisierten sogar Tanzstunden. Mit dem Unterricht in verschiedenen Fächern wurde begonnen: Mathematik, Geografie, Geschichte, Botanik und Fremdsprachen. Mein Onkel unterrichtete die gewichtigeren Fächer, meine Mutter gab uns Französisch- und Russischstunden. Sie plagte uns besonders mit der Grammatik, für die keiner von uns besondere Vorliebe verspürte. So vergingen der ganze November und die erste Hälfte des Dezembers ohne erwähnenswerte Ereignisse.

In der zweiten Dezemberhälfte klopfte es eines Abends donnernd an die Haustür, als Marina und ich gerade sorgfältig unsere Hausaufgaben für den nächsten Tag machten. Wir sprangen beide auf, und einen Augenblick später hing ich am Hals meines Bruders Paul.

Paul war auf dem Weg heim nach Obrochnoje gewesen, nachdem er aus dem Militärdienst entlassen worden war. Als der Zug sich dem Bahnhof näherte, hörte er das Gespräch zweier Männer im Gang mit.

Einer von ihnen zeigte auf Vaters Gut, als der Zug vorbeifuhr, und sagte zu dem andern: »Und dort liegt das frühere Gut der Gorstkins.« Paul hörte diese Bemerkung und war betroffen von dem Wort »früher«. Er begann ein Gespräch mit dem Fremden und erfuhr, daß vor ungefähr zwei Monaten das Gut von den Bauern beschlagnahmt worden war; das alte Haus sei niedergebrannt worden, und die Besitzer seien nach Lukojanow gezogen. Paul stieg auf dem Bahnhof gar nicht erst aus, fuhr weiter und fand uns dann ganz leicht in Lukojanow.

Alle drängten sich um ihn, befragten ihn nach der Lage an der Front und danach, wie es ihm selbst gehe, und erzählten ihm von den Begebenheiten, die wir alle durchgestanden hatten. Die Freude des Wiedersehens wurde durch diese Ereignisse und unsere armseligen Lebensumstände getrübt. Wie anders war doch alles als bei seiner Ankunft zu Weihnachten in Obrochnoje vor gerade einem Jahr.

Wenige Tage darauf kam Georg an. Weil er sich in Petrograd aufgehalten hatte, konnten ihn meine Eltern von unserem neuen Aufenthaltsort unterrichten, und er kam sofort zu uns.

Jetzt wurde die Suche nach einer anderen Wohnung immer dringlicher. Dank den energischen Anstrengungen meiner Brüder waren wir am 1. Januar bereits in die Prokrowskij-Straße umgezogen. Marina und ich nannten diese Straße »Newskij-Prospekt«, denn es war die breiteste und schönste der Stadt. Dazu kam, daß hier abends ein großer Teil der jungen Leute flanierte, sich kennenlernte und sich für weitere Treffen verabredete.

Obwohl wir noch recht jung waren, gingen auch wir hier jeden Abend spazieren – zum großen Mißvergnügen sowohl meiner Mutter als auch meiner strengen Tante. Dennoch schafften wir es immer wieder, uns unter den verschiedensten Vorwänden nach dem Abendbrot wegzuschleichen und mindestens eine Stunde lang zu bummeln.

Gleich nach den Ferien wurden Marina und ich von einer Schule angenommen, die in einem großen roten Gebäude am Hauptplatz gegenüber der Kathedrale lag. Aber Marinas außerordentlich reaktionäre Eltern nahmen sie fast sofort wieder von der Schule. Sie waren der Meinung, daß der Unterricht nicht in der Weise erteilt würde, die sie vom vorrevolutionären Rußland gewohnt waren; was sie jedoch am meisten verärgerte, war, daß die Kinder die Arbeiten im Haus mitübernehmen mußten. Jeden Sonnabend luden wir entweder Holz auf (es war nicht nur für unsere Schule, sondern für alle städtischen Einrichtungen unentbehrlich), oder wir putzten – falls wir in der Stadt blieben – sämtliche riesigen Fenster und schrubbten die Böden der Klassenzimmer und Flure. Die Kinder waren solche Arbeit nicht gewohnt, sie ermüdeten sehr schnell, und wenn die Arbeit am Sonntag gemacht wurde, waren sie oft am Montag nicht in der Lage, dem Unterricht in der Schule zu folgen. Natürlich waren diese Mädchen jeder Art von Spott ausgesetzt, nicht nur durch ihre Mitschüler, sondern auch durch einige der Lehrer, die sich auf das neue Regime einzustellen versuchten.

Obwohl ich sehr viel Sport getrieben, gern im Obstgarten gearbeitet hatte und viel geritten war, waren das Aufladen des schweren Holzes und das Schrubben der Zementfußböden oft zuviel für mich. In meiner Klasse war ein kräftiges, gesundes Mädchen aus einem der Nachbardörfer, sie hieß Marfuschka und war alle Arten von Hausarbeit gewohnt. Marfuschka empfand große Sympathie für mich und bot folgenden Tausch an: Sie würde die Fenster und Fußböden für mich putzen, und ich sollte ihr in Französisch helfen, das ihr große Mühe machte, egal wie sehr sie sich anstrengte. Ich war gerettet. Schon bald erhielt Marfuschka bessere Noten als die üblichen Vierer; und ich schrieb an den Sonnabenden verschiedene Übungen und Aufsätze, die sie sich am selben Tag abholte, noch einmal abschrieb und unserer Lehrerin gab. Unsere Lehrerin, Maria Iwanowna, auch eine der adeligen Neuankömmlinge in Lukojanow, hatte nur zu gern die erste Stellung, die ihr geboten wurde, angenommen, und sie interessierte sich nicht besonders und in Einzelheiten dafür, wie Marfuschka ein solches Talent für Fremdsprachen entwickelt hatte. Offenbar schrieb sie dies ganz ihrem Unterricht zu und lobte Marfuschka auf den Lehrerversammlungen. Meine Abwesenheit an den Sonnabenden blieb aus einem recht amüsanten Grund unbemerkt. Zu jener Zeit hatte auch mein Bruder eine Stellung an unserer Schule angenommen, als Lateinlehrer. Georg war außergewöhnlich gutaussehend, schlank und gutgewachsen. Sämtliche jungen Lehrerinnen verliebten sich in ihn. Er wiederum war zu allen nett und bevorzugte keine. Das war meine Rettung. Offensichtlich hoffte jedes dieser Mädchen, sein Herz zu erobern, und vermied es, der kleinen Schwester Ärger zu bereiten, die die Schulregeln verletzt hatte. Zusätzlich sollte man wohl anmerken, daß zu jener Zeit keine richtige Ordnung und Kontrolle in den Schulen herrschte.

Als der Frühling sich näherte, hörten die Holzarbeit und das Bodenschrubben auf. Die Räume mußten nicht länger beheizt werden, und die Schülerinnen hatten so schlecht geschrubbt und geputzt, daß die Verwaltung beschloß, zwei kräftige Putzfrauen anzustellen, denen die Aufrechterhaltung von Ordnung und Sauberkeit im Schulgebäude anvertraut wurde.

Dies alles erwies sich für mich als Glück; sonst hätte man mein regelmäßiges Fehlen und den Tausch nicht akzeptiert. In der Tat hatte sich meine Französischlehrerin Maria Iwanowna Hals über Kopf in meinen gutaussehenden Bruder verliebt, und weil sie äußerst energisch war und in Liebesangelegenheiten große Erfahrung hatte – sie war bereits verheiratet gewesen und wieder geschieden – , schlug sie alle seine bescheidenen und schüchternen Verehrerinnen in die Flucht, indem sie einen unabweisbaren Anspruch auf ihn erhob. Das verursachte natürlich einige Unruhe und Diskussion unter unseren Lehrerinnen, und meine Lage war äußerst wackelig. Es war nicht mehr darauf zu hoffen, daß sie sich mir gegenüber weiterhin nachsichtig zeigen würden. Aber dank den neuen Direktiven der Verwaltung war ich nicht länger auf ihre Nachsicht angewiesen. Was den Unterricht anging, so war ich eine gute Schülerin; und niemand hatte Anlaß, mich zu tadeln. Ich half jedoch auch weiterhin Marfuschka bei ihren Schwierigkeiten mit dem Französischen, so daß auch sie nicht unter den Veränderungen leiden mußte. Ich hatte meine neue Rolle als Lehrerin angenommen und wollte Marfuschka auf keinen Fall zurückweisen, was später dann anscheinend meine Berufswahl beeinflußte.

Der Sommer kehrte zurück und brachte wieder viele Veränderungen in unser Leben. Ich hörte Vater häufig mit meinen Brüdern über ihre Abreise aus Lukojanow sprechen. Zunächst wurde nur darüber gesprochen; aber Mitte Juni bemerkte ich den sorgenvollen Ausdruck im Gesicht meiner Mutter und fragte sie, was geschehen sei. Sie antwortete, daß Vater und Paul abreisen würden und Georg zunächst einmal bei uns bleibe.

Georgs Verhaftung und eine Typhusepidemie

Nach Vaters und Pauls Abreise begann Mutter wieder nach einer Wohnung zu suchen, diesmal nach einer kleineren; denn Onkel und Tantchen wie auch Marina waren mit einem von Onkels Schülern auf das Land gezogen. Mein Onkel hatte sich ernsthaft auf die Lehrtätigkeit geworfen, und es brachte ihm neben dem ständig an Wert verlierenden Geld Lebensmittel ein im Tausch gegen Unterrichtsstunden. Mutter fand bald eine Zweizimmerwohnung in derselben Straße, in der wir schon einmal gelebt hatten, und zum Beginn des Schuljahres zogen wir dorthin um. Georg unterrichtete weiterhin Latein an unserer Schule, und in jenem Jahr war ich seine Schülerin. Ich gewann gar nichts dadurch, daß der Lehrer mein Bruder war; im Gegenteil, ich war benachteiligt. Am Anfang dachte ich, daß das Erlernen der lateinischen Sprache nicht der Mühe wert wäre und man sich besser mit anderen Fächern beschäftigen sollte. Als ich aber in der ersten Klassenarbeit eine Vier bekam, da begriff ich, daß ich nicht länger mit meinem Bruder herumspielen konnte. Ich mußte den versäumten Stoff schnellstens aufholen, und das hatte zur Folge, daß dieses elende Latein meine ganze Zeit in Anspruch nahm.

Der Herbst kam, und es wurde kalt, während die Tage immer kürzer wurden. Das Leben nahm wieder seinen geregelten Gang. Für mich flogen die Tage geradezu vorbei, unmerklich und sogar voll Zufriedenheit und Glück. Die Schulstunden, der Musikunterricht, den mir eine meiner Freundinnen gab, die abendlichen Treffen, bei denen wir Theaterstücke aufführten und andere Programme darboten (danach tanzten wir immer in der Aula des alten Schulgebäudes) – all dies machte das Leben interessant.

Aber gegen Ende Oktober begann eine Verhaftungswelle. Der erste, den man abführte, war ein älterer Großgrundbesitzer aus einem benachbarten Bezirk, der sich hier vor einem Jahr mit seiner Familie niedergelassen hatte. Am Morgen, noch bevor ich zur Schule aufbrach, kam seine Frau zu uns gelaufen. Völlig verstört und in Tränen aufgelöst berichtete sie uns die schlimme Neuigkeit, und fragte um Rat, was man in dieser Lage tun könne.

Es waren kaum zwei Tage vergangen, da wurden die beiden Brüder Messing verhaftet. Eine Panik brach in der Stadt aus. Zwölf Familien früherer Landbesitzer gab es in Lukojanow zu jener Zeit; und täglich wurde erst der eine, dann der nächste verhaftet. Vor Schrecken gelähmt warteten wir, bis wir dran waren.

Eines Nachts Anfang November, gegen Mitternacht, als wir alle schon lange schliefen, erscholl ein ohrenbetäubendes Pochen an der Tür. Georg ging hinaus, um zu öffnen. Mindestens zehn bewaffnete Männer stürmten in das Zimmer. Ohne irgendwelche Papiere zu zeigen, bedrohten sie Georg, der sich nicht im geringsten wehrte, mit ihren Revolvern und erklärten, daß er unter Arrest stünde. Sie schrien Mutter an, die in großer Erregung einen

Haftbefehl oder wenigstens eine Erklärung von ihnen verlangte. Vor Angst zitternd stand ich in einer Ecke und blickte mit Abscheu auf diese Bande von groben, schmutzigen Leuten mit ihren zerlumpten Mützen und abgerissenen Mänteln – Leute, die ohne Federlesen unsere Wohnung durchsuchten und alles mitnahmen, was ihnen unter die Finger geriet. Sie nahmen mir sogar meinen ersten Arbeitslohn weg: ein kleiner Ring mit einem eingelegten Türkis, den ich als Bezahlung für die Nachhilfestunden bei einem Mädchen erhalten hatte.

Sie nahmen Georg mit. Meine Mutter und ich blieben allein zurück. Ich zitterte und schluchzte, überwältigt von der Sorge um meinen Bruder und voller Angst um uns alle. Dies war die erste direkte Konfrontation mit dem neuen Regime. Was konnten wir von denen schon erwarten? Es war doch tatsächlich ein Haufen von wirklichen Banditen.

Eine halbe Stunde später stürzte unsere Nachbarin, die alles gehört, sich aber vor lauter Angst nicht gerührt hatte, in unsere Wohnung. Ihr Vater hatte früher bei der Polizei gedient, und obwohl er nur einen sehr unbedeutenden Posten innehatte, erwartete er doch jeden Tag, von ihnen ergriffen und ins Gefängnis geworfen zu werden.

Meine Mutter, eine tatkräftige und intelligente Frau mit einem festen Charakter, konnte nicht weinen. Still ertrug sie all die Prüfungen, die das Schicksal ihr auferlegt hatte, und viele hielten sie für eine herzlose und kalte Person. Ich wußte jedoch, daß dem nicht so war. In jener Nacht legte sie sich nicht hin, nachdem sie mir eine besonders große Portion »Valerinki« gegeben und mich ins Bett gebracht hatte, sondern sah alles durch, was die Banditen übriggelassen hatten: Briefe, Papiere und meine Tagebücher.

Als ich morgens erwachte, sagte sie zu mir nur: »Was für ein glücklicher Zufall, daß sie deine Tagebücher nicht genommen haben.« Weil sie ein bescheidener und zurückhaltender Mensch war, hatte sie vorher weder meine Briefe, noch meine Aufzeichnungen gelesen. Ich konnte verstehen, welches Entsetzen sie in jener Nacht empfunden haben muß, als sie meine Bemerkungen über die unerwünschte und gefährliche konterrevolutionäre Aktivität meines Vaters las, der davon träumte, den Zaren und die kaiserliche Familie zu befreien und sie aus Sibirien fortzubringen. Ich hatte zufällig eine Unterhaltung meiner Eltern über diese Thema mitgehört und wußte um die besondere Zuneigung meiner Mutter zu ihrem Lieblingssohn, den sie zu verlieren fürchtete, und ich hatte nicht gezögert, meine Eindrücke darüber meinem Tagebuch anzuvertrauen. Und bald hatte ich sogar vergessen, daß ich etwas darüber niedergeschrieben hatte, weil aus den Plänen meines Vaters nichts geworden war. Jetzt war mir völlig klar, daß man Georg ohne Zögern erschossen hätte, wenn meine Tagebücher der Tscheka in die Hände gefallen wären. Zwei dicke Notizbücher mit meinen Aufzeichnungen wurden in jener Nacht verbrannt.

Am Nachmittag kam meine Kusine zu uns geeilt und informierte uns, daß in eben dieser Nacht ihr Mann und zwei ihrer Brüder verhaftet worden waren. Sie erwartete gerade ihr erstes Kind. Sie war so aufgewühlt von der Verhaftung der Menschen, die ihr teuer waren, und von der mehrstündigen Durchsuchung, daß ein Arzt gerufen werden mußte. Erst jetzt, nachdem sie sich ein wenig erholt hatte, kam sie, um uns die schlechte Nachricht zu bringen. Arme Mutter! Neben allem anderen mußte sie jetzt auch noch diese junge Frau beruhigen, mußte versprechen, ihr zu helfen und für zwei Kinder, ihre Neffen, zu sorgen, die jetzt ohne Aufsicht waren.

Die Verhaftungen gingen weiter, und während der nächsten paar Tage wurden fast alle Männer abgeholt, die zu unserem Freundeskreis gehörten. Alle »verdächtigen« Einwohner der Stadt wurden mit ihnen im überfüllten Stadtgefängnis untergebracht. Mutter erhielt die Erlaubnis, Georg zu besuchen, und meinem beständigen Drängen nachgebend, nahm sie mich mit. Am frühen Morgen eines sonnigen und kalten Novembertages fuhren meine Mutter, meine Kusine Xenia und ich zum Gefängnis vor der Stadt. Als wir ankamen, standen schon andere Frauen in einer langen Reihe und warteten auf ihre Besuchszeit. Unter ihnen waren viele unserer Bekannten. Wir wurden in einen engen, rechteckigen Raum geführt, und dann begannen sie, die Gefangenen aufzurufen.

Es erhob sich ein solches Stimmengewirr als Antwort auf das Durcheinander und das Geschrei der Gefängniswärter, daß es fast unmöglich war, irgend etwas zu verstehen. Schließlich brachten sie unseren Georg herein. Als ich ihn so bleich, abgemagert und unrasiert erblickte, ergriff ich entsetzt den Arm meiner Mutter und brachte kein einziges Wort heraus. Sie jedoch gab dem Eindruck, den mein Bruder ohne Zweifel auf sie gemacht hatte, nicht nach und begrüßte ihn lebhaft, sogar heiter. Ich konnte mich nur über ihre Willenskraft und ihre erstaunliche Charakterstärke wundern. Um uns herum hörte man erregte Stimmen und Schluchzen, unterbrochen von den Rufen der Wachen. Mutter wechselte einige Worte mit Georg, versuchte ihm Mut und Hoffnung auf eine schnelle Freilassung zu machen. Ich war sicher, daß ihr festes und zuversichtliches Auftreten seine Stimmung besserte. Aber als wir gingen, mußten wir Xenia von beiden Seiten stützen. Sie schluchzte krampfhaft. Der erschütternde und mitleiderregende Anblick ihres Mannes hatte eine verheerende Wirkung auf sie; und anstatt ihn aufzumuntern, wie es meine Mutter bei Georg getan hatte, war sie in Tränen ausgebrochen.

Später gesellten sich andere Freunde zu uns, die ihre Hoffnungen und ihre Pläne für die Befreiung ihrer liebsten Angehörigen mit uns teilten. Ein völlig unerwartetes Ereignis half jedoch mehr als all unsere Bemühungen und die Versuche, über die höheren Ränge der neuen Regierung einen fairen Prozeß zu erreichen. Im Gefängnis brach Typhus aus. Der Schmutz, die Enge, das Ungeziefer – alles hatte dazu beigetragen, die Krankheit zu verbreiten. Das Krankenhaus war bis zum Bersten voll. Die Gewaltverbrecher wurden in das alte, halbzerfallene Gebäude in der Nähe des Bahnhofs gebracht. Unsere Leute jedoch, deren Verbrechen zumeist nur darin bestand, daß sie der bourgeoisen Klasse angehörten, wie man damals sagte, wurden freigelassen.

Die ganze Stadt frohlockte und vergaß dabei den Grund für die Freilassung der Gefangenen, einen Grund, der nichts Gutes erahnen ließ. Und in der Tat begann schon nach kurzem unter den Freigelassenen Typhus auszubrechen. Das erste Opfer war der betagte Herr Zyikow, der Mann einer Freundin meiner Mutter. Weil im Krankenhaus kein Platz war, lag er zu Hause; und trotz der Pflege durch seine Frau und seine Schwägerin starb er nach wenigen Tagen. Auch der ältere Bruder von Xenias Mann erkrankte, und auch ihn mußten wir auf den Friedhof begleiten.

Andere, besonders die Jüngeren, kämpften gegen die Krankheit an, die jetzt das Ausmaß einer Epidemie annahm.

Zwölf Tage nach seiner Entlassung aus dem Gefängnis erkrankte auch unser Georg an Typhus. Und sogar Mutter sah trotz ihrer erstaunlichen Willensstärke langsam verzweifelt aus. Der Doktor, unser alter Bekannter, machte regelmäßige Visiten und verschrieb die notwendigen Medikamente, die es in der Regel in der Apotheke nicht gab. Das größte Unglück jedoch war der totale Mangel an allen wichtigen Nahrungsmitteln, die meines Bruders körperliche Verfassung hätten kräftigen können, die durch seinen Gefängnisaufenthalt angeschlagen war.

Mutter wachte Tag und Nacht bei ihm, ließ mich nicht in seine Nähe. Wenn er dann einschlief, lief sie jedesmal zu den Nachbarn und flehte diese an, ihr Lebensmittel zu besorgen, im Tausch gegen die Wertsachen, die sie hatte bewahren können und die sie nun allzugern hingab für die benötigte Butter, die Eier und die Milch. Der alte Doktor schenkte ihr zwei Flaschen Kognak. Da sah ich zum erstenmal Tränen in ihren Augen.

Mir oblag es jetzt, jeden Tag die Eidotter zu schlagen und sie mit Kognak zu verrühren. Georg nahm diesen Trunk mehrmals am Tag zu sich. In einem Monat hatte Mutter ihn wieder völlig kuriert, und weder sie noch ich steckten uns an. Aber Georg kehrte nicht in unsere Schule zurück; er wurde von der Roten Armee eingezogen und verließ Lukojanow.

Auch mich erwartete eine Veränderung. Wegen des Mangels an Heizmaterial wurden alle unteren Klassen bis zur fünften geschlossen. Die Mädchenschule und die Oberschule der Jungen wurden zusammengelegt. Ich war in der vierten Klasse, daher erhob sich für mich die wichtige Frage, wie ich mit meiner Schulbildung weitermachen sollte. Nachdem ich dies mit Mutter durchgesprochen hatte, sagte ich, daß ich während der Ferien vom 1. bis zum 15. Januar versuchen würde, das ganze Jahresprogramm nachzuholen und in die fünfte Klasse zu kommen.

Ein ungewöhnlich schönes Armband aus mit Brillanten eingefaßten Türkisen, das ich als Kind stets bewundert hatte und das mir für meine Hochzeit versprochen worden war, wurde hierfür geopfert. Es war ja noch lange hin bis zu diesem Ereignis, und deshalb wurde das Armband für einen reelleren und wichtigeren Zweck benutzt. Mutter fuhr aufs Land, wo ihre Schwester lebte, und tauschte dort das Armband erfolgreich gegen eine solche Menge Lebensmittel ein, daß es uns vor der sich abzeichnenden Hungersnot rettete und uns ermöglichte, drei Lehrer zu bezahlen, mit denen ich umgehend eifrig zu lernen begann.

Diese Unterrichtsstunden werde ich wohl niemals vergessen. Es gab kein Petroleum, und alle Lampen waren unbrauchbar; das einzige, was als Beleuchtung diente, waren die kleinen »Koptilkas«, wie man sie nannte. Man stellte sie her, indem man ein wenig Petroleum auf eine Untertasse schüttete und einen Docht hineinlegte. Dieses Gerät stellte man sich direkt vor die Nase, und selbst dann konnte man nur mit Mühe lesen. Der Januar ist ein lichtarmer Monat, und ich mußte vom Morgen bis spät in die Nacht lernen. Dennoch schafften wir es, alle Schwierigkeiten zu überwinden, und Mitte Januar wurde ich zu meiner unfaßbaren Freude in die fünfte Klasse aufgenommen. Unter den Schülern der fünften Klasse waren viele alte Freunde und Bekannte. Stolz war ich aber hauptsächlich deswegen, weil ich ein schwieriges Hindernis bewältigt hatte und ein Jahr älter geworden war.

Der Frühling kam. Das ist eine wundervolle Jahreszeit in Zentralrußland. Der Schnee schmolz, lärmend plätscherten die Bäche, die zahllosen Gärten und Obstpflanzungen grünten und schienen die Stadt geradezu unter ihrem Grün zu ertränken.

Bald öffneten der Stadtpark und das Sommertheater, die über den Winter geschlossen gewesen waren. Aber die Hauptsache, etwas, das den unglaublichen Zauber Rußlands, des ganzen Landes und seiner Provinzen ausmacht – die Nachtigallen sangen. Überall waren Nachtigallen – in den kleinsten Gärten, im Stadtpark und im Wäldchen nahe der Stadt. Ihren Gesang kann man mit nichts vergleichen. Er erinnerte mich so sehr an Obrochnoje, wo jeden Frühling mit dem Einbruch der Dunkelheit das Trillern der Nachtigallen in unserem Park begann. Obwohl wir nichts über das Schicksal von Papa und Paul wußten, und trotz der ständig wachsenden Hungersnot und dem Durcheinander in einem Land, das vom Bürgerkrieg und dem Terror der Regierung zerrissen wurde, vergaßen wir oft alles. Und wir, besonders die Jugend, erfreuten uns am Erwachen der Natur, dem Gesang der Vögel, dem grünen Gras und den Blumen – und wir begannen, für unser Leben auf etwas Besseres zu hoffen.

Im Frühling kam Georg für ein paar Tage nach Hause. Er war einer Einkaufskommission zugeteilt worden, die Pferde für die Rote Armee erwarb. Jetzt war er in unsere Gegend geschickt worden, und so konnte er etwas Zeit mit uns verbringen. Sein Freund aus der Armee, Sergei Skrjabin, begleitete ihn. Dieser junge Soldat machte keinen Eindruck auf mich, und dieses Gefühl war anscheinend gegenseitig. Ich war so sehr viel jünger als die Damen von Lukojanow, denen die jungen Männer den Hof machten, daß ich unmöglich mit ihnen wetteifern konnte. Zu jener Zeit hätte niemand vorhersagen können, daß ich fünf Jahre später die Frau dieses Soldaten werden sollte, der mich jetzt wegen meiner Jugend ignorierte.

Während dieser Tage, die Georg mit uns verbrachte, war Mutter völlig verändert. Ihr Lieblingssohn war gesund, heiter und glücklich geworden, und er hatte sich zu einem richtig gutaussehenden Burschen entwickelt.

Dazu kam, daß Georg uns erzählte, er werde bald nach Simbirsk versetzt und wolle uns mitnehmen. Diese Aussicht stimmte Mutter noch froher, mich aber machte sie traurig. Ich hatte mich schon an Lukojanow gewöhnt und dort viele Freunde gefunden. Ich liebte meine Schule. Die Aussicht, dies alles aufzugeben, gefiel mir überhaupt nicht. In zwei Wochen war der Unterricht zu Ende; und die höheren Klassen, zu denen ich gehörte, würden nach Nischnij-Nowgorod fahren, die Stadt besichtigen, die Theater und andere Sehenswürdigkeiten besuchen. Wenn ich nach Simbirsk zöge, würde mir all das entgehen, von dem ich schon so lange geträumt hatte.

Georg hatte für beinahe alles gesorgt; er war fortgefahren und wiedergekommen, und der Tag unserer Abreise wurde auf den 1. Juni gelegt. Da war nichts mehr, was man hätte tun können; ich mußte mich von meinen Freunden verabschieden, die Ende Mai nach Nischnij fuhren. Ich war traurig. Die Zukunft sah nicht rosig aus.

Der einzige Trost war, daß eine meiner liebsten Lehrerinnen, Anna Dmitriewna, beschlossen hatte, mit uns zu kommen. Sie war attraktiv und nett. Bis über beide Ohren in unseren großen Charmeur Georg verliebt, hatte sie sich zu dem drastischen Schritt entschieden, in eine fremde Stadt zu ziehen, wo sie keine Aussicht auf einen Arbeitsplatz hatte, und ohne ein Heiratsversprechen meines Bruders erhalten zu haben. Mutter fand dies recht unverantwortlich; ich jedoch war von ihrer Entscheidung mächtig beeindruckt. Mit meiner gewohnten Neigung zu Extremen begann ich, sie geradewegs anzubeten und war böse mit Georg, weil er derartige für ihn gebrachte Opfer nicht ausreichend würdigte. Er dagegen war glücklich und nahm es als den angemessenen Ausdruck der ihm gebührenden Liebe.

Die Reise war angenehm. Wir nahmen unsere Plätze in dem Güterwaggon ein, den Georg hatte besorgen können; und von morgens bis abends saßen wir an der breiten Türöffnung und bewunderten die russische Landschaft und die Natur. Unterwegs war Georg besonders nett zu Anna; meine Einstellung änderte sich, und ich träumte bereits von der Möglichkeit einer Hochzeit in Simbirsk, eine Aussicht, die mich mit diesem plötzlichen Umzug versöhnte.

Simbirsk breitete sich recht anziehend entlang der Wolgaufer aus und wurde im wahrsten Sinne des Wortes vom Grün überflutet. Alles blühte. Jeder von uns sah voller Aufmerksamkeit auf die Umrisse der Stadt und die umliegenden Dörfer und Städtchen. Die einzige in unserem Waggon, die die allgemeine Begeisterung nicht teilte, war die alte Köchin. Sie hatte ihre Stellung bei ihrer früheren »Herrschaft« in Lukojanow verloren und Mutter gebeten, sie mitzunehmen – zumindest, um ihr in dieser größeren Stadt als Lukojanow zu einem guten Start zu verhelfen, auch wenn sie nicht für uns arbeiten konnte. Aber Marfuscha hatte nicht die geringste Vorstellung von der russischen Geografie. Aus irgendeinem Grunde glaubte sie, daß Simbirsk als Geburtsort Lenins mindestens so groß wie Petrograd sein müßte, die Stadt, in der sie früher gelebt hatte und die sie über alles liebte. Groß waren ihre Enttäuschung und ihre Bestürzung bei unserer Ankunft in Simbirsk. Als sie es von fern erblickte, sah sie, daß von einem Vergleich mit Petrograd keine Rede sein konnte und daß sie wieder würde dahinvegetieren müssen, fast wie in der Provinz, die sie von ganzem Herzen haßte. Ihre Bemerkungen und ihre Verärgerung amüsierten uns, und wir versuchten sie zu überzeugen, daß es besser sei, in der Provinz zu leben, besonders an der Wolga. Wir erklärten ihr, daß es hier friedlicher sei und daß man hier leichter etwas zu essen bekäme. Diese Erklärungen machten jedoch keinen Eindruck auf sie.

In Simbirsk lebte die Schwester meines Vaters mit ihrem Enkel. Mein Onkel und mein Vetter, ein Freund meiner Kindertage, waren aufgebrochen, um sich der Weißen Armee anzuschließen. Die Eltern des kleinen Arsenin hatten Rußland verlassen und lebten im Ausland. Der Junge war zeitweise bei seiner Großmutter in Simbirsk untergebracht, wo er dann bleiben mußte, weil es unmöglich war, ihn zu seinen Eltern zu schicken. Meine Tante fand für uns eine Wohnung in der Nähe ihres früheren Hauses, in dem sie noch zwei Räume bewohnte, was jetzt als großer Luxus galt. Meine Mutter, die mit meiner Tante seit ihrer Jugend befreundet war, war hierüber besonders glücklich; denn nun hatte sie außer Georg und mir auch noch eine gute Freundin in der Nähe.

Da wir im Juni ankamen, hatte ich schulfrei bis zum 1. September; und so beschäftigte ich mich damit, die Stadt und ihre Umgebung zu erforschen. Simbirsk interessierte mich besonders, weil es der Geburtsort eines meiner bevorzugten russischen Schriftsteller war, nämlich Gontscharows. In seinem Roman *Die Schlucht* hatte er eine außerordentlich schöne Stelle nicht weit von der Stadt beschrieben. Der Anblick der Schlucht Gontscharows war das erste erfreuliche Ereignis in meinem Simbirskischen Epos.

Zur selben Zeit suchte meine Mutter fieberhaft nach Arbeit und fand bald eine Anstellung als Schreibkraft in einem der Büros der Eisenbahnverwaltung in unserer Straße. Mein Bruder war in offiziellem Auftrag unterwegs, und als er in Simbirsk war, half er Anna, eine neue Stellung zu finden. Es war ein glücklicher Zufall, daß sie so schnell Arbeit fand. Ich glaube, daß in ihrem Fall gutes Aussehen die Hauptrolle spielte.

Ich verbrachte meine Tage mit Spaziergängen, die mir viel Spaß machten, und anstrengenden Ausflügen auf den Markt mit Marfuscha, der bemerkenswerten Köchin, die keine andere Stelle finden konnte und deshalb bei uns blieb. Diese Ausflüge verwandelten sich für mich bald zur wahren Folter. Neben der Tatsache, daß es mit unseren begrenzten Mitteln außerordentlich schwierig war, die notwendigen Dinge zu besorgen, war die Hauptursache Marfuschas Charakter, der mich in Angst und Schrecken versetzte. Sie haßte Simbirsk, murrte über ein Schicksal, das sie so weit von ihrem geliebten Petrograd entfernt hatte, und fluchte ständig hemmungslos und mit lauter Stimme über das Sowjetregime, das sie für die Ursache all ihres Unglücks hielt.

Bei Georg und Mutter ließ sie sich nicht zu weit hinreißen, aber meine Gegenwart ermunterte sie aus irgendeinem Grunde. Ich konnte ihr nicht verbieten, sich so aufzuführen, und wurde unfreiwillig ein stiller Zuhörer ihrer grimmigen Angriffe. Wenn wir zum Markt gingen, rief einfach alles ihren Zorn hervor.

Schlug der Kutscher das Pferd mit der Peitsche, so war das die Schuld des Sowjetregimes, das die Mißhandlung der Tiere zuließ. Wenn wir auf ein paar jämmerliche, streunende Hunde trafen, war das wieder die Schuld des Sowjetregimes, das dem Land eine derartige Hungersnot gebracht hatte. Marfuscha liebte Tiere über alles und glaubte, daß für ihre Versorgung unmittelbar die Stadtverwaltung verantwortlich sei.

»Herodes« nannte sie jeden, der irgendwie mit der Stadtverwaltung zusammenhing. Für sie waren das alles Bolschewisten, verdammte Kommunisten, Ungeheuer; und sie wünschte sie alle zur Hölle. Oft blieb sie mitten auf dem Weg zum Markt stehen und goß ihren Zorn über jeden aus, der es ihrer Meinung nach verdiente. Meine Versuche, sie zum Weitergehen zu bewegen, waren stets erfolglos. Und wenn sie mein Entsetzen sah, schrie sie nur noch lauter, als ob sie damit ihre Unabhängigkeit und ihren Mut beweisen wollte. Das Ergebnis war, daß diese Gänge mindestens zwei bis drei Stunden dauerten. Selbst auf dem Markt versuchte sie nicht, das zu finden, was wir brauchten, und dann schnell zu gehen – ganz im Gegenteil. Oft versammelte sie eine Menge von Sympathisierenden um sich, und dann kannte sie überhaupt keine Grenzen mehr.

Bis heute verstehe ich nicht, warum die vorbeigehenden Milizionäre diese ungestüme alte Frau nicht verhafteten. Offenbar schenkten sie solchen alten Schreihälsen zu dieser Zeit noch keine Beachtung. Sie hatten genug mit den gefährlicheren jungen Leuten zu tun.

Nach unserer Rückkehr flehte ich Mutter an, mich nicht weiter auf den Markt zu schicken; die schlaue alte Frau versicherte meiner Mutter jedoch, daß sie nicht alles allein schaffen könne, daß sie sich in der Stadt nicht auskenne und daß sie unbedingt eine Hilfe brauche. Es war unmöglich, sie davon abzubringen. Mutter ermahnte Marfuscha; und sie schien auf sie zu hören, doch dann begann sie am nächsten Tag wieder von vorn.

Der Anbruch des Herbstes und der Schulbeginn retteten mich; unsere Marktgänge hörten auf. Marfuscha begann alleine einzukaufen und es schien, daß sie sich ein bißchen beruhigt hatte. Aber einmal brachte sie dann doch ein zorniger Milizionär nach Hause. Nicht zufrieden mit ihren üblichen Schimpftiraden war Marfuscha dieses Mal vor dem Haus stehengeblieben, in dem Lenin einst mit seiner Familie gelebt hatte. Sie fing an, den Passanten zuzurufen, daß dieser Antichrist schuld sei an der Armut im Lande, daran, daß die Leute an Hunger, Typhus und Cholera stürben. Sie war von Menschen umringt, und viele sympathisierten mit dem, was sie sagte. In dieser Tonart fuhr sie mit ihrer donnernden Ansprache fort und erregte schließlich die Aufmerksamkeit eines Ordnungshüters. Trotz ihrer Gegenwehr drehte er ihr die Arme auf den Rücken und brachte sie so nach Hause. Es war ihr Glück, daß sich der Bursche als recht friedlich erwies (oder vielleicht hatte auch er schon die Nase voll vom Sowjetregime). Jedenfalls beschränkte er sich auf die Bemerkung, daß der Wohnungsinhaber diese alte Dame nicht mehr auf die Straße lassen sollte, denn wenn sich dies wiederholte, würde sie für ihre anti-sowjetischen Ausbrüche mit Sicherheit ins Gefängnis wandern.

Mutter war dies außerordentlich unangenehm, und bei der ersten Gelegenheit brachte sie Marfuscha in einer Familie unter, die gerade nach Petrograd abreiste. Man versprach, die alte Dame bei der Familie abzuliefern, für die sie früher gearbeitet hatte. Erleichtert seufzten wir auf; und obwohl ich jetzt nach der Schule allein zum Markt gehen mußte, war ich es zufrieden und dabei auch noch viel schneller.

Die Cholera-Epidemie klang zum Herbst langsam ab, und keiner von uns wurde davon angesteckt. Die Schule brachte mir jetzt die unterschiedlichsten Zerstreuungen sowie neue Bekanntschaften und Freunde. Georg war ständig unterwegs. Wenn er in Simbirsk war, besuchte er jedesmal die reizende Anna; aber man konnte schon spüren, daß die frühere Liebe der beiden vergangen war. Mutter fuhr mit ihrer Arbeit fort, und unser Leben in Simbirsk schien zufriedenstellend.

Am 8. März, dem Frauen-Feiertag, wurde in Simbirsk angekündigt, daß jede Frau zwei Rubel erhalten könnte. Diese konnte man an einem vorbezeichneten Ort in einem bestimmten Stadtviertel in Empfang nehmen. Ich ignorierte dieses großartige Geschenk der Sowjetregierung und ging nicht hin. Meine Mutter ging. Sie meinte, daß auch ein mageres Schaf ein wenig Wolle gäbe, wie das russische Sprichwort lautet. Einige Stunden später kehrte sie höchst verärgert zurück. Sie hatte sich sehr lange anstellen müssen, und die Frau vor ihr in der Schlange war förmlich mit Läusen übersät. Damals brach gerade eine Typhus-Epidemie in Simbirsk aus, und die Läuse waren die Hauptüberträger dieser schrecklichen Krankheit.

Neun Tage darauf legte sich Mutter mit hohem Fieber zu Bett. Die Diagnose des Doktors lautete auf Typhus. Alle Krankenhäuser waren überfüllt, und unsere Lage wurde sehr schwierig. Mutter mußte zu Hause bleiben, und die Nachbarn hatten Angst, sich anzustecken, und zogen sich jedesmal eilig zurück, wenn ich die Küche betrat. Weil wir in einer Gemeinschaftswohnung lebten, mußte ich durch das Eßzimmer gehen, um in den Flur oder in die Küche zu gelangen. Der frühere Besitzer der Wohnung, ein ehemaliger zaristischer General, schlief im Eßzimmer. Gewöhnlich saß er in einem Lehnstuhl in der Mitte des Raumes; jetzt aber versteckte er sich immer hinter dem Wandschirm, wo sein Bett stand – besonders dann, wenn ich auftauchte.

Ich kam mir vor, als ob ich die Pest hätte, und versuchte, soviel wie möglich in dem Zimmer zu bleiben, das ich mit Mutter teilte. Das war jedoch praktisch unmöglich, denn irgend etwas benötigte man immer aus der Küche. Mutter delirierte im Fieber und verlangte ständig etwas zu trinken. Ich konnte ihre Bitten nicht ignorieren, und, ohne auf den wütenden alten Kerl zu achten, rannte ich jedesmal durch das Eßzimmer und den Flur in die Küche. Die anderen Mitbewohner verschwanden stets auf der Stelle, wie unter der Wirkung eines Zauberstabs.

Mutters Haar wurde bis auf die Haut abrasiert, und sie sah so abgemagert aus wie ein »Besprisornyje«[1]. Sie hatte zwanzig Pfund verloren. Der Arzt kam jeden Tag, und angesichts meiner Verzweiflung munterte er mich immer wieder auf und sagte, daß Mama ein kräftiges Herz habe, daß sie noch jung sei und daß sie eine solche schwere Krankheit ohne Zweifel überleben würde. Und in der Tat ging die Krise vorbei. Mutters Zustand besserte sich, aber dann wurde ich krank. Dies machte alles schlimmer, weil wir nun beide Pflege brauchten.

Meine Tante, die Schwester meines Vaters, schlug alle Warnungen in den Wind und pflegte uns, bis meine Mutter wiederhergestellt war. Meine Krankheit war so merkwürdig, daß sich mehrere Ärzte über diese seltene Form des Typhus beraten mußten. Trotz allen Krankheitssymptomen verlor ich nie das Bewußtsein und hatte auch keine Fieberphantasien, obwohl ich sehr hohe Temperatur hatte. Nach neun Tagen war ich schon wieder auf den Beinen und fühlte mich fast normal. Zu meiner großen Zufriedenheit hatte man mir nicht die Haare abrasiert, davor hatte ich große Angst gehabt. Ich hielt mein langes Haar für mein attraktivstes Merkmal.

Meine Mutter war sehr lange krank und ging nicht zur Arbeit. Man gewährte ihr Krankheitsurlaub. Ich jedoch wollte so schnell wie möglich zurück zu meinen Bekannten und Schulfreundinnen. Weil ich mich völlig wiederhergestellt fühlte, willigten die Ärzte ein und hielten mich nicht mehr unter Quarantäne.

So gingen der März und der April vorbei, und die für mich an der Wolga schönste Jahreszeit näherte sich. Im Mai, nach dem Tauwetter des Frühlings, bietet der angeschwollene Fluß ein unvergeßliches Schauspiel. Dies ist besonders dann der Fall, wenn das erste Grün in den Gärten und Parks unserer malerischen Stadt auftaucht.

Georg wurde in das entfernte Orenburg versetzt. Es hatte keinen Sinn, ihm dorthin zu folgen. Mein Vetter Paul, ein Junge von vierzehn Jahren, kehrte aus Sibirien zurück, nachdem er seinen Vater begraben hatte. Koltschaks Feldzug war gescheitert. Im Hause meiner Tante gab es gleichzeitig Freude und Leid: Der Sohn war zurückgekehrt, der Mann nicht.

Zu dieser Zeit erhielt Mutter über die Schweiz einen langen Brief von Vater. Er beschrieb in allen Einzelheiten, was er und Paul hatten durchstehen müssen. Nachdem sie sich in den Süden durchgeschlagen hatten, waren sie zur Wrangelschen Armee gestoßen, die auf der Seite der Weißen kämpfte. Paul hatte das Kommando über eine Kompanie des Dagestanischen Regiments erhalten, und Vater war als Unteroffizier eingetreten. Der Krieg war noch immer nicht zu Ende, und die Roten waren im Vormarsch.

Die verzweifelten Kämpfe auf der Halbinsel Krim kosteten Paul das Leben. Er wurde schwer am Rückgrat verwundet, und wäre für den Rest seines Lebens Invalide geblieben, wenn er überlebt hätte. Er starb unter schrecklichen Leiden. Es war möglich gewesen, ihn mit allen militärischen Ehren zu begraben, und hinter seinem Sarg, der mit einem roten Umhang bedeckt war, wurde sein Pferd geführt. Weiter hinten folgten die Offiziere und die Berittenen unter Führung des Kommandeurs Amilachari. Vater schrieb von dem Schmerz, seinen Lieblingssohn verloren und gleichzeitig von uns nichts mehr gehört zu haben. Und er sah den unvermeidlichen Untergang der Weißen Armee voraus.

Zwei Wochen nach Pauls Beerdigung emigrierte Vater mit seinen Brüdern Sergei und Nikolai in die Türkei und reiste von dort nach Paris. Jetzt lebte er in Paris im Haus eines französischen Grafen, der einst bei uns in Obrochnoje gejagt hatte. Im Gedenken an die Vergangenheit gewährte er nun den Flüchtigen Asyl. Mit der Hilfe des Grafen de Trassi hatte Vater uns über das schweizerische Rote Kreuz ausfindig machen können.

Als wir diesen Brief erhalten hatten, waren wir lange traurig. Mir tat ganz besonders meine Mutter leid, die nun drei ihrer fünf Kinder verloren hatte. Lange Zeit wollte ich einfach nicht glauben, daß Paul nicht mehr war. Weil ich ihn nicht wie Wasja als Toten gesehen hatte, schien mir, daß er eines Tages zurückkehren müßte.

Einige Zeit nachdem Vaters Brief gekommen war, saß ich gerade am offenen Fenster in unserem Zimmer, als plötzlich ein großer, bunter und schöner Vogel (ein Papagei) von der Straße her ins Zimmer flog. Das war ein so ungewöhnliches Ereignis, daß ich wie erstarrt sitzenblieb, zu ängstlich mich zu bewegen, um ihn nicht zu erschrecken. Aber der Papagei hatte nicht die Absicht, wegzufliegen, und ließ sich bei uns nieder wie zu Hause.

Es gibt einen russischen Aberglauben, der besagt, wenn ein Vogel ins Haus fliegt, dann ist das die Seele eines nahen Verstorbenen, der sich so bemerkbar macht. Ich zweifelte nicht daran, daß meine Mutter ebensowenig wie ich von dem Besuch dieses unerwarteten Gastes überrascht sein würde, und daß er ihr keine Freude machen würde. Und doch hatte ich Mitleid mit dem Papagei und konnte ihn nicht hinausscheuchen. Er begann recht lustig zu sprechen, wenn es auch schwierig war, ihn zu verstehen. Ich schloß die Fenster und ging mich mit den Nachbarn beraten. Sie kamen alle herbeigerannt, um zu gucken, und brachten sogar einen Käfig mit, den jemand gefunden hatte. Sie rieten mir, eine Anzeige in die Zeitung zu setzen; unterdessen sollte ich ihn behalten, in der Hoffnung, daß die Besitzer sich meldeten und ihn abholten.

Und tatsächlich tauchte vier Tage später ein achtjähriges Mädchen mit seiner Mutter bei uns auf. Es zeigte sich, daß das Mädchen untröstlich über das Verschwinden ihres Vogels gewesen war und überglücklich unsere Anzeige in der Zeitung gelesen hatte. Ihre Mutter erzählte uns, daß der Papagei schon seit mehreren Jahren bei ihnen lebte und noch kein einziges Mal aus seinem Käfig weggeflogen sei.

Noch etliche Zeit nach diesem Ereignis stand ich unter dem Zauber dieses merkwürdigen Besuchers, aber schließlich vergaß ich ihn. Im Herbst desselben Jahres jedoch erhielt meine Tante einen Brief von einem ihrer Brüder, in dem ihr der Tod meines Vaters in Paris während des Sommers mitgeteilt wurde; abergläubisch erinnerte sie mich an unseren Juli-Besucher. Und mit diesem zweiten Brief brach jede Verbindung mit unseren emigrierten Verwandten für viele Jahre ab.

Simbirsk

Das Jahr in Simbirsk ist mir wegen eines erfreulichen Ereignisses immer im Gedächtnis geblieben. Die Amerikaner hatten für die Hungernden im Wolgagebiet Hilfe organisiert. Und in Simbirsk hatte eine neue Institution eröffnet, die »American Relief Administration (ARA[2])«. Sie stellten jeden ein, der Englisch konnte und Schreibmaschine schrieb. Aber darüber hinaus erhielten jene, die Verwandte im Ausland hatten, Pakete voller Lebensmittel und anderer Dinge über die Amerikanische Gesandtschaft. Wir erhielten Pakete aus Holland. Eine der Schwestern meiner Mutter war mit dem zaristischen russischen Botschafter in Holland verheiratet gewesen und hatte in Den Haag gelebt. Mein Onkel war schon lange gestorben, aber die niederländischen Behörden erlaubten der Familie, in demselben Haus zu leben, in dem vorher die Botschaft gewesen war. Unsere Verwandten hatten Mutter über das schweizerische Rote Kreuz suchen lassen, und – nachdem sie unsere Adresse kannten – in Holland Geld eingezahlt, damit wir ein Quantum an Nahrungsmitteln bekamen. Als wir die Benachrichtigung von der ARA erhielten, schickte mich meine Mutter allein dorthin, weil sie annahm, es handele sich nur um ein kleines Paket, das ich leicht nach Hause tragen könnte. Der Amerikaner, der die Nahrungsmittel und anderen Waren verteilte, befragte mich über einen Dolmetscher nach unseren materiellen Lebensbedingungen.

Dann versorgte er mich mit einer solchen Menge von Waren, daß ich noch nicht einmal die Hälfte davon hätte tragen können. Ich bat ihn um Erlaubnis, zunächst einmal alles liegenzulassen, und rannte zur Stadtmitte, wo immer einige Bettler herumstanden. Ich heuerte zwei Bettler an und versprach ihnen einen Teil dessen, was ich erhalten hatte.

Eine Reihe guter Sachen war in den Paketen, die die wunderbaren Amerikaner gepackt hatten: Zucker, Fett, Kaffee, Mehl, Kondensmilch und – was mir besondere Freude machte – zwei

Bahnen Mantelstoff (für meine Mutter und mich) sowie Stoff für Kleider. Im Triumph kehrte ich nach Hause zurück, nachdem ich meine beiden Begleiter mit Waren belohnt hatte, die sie seit langem nicht mehr gesehen hatten.

Gleichzeitig mit der Hilfe für die bedürftige Bevölkerung von Simbirsk begannen die Amerikaner auch die Schulen zu versorgen. Jetzt tauchten anstelle unserer Mahlzeiten mit Hering und getrocknetem Kabeljau plötzlich Trockenmilch in Dosen, jede nur vorstellbare Art von Konservennahrung und sogar Weißbrot auf. In diesem Herbst wurde unsere Schule in ein Lehrerseminar umgewandelt, und der Unterricht wurde jetzt in den Abendstunden erteilt. Das gab mir die Gelegenheit, mich nach Arbeit umzusehen. Mit der Unterstützung durch den Vater einer Mitschülerin wurde ich bald als Bürokraft in der Bezirksfinanzverwaltung (Gubfinotdel) eingestellt. Die Bezahlung war minimal. Mein erstes Monatsgehalt gab ich für fünf Meter Leinen aus, mit denen meine Mutter ein Kleid machte. Dank der amerikanischen Hilfe besaß ich nun drei Ausstattungen an Bekleidung; dies wurde als ein unglaublicher Reichtum betrachtet. Zu jener Zeit hatte die Inflation ein beträchtliches Ausmaß erreicht. Die Tataren waren die größten Warenlieferanten für den Schwarzmarkt und den Tauschhandel. Meine Tante hatte übrigens einmal einem Tataren vertraut und ihm eine ganze Kassette mit Wertsachen zum Aufbewahren gegeben, weil sie sie bei ihm sicherer glaubte als bei ihr selbst. Sie bekam sie nie zurück. Der Tatar behauptete, man habe sie ihm gestohlen. Vielleicht war das die Wahrheit. Wer konnte das schon nachprüfen? Auf jeden Fall waren meine Tante, ihr Enkel Arsenin und ein heranwachsender Sohn praktisch mittellos. Glücklicherweise hatte sie jemand überredet, dem Tataren nicht alles zu geben, sondern eine Kuh zu kaufen. Sie hatte die Kuh noch, und ihrem Sohn gelang es bald, eine Stelle als Botenjunge in demselben Büro zu erhalten, in dem Mutter arbeitete. Meine Tante versuchte damals mit allen Mitteln, vom Roten Kreuz die Erlaubnis zu erhalten, ihren Enkelsohn zu seinen Eltern nach Frankreich zu schicken.

In jenem Winter wurde ich durch den kleinen Arsenin, mit dem ich meine ganze Freizeit beim Soldatenspiel verbrachte, mit der schlimmsten Art von Masern infiziert. Der Junge erholte sich schnell; in seinem Alter galt die Krankheit als nicht besonders ernst. Aber ich war schon sechzehn, und meine Genesung war langsam und schwierig. Ich lag mehr als drei Wochen in einem völlig abgedunkelten Raum zu Bett, weil man um mein Augenlicht fürchtete.

Im Frühling erhielten wir die überraschende Nachricht, daß Georg geheiratet hatte. Seine Frau Zoya war zweiundzwanzig und eine hübsche Blondine, nach dem Foto zu urteilen, das er uns schickte. Georg versprach, daß er und seine Frau uns bald besuchen kämen.

Dieser neue Umstand, die Heirat meines Bruders, gefiel mir sehr gut. Mit Ungeduld erwartete ich die Ankunft seiner Braut. Mutter jedoch war sehr skeptisch: »Wer ist sie? Was ist ihr Familienname? Warum schreibt er ihn nicht? Wo hat er sie wohl aufgegabelt?«

Ich konnte nicht verstehen, welche Bedeutung ihr Mädchenname hatte – jetzt wo sie Georgs Frau war und seinen Namen trug. Mutter war darüber verärgert, daß ich »sowjetisiert« worden war, wie sie es nannte. Und in der Tat hatte der Name im alten Rußland eine wichtige Rolle gespielt. Für sie war es völlig unannehmbar, daß ihr Sohn irgendeine Fuchs, oder Schwalbe oder Iwanow heiratete. Mutter beklagte sich sogar bei meinen Freundinnen, die genausowenig wie ich verstanden, was das für einen Unterschied machen sollte. Sie beschlossen, sie nicht selbst zu fragen, warum sie so erregt war, sondern plagten mich später damit, ihnen zu erklären, wie es käme, daß Mutter, die Zoya überhaupt nicht kannte, schon jetzt mit der Wahl ihres Sohnes unzufrieden war.

Damals entstand das erste, durch gegensätzliche Ansichten von der Wirklichkeit verursachte, Mißverständnis zwischen meiner angebeteten Mutter und mir. Sie war die Inkarnation des alten Rußland, und ich war schon ein Produkt der Sowjets.

Bald traf unser junges Paar ein. Georg war glücklich und scherzte mit allen. Er neckte Mutter, indem er ihr erzählte, daß der Mädchenname seiner Frau Myschkin gewesen sei, und wenn man sich an Dostojewskijs *Der Idiot* erinnert, so war dies nicht nur ein adeliger Name, sondern sogar ein fürstlicher. Zoya amüsierte sich darüber, denn sie wußte sehr genau, daß sie mit keinem Prinzen verwandt war. Sie war außerordentlich attraktiv, elegant und zierlich; aber mit ihrem Mangel an hoher Geburt mußte sich Mutter erst einmal abfinden. Zoya war die Tochter eines Orenburger Handwerkers und die Hausverwalterin der Behörde, für die Georg arbeitete.

Georg war jetzt Zivilist. Der Krieg gegen die Weiße Armee war vorüber, und es bestand keine Notwendigkeit mehr, Pferde für die Front zu kaufen. Er war mit dem Zivilistenstatus sehr viel zufriedener, weil er sowohl den Arbeitsplatz wie auch den Wohnsitz selbst wählen konnte. Zoya liebte Orenburg, weil ihre Familie dort lebte; Georg dagegen wurde mehr von der Wolga angezogen.

In Simbirsk konnte er keine passende Arbeit finden und träumte davon, nach Nischnij-Nowgorod zu ziehen, wo es mehr Arbeitsmöglichkeiten gab. Nischnij war größer als Simbirsk und berühmt für seine Messe, die Leute aus allen Städten und Ortschaften Sowjetrußlands anzog. Auf der Messe fand der lebhafteste Handel statt, und alle möglichen neuen Unternehmen wurden gegründet. Außerdem wurden viele Leute von der Messeverwaltung eingestellt.

Wieder störte unser ruheloser Georg meinen Frieden mit der Frage nach einem neuen Umzug. Während der drei Jahre in Simbirsk hatte ich mich an diese hübsche Stadt auf dem rechten Steilufer der Wolga ziemlich gewöhnt. In Simbirsk gab es viele Gärten; und die prachtvolle Uferstraße, genannt »Die Krone«, war mindestens ebenso schön wie die von Nischnij-Nowgorod. Es gab hier auch zwei Theater, und in einem hatte ich mit einem Theaterkreis zu schauspielern begonnen, den einer meiner Freunde organisiert hatte. Das machte mir großen Spaß. Ich spielte für gewöhnlich die Rollen komischer alter Frauen und gewann noch mehr Selbstsicherheit dadurch, daß mich wegen der Schminke und der Kostüme niemand im Publikum erkennen konnte. Unsere Aufführungen hatten großen Erfolg, und die Zahl der Zuschauer übertraf alle Erwartungen. Wenn der Saal dann von Lachen über meine komische Gestalt erfüllt war und meine Stimme sich bis zur Unkenntlichkeit verändert hatte, dann fühlte ich mich wie eine richtige Schauspielerin; und ich war entzückt über die Laufbahn, die ich gewählt hatte. Und das sollte jetzt alles aufgegeben werden.

Daneben gab es natürlich auch schon Liebesaffären, nicht nur mit den Jungen des Gymnasiums und der Oberschule, sondern auch mit meinen Schauspielerkollegen, die etwas älter und deshalb für ein siebzehnjähriges Mädchen interessanter waren. Ich war bis über die Ohren in unseren Direktor verliebt, einen Burschen von sechsundzwanzig Jahren, der ein extrem solider, fast ein wenig ältlicher Kerl war. Dieser Eindruck verstärkte sich noch, als ich etwas über seine Vergangenheit und besonders über seine Zeit bei der Weißen Armee erfuhr, mit der er Simbirsk vor einigen Jahren verlassen hatte. Nach seiner Rückkehr umgab ihn eine Aura des Geheimnisvollen, er wurde nämlich überwacht. Als »unzuverlässiges Element« mußte er sich jeden Monat bei der Milizverwaltung melden. Dies alles ließ ihn noch weiter hervorstechen und die Neugier der Mädchen meines Alters entflammen. Die Auserwählte eines solch ungewöhnlichen Mannes zu sein schmeichelte mir enorm. Meine Mutter war ihm sehr gewogen, hauptsächlich, weil er in der Weißen Armee gedient hatte, bei der alle ihre Sympathien lagen. Es war ihr sehr schwergefallen, sich mit der Tatsache abzufinden, daß Georg zur Roten Armee eingezogen worden war; und obwohl er nicht aktiv gekämpft hatte, war er doch ein Feind seines eigenen Vaters und Bruders gewesen, die für die Weißen gekämpft hatten. Und so wurde mein Freund Slawa Mutters Favorit – und meine große Liebe.

Falls Georgs Pläne über meinen Widerstand siegen sollten und falls Mutter sich für einen weiteren Umzug entscheiden sollte, mußte ich mich auch von Slawa trennen. Aber zunächst waren wir noch zu keiner Entscheidung gekommen. Mutter schwankte noch sehr. In Simbirsk hatten wir beide Arbeit; und ich war sogar zum erstenmal befördert worden, zur Assistentin des Büroleiters. Ich erhielt Gagen für meine Auftritte im Theater. Wenn sie auch nicht hoch waren, so schmeichelten sie doch beträchtlich meinem Selbstbewußtsein. Das Leben schien mir voller Glück, und das Sowjetregime machte mir überhaupt keinen Verdruß.

In der Zwischenzeit beschloß Georg, der unsere kühle Einstellung gegenüber seinen Umzugsplänen bemerkte, mit Zoya nach Nischnij-Nowgorod zu reisen, um herauszufinden, was dort zu erwarten war. Und dann warf ein unerwartetes Ereignis alles über den Haufen.

Eines Nachts wachte ich durch einen seltsamen Geruch in unserem Zimmer auf. Ich weckte Mutter, ging in den Flur und sah zu meinem Entsetzen, daß das andere Ende in Flammen stand. Obwohl das Feuer noch relativ weit weg war, hatte der Rauch schon unser Zimmer erreicht. Meine erste Eingebung (übrigens völlig erfolglos) war, das Fenster zur Straße aufzureißen und um Hilfe zu rufen. Es gab kein Telefon im Haus, und es war unmöglich, die Feuerwehr zu alarmieren. Ich hoffte nur, daß unsere Nachbarn oder jemand, der zu dieser späten Stunde zufällig vorbeiging, mich hörten. In meiner Aufregung schloß ich weder das Fenster noch die Tür zum Flur. Das erzeugte einen gewaltigen Luftzug, und Rauch erfüllte unsere ganze Wohnung bis in unser Zimmer. Mutter und ich ergriffen die erstbesten Sachen, die uns unter die Hände kamen und liefen durch die Haustür auf die Straße. Georg und Zoya wohnten bei Bekannten und erfuhren erst am Morgen von dem Feuer. Gegen Morgen war jedoch trotz dem Einsatz der Feuerwehrmänner das halbe Haus abgebrannt; und unser Zimmer war zwar unbeschädigt geblieben, aber so von Rauch durchtränkt, daß wir fast unseren ganzen Besitz wegwerfen mußten. Es war unmöglich, in einer solchen Wohnung weiterzuleben, und nicht leicht, eine neue Wohnung zu finden. Die-

ses Ereignis war der entscheidende Faktor bei unserem überstürzten Umzug nach Nischnij-Nowgorod. Mit dem für Russen
typischen Aberglauben kamen wir zu der Überzeugung, daß es
der Wille des Schicksals sei.

Nischnij-Nowgorod

Die Familie meiner trauernden Tante stand am Kai in Simbirsk.
Auch mein Freund Slawa war dort, erschüttert und verzweifelt
von meiner unerwarteten Abreise. Der Dampfer hatte das Ufer
schon eine Weile hinter sich gelassen, aber ich stand immer noch
an Deck und schluchzte bitterlich. Es schien, als ob das Leben zu
Ende wäre. Nichts von dem, was Zoya, Mutter oder Georg sagen
konnten, hatte irgendeine Wirkung. Nachdem sie sich von der
Fruchtlosigkeit ihrer Bemühungen, mich zu beruhigen und in
die Kabine zu bringen, überzeugt hatten, beschlossen sie wohl,
daß die Zeit alle Wunden heilt, besonders den Liebeskummer
eines siebzehnjährigen Mädchens. Und so ließen sie mich allein
und gingen zum Schlafen in die Kabine. Ich dagegen blieb an
Deck; und erst in der Morgendämmerung, als die neugierigen
Deckreiniger auftauchten, beschloß ich, mich zurückzuziehen
und mein gerötetes und geschwollenes Gesicht zu verbergen.
Während der drei Tage dauernden Reise schwächte sich das ur-
sprüngliche Gefühl der Verzweiflung ab, obwohl ich weiter trau-
erte, und ich begann, die reizvollen Ausblicke auf die Wolgaufer
zu bewundern. Die Natur hatte mich schon immer stark beeindruckt; aber zu Anfang Juni und besonders bei prächtigem Wetter bietet die Wolga einen unvergeßlichen Anblick.
Nischnij-Nowgorod war die Stadt meiner frühen Kindheit. Vom
ersten Tag an ergriffen diese Kindheitserinnerungen Besitz von
mir. Wir mieteten uns in dem alten Hotel ein, in dem wir immer
gewohnt hatten, wenn wir Nischnij früher besuchten. Ich hatte
dort mit Mutter im Frühjahr 1917 gewohnt, als ich die Aufnahmeprüfung für das Gymnasium von Nischnij ablegte.

Am nächsten Tag ging ich durch die Stadt spazieren. Da war das Haus, in dem ich geboren war und bis zum Alter von sieben Jahren gelebt hatte – jetzt war es das ZAGS, das Büro für die Registrierung der Heiraten sowjetischer Bürger. Ich ging weiter; dort war das Gebäude, in dem früher die Adelsakademie von Nischnij-Nowgorod gewesen war. Hier war der Kreml von Nischnij, in dem die Familie meines Onkels gelebt hatte, jenes Onkels, der Sekretär des Gouverneurs gewesen war. Jetzt saß die Stadtverwaltung im Kreml.

Alles hatte sich verändert, und doch war es noch vertraut. Und da war meine geliebte Wolga! Die breite, schöne Wolga mit ihrem wundervollen Uferhang. Ich stand lange am Ufer und konnte mich von dem Bild, das sich meinen Augen bot, nicht losreißen. Was unsere Zukunft auch bringen mochte, es war immer noch schön, in den eigenen Geburtsort zurückzukehren.

Am ersten Abend brachte Georg seinen alten Armeefreund Skrjabin mit, der in Nischnij lebte. Es war derselbe Skrjabin, der uns damals in Lukojanow besucht hatte. Er versprach, Georg bei der Suche nach Arbeit behilflich zu sein.

Auch wir mußten damit beginnen, unser Leben einzurichten. Meine Mutter und ich trugen uns im Arbeitsamt ein, ohne das war es unmöglich, eine Stelle zu bekommen. Georg ging zuerst zum Wohnungsamt, um sich auf die Liste für eine Unterkunft setzen zu lassen.

Es war ein Fiasko. Sie wollten ihn noch nicht einmal auf die Liste setzen, bevor nicht ein Mitglied der Familie eine feste Anstellung hatte. Georg hatte keinen Erfolg bei seinem Versuch, für sich selbst Arbeit zu finden. Die Messe begann Anfang August, aber jetzt war erst Ende Juni, die ungünstigste Zeit für die Arbeitssuche. Es ergab sich völlig überraschend, daß ich die erste war, die eine Anstellung fand.

Mein Freund aus frühen Kindheitstagen, der Sohn einer Freundin von Mutter, erfuhr von meiner Karriere als Schauspielerin in Simbirsk und beschloß, in der nicht weit von Nischnij entfernten Torffabrik, wo er wohnte, ein Theaterstück zu inszenieren. Ich willigte ein, an der Aufführung für den Arbeiterklub teilzunehmen. Der Chef des Unternehmens war ein dicker Direktor mittleren Alters, und er war von meiner Darstellung so gefesselt, daß er mich nach der Vorstellung kennenlernen wollte. Er fragte mich, was ich in Nischnij-Nowgorod tue und woher ich gekommen sei, und als er herausfand, daß ich Arbeit suchte, bestellte er mich für den nächsten Tag in sein Büro in der Stadtverwaltung von Nischnij, wo er mich einigen einflußreichen Leuten vorstellen wollte. Mit jenem Tag tauchte in meinem Leben das »blat« (die Beziehungen) auf, das in der Sowjetunion seit den ersten Tagen der sowjetischen Machtergreifung eine Hauptrolle gespielt hat.

In weniger als drei Tagen hatte ich eine Stelle als Bürokraft im Stadtarchiv von Nischnij. Besonders wichtig war die Tatsache, daß Mutter und mir in dem Archivgebäude ein Zimmer zugewiesen wurde; das Zimmer war allerdings recht merkwürdig geschnitten, in Form eines Dreiecks; und es war in einem verwahrlosten Zustand, der sofortige Reparaturen erforderte. Aber dennoch war es ein Zimmer, in dem wir uns innerhalb weniger Tage einrichten konnten.

Während das Zimmer hergerichtet wurde, erhielt meine Mutter eine Einladung von einer Freundin in Gorbatowka, direkt bei den Torfwerken, wo ich auf der Bühne gestanden und wo ich die Bekanntschaft des Direktors gemacht hatte, der eine so bedeutende Rolle in unserem Schicksal spielen sollte. Georg jedoch gab die Hoffnung auf, irgend etwas Annehmbares für sich selbst zu finden, und beschloß mit kräftiger Nachhilfe von Zoya, nach Orenburg zurückzukehren.

Ich wurde augenblicklich von dem Leben an diesem neuen Ort und von einer Menge neuer Eindrücke erfaßt. Mutter hatte ihre alten Bekanntschaften und Verbindungen erneuert. Sie hatte in der Tat den größten Teil ihres Lebens in Nischnij verbracht, zusammengerechnet etwa zwanzig Jahre.

Ihre alten Freunde rieten ihr, nicht bei den sowjetischen Ämtern, wo man die Jugend bevorzugte, nach Arbeit zu suchen, sondern mit dem Schneidern zu beginnen. Bis dahin hatte sie nur für mich etwas genäht; und wie ich im ersten Teil dieser Aufzeichnungen geschrieben habe, galt meine Garderobe seit meiner frühen Kindheit immer als elegant und außergewöhnlich – und alles hatte sie selbst genäht. Jetzt bestand ein großer Mangel an guten Näherinnen. Die Frauen fingen wieder an, sich fein anzuziehen. Die Tage des »Kriegskommunismus« waren vorbei, als abgewetzte Militärmäntel mit den obligatorischen Fransen am unteren Saum und gefütterte Hosen selbst für Mädchen als größter Luxus galten. Jetzt, wo das Sowjetregime fest im Sattel saß, begann man, die Mangelerscheinungen der Kriegszeit zu vergessen.

Mutter hörte auf den Rat ihrer Freunde, gab ihre zwecklose Suche nach Arbeit auf und blieb vorerst in dem Dorf, wo sie die Fertigstellung der Renovierungsarbeiten in unserer zukünftigen Unterkunft abwartete.

Mir wurde die Suche nach Handwerkern und ihre Überwachung anvertraut. Aber ich erfüllte die in mich gesetzten Erwartungen und Hoffnungen nicht. Der erste Handwerker, der mit dem Anstreichen des Zimmers begann, verlangte seine Bezahlung im voraus. Wir waren übereingekommen, daß ich ihm einen Pelzkragen geben sollte, denn niemand arbeitete für Geld, das ständig an Wert verlor. Voller Vertrauen gab ich ihm den Biberkragen, den Mutter vor dem Eintausch gegen Lebensmittel hatte retten können. Sie hatte ihn für eine wirkliche Notzeit aufgehoben. Nachdem er diese üppige Entlohnung erhalten hatte, erschien der betreffende Maler nicht wieder. Ich beschloß, Mutter von dieser Geschichte nichts zu berichten und diesen aus Unerfahrenheit entstandenen Fehler wiedergutzumachen. Einer meiner neuen Arbeitskollegen, bei dem ich mich über einen derartigen Betrug beklagt hatte, zeigte Mitleid mit mir und führte die Arbeit ohne Bezahlung zu Ende.

Während das Zimmer renoviert wurde, lebte ich bei einer Nachbarin, die das Archiv bewachte. Außer dem jungen Kollegen, der mir geholfen hatte, waren alle anderen Angestellten dort richtige

»Archivratten« und schienen mir mindestens siebzig Jahre alt zu sein.

Sie waren alle sehr nett zu mir und offensichtlich zufrieden, daß eine junge Person bei ihnen aufgetaucht war, die etwas Unterhaltung in ihre Pausen brachte – und die wurden gegenüber früher ständig länger. Um ehrlich zu sein, in der Regel gab es praktisch überhaupt nichts zu tun im Stadtarchiv. Dem Direktor dieses vom Himmel gesegneten Unternehmens, einem ehemaligen Grundbesitzer namens Priklonskij, war es irgendwie gelungen, das Vertrauen und den Glauben der Behörden von Nischnij-Nowgorod zu gewinnen, und er hatte alle diese Leute eingestellt. Und die Behörden kümmerten sich nicht um den Status der von ihm ausgesuchten Mitarbeiter.

Als unser Zimmer fertig war, rief ich meine Mutter aus dem Dorf zurück. Sie traf ein und entdeckte, daß ich das in mich gesetzte Vertrauen mit Glanz erfüllt hatte, daß es in unserem neuen Wohnsitz sogar behaglich und bequem war. Für die Bequemlichkeit hatte ich dem Direktor zu danken, der mir erlaubt hatte, aus dem Lagerhaus der ehemaligen Adelsversammlung die notwendigen Möbelstücke zu nehmen. Ich wählte einige Tischchen, zwei kleine Chiffonieren und zwei Lehnstühle aus. Betten erhielten wir von Bekannten. Besonderen Kummer bereitete mir die Tatsache, daß all diese Sachen, die Betten natürlich ausgenommen, vergoldet waren und überhaupt nicht mit dem eher bescheidenen Aussehen unseres Zimmers harmonierten. Es gab eben keine andere Art von Möbeln in dem Lager. Sie waren die Überreste früheren Glanzes.

Die Tür unseres Zimmers ging auf einen dunklen Korridor, in dem aus irgendeinem Grund ständig die Ferkel der nebenan wohnenden Hauswartin herumliefen. Sie hielt sie in einem Wandschrank am entgegengesetzten Ende dieses langen, dunklen Korridors; aber sie brachen dort oft aus, rannten quiekend an unserem Zimmer vorbei und durch die Beine der jungen Leute, mit denen ich mich in der kurzen Zeit unseres Aufenthaltes angefreundet hatte, und die mich jetzt besuchen kamen. Die jungen Männer sprangen zur Seite, weil sie die Ferkel anfangs für Ratten hielten. Später gewöhnten sie sich an diese seltsame Erscheinung und kamen immer wieder, um mich ins Kino, ins Theater oder auf eine Party in der benachbarten Universität abzuholen. Die Gegenwart der Ferkel störte mich nur am Anfang. An was konnte man sich nicht alles gewöhnen, wenn man in unserem sowjetischen Staat lebte; außerdem sind Ferkel immer noch besser als Ratten. Als sie die Anschaffung und Aufzucht von Schweinen plante, hatte die Concierge erst einmal die Ratten vertrieben, um ein derartiges Zusammenleben zu vermeiden. Gott sei Dank fand dies alles statt, bevor wir kamen. Ich habe immer ein unglaubliches Entsetzen vor Ratten empfunden. Während der Hungersnot in Simbirsk hatten sie sich sogar bis in die öffentlichen Einrichtungen vorgewagt und dort auf der Suche nach Eßbarem das Papier angefressen.

Während dieses Zeitabschnitts tauchte die klobige Landfrau auf, wie meine Mutter und ich sie nannten. Beim erstenmal kam sie mit der Bitte, Mutter möge ihr ein Kleid nähen. Mutter bedauerte, daß ihre erste Kundin so unvorteilhaft aussah. Welches Kleid konnte an einer so stämmigen, fetten und unattraktiven Frau schon gut sitzen? Aber was konnten wir tun? Wir konnten sie kaum abweisen, wo wir doch keine andere Kundin hatten. Mutter machte sich an die Arbeit; und zu jedermanns Überraschung sah das Kleid recht gut an Agafja aus. Unsere Kundin geriet in Ekstase, als sie sich vor dem vergoldeten Spiegel drehte und wendete. Ich hatte diesen Spiegel vom Direktor für die berufliche Tätigkeit meiner Mutter erbeten. Von diesem Tag an kam die klobige Landfrau oft bei uns vorbei, sie hatte sich in den Gedanken verliebt, meine Mutter und mich unter die Haube zu bringen. Wie oder warum sie jemals auf diese Idee gekommen war, konnten wir nicht herausbringen. Wir beklagten uns keineswegs darüber, unverheiratet zu sein; denn im Gegenteil fühlten wir uns zu jener Zeit ziemlich wohl. Meine Mutter war etwas über fünfzig und noch immer recht attraktiv; dennoch verschwendete sie keinen Gedanken an eine Heirat. Ich war noch so jung, daß ich nicht die Absicht hatte, mich an jemanden zu binden; ganz egal, wer das sein mochte. Da wir Agafja nicht davon überzeugen konnten, uns in Frieden zu lassen, weigerte sie sich, aufzugeben, und erschien beinahe jeden Tag mit einem neuen Vorschlag, geradeso wie ein richtiger Heiratsvermittler. Irgendwo hatte sie die Bekanntschaft eines Witwers so um die Fünfundvierzig gemacht – übrigens von kümmerlichem Aussehen, aber sehr von sich eingenommen. Er war in Nischnij geboren, stammte aus einer vor der Revolution sehr bekannten Kaufmannsfamilie. Auch wir hatten ihn schon bei zahlreichen Anlässen in den Häusern gemeinsamer Bekannter getroffen; aber Mutter hatte ihn nie zu uns eingeladen, von mir ganz zu schweigen. Wir waren daher ziemlich überrascht, als ich eines Abends auf ein Klopfen die Tür öffnete und erst das Gesicht Agafja Stepanows erblickte und hinter ihr die Gestalt des elegant gekleideten Baschkirtsew, der sich artig verbeugte. In eben diesem Moment war ich im Begriff, mit dem Sohn meines Chefs, einem gutaussehenden Studenten von ungefähr zwanzig Jahren, ins Kino zu gehen. Und da kam nun diese unerwartete Verzögerung. Aus Agafjas Andeutungen wurde jedoch klar, daß sie ihn für meine Mutter mitgebracht hatte und nicht für mich. Ich profitierte von einem günstigen Augenblick und verließ das Zimmer. Ich war mir nicht ganz sicher gewesen, wie Mutter auf meine Verabredung reagieren würde, und hatte nicht mit ihr über den jungen Mann sprechen können. In der allgemeinen Verwirrung bemerkte niemand mein Verschwinden. Ich mußte zehn Minuten auf der kalten Treppe auf meinen Helden warten, aber ich war entschlossen, nicht in die Wohnung zurückzukehren.

Nachdem ich einen angenehmen Abend verbracht hatte, zuerst im Kino, dann in einem kleinen Restaurant, und mit einigen der bestaussehenden Burschen von Nischnij geflirtet hatte, kehrte ich in einer wundervollen Stimmung nach Hause zurück – nur um von meiner Mutter mit einem Sturzbach von Beschimpfungen klein und häßlich gemacht zu werden. Anscheinend hatte sie erraten, wohin ich verschwunden war; und sie meinte, daß es erstens überhaupt nicht nett sei, sich ohne ein Wort davonzumachen, wenn Gäste da seien, und zweitens, und viel wichtiger, daß so ein Herzensbrecher wie Peter Priklonskij keine Gesellschaft für mich sei. Sie war von Agafja über alle Einzelheiten informiert worden, die überall herumgeschnüffelt und Dinge herausgefunden hatte, die sich andere nicht träumen ließen. Agafja hatte mich ganz besonders im Auge behalten.

Ich begann die Heiratsvermittlerin natürlich auf der Stelle zu hassen und forderte meine Mutter auf, sie von unserem Heim fernzuhalten. Nachdem sie mich zunächst gescholten hatte, beruhigte sich meine Mutter bald und erzählte mir lachend von dem peinlichen Abendbesuch, der fast bis zu meiner Rückkehr gedauert hatte. Dieser Herr war ihr genauso unangenehm wie mir, und sie war verärgert über Agafjas Unverschämtheit, ihn zu einem Besuch bei uns zu bewegen.

Nach diesem Zwischenfall empfingen wir diese lästige Person mit kühler Ablehnung. Sie muß wohl unsere Verstimmung gespürt haben, denn zu unserer großen Freude hörten ihre Besuche fast völlig auf, und sie versuchte nicht länger, Freier zu bringen. Aber das Aufkeimen meiner Beziehung zu Petja war durch Mutters Proteste verdorben worden. Er kam nur noch ein paarmal nach jenem ersten Abend, und aus unserer Romanze wurde nichts.

Slawa, mein Simbirsker Freund, schrieb mir oft; aber seine Handschrift stürzte Mutter und mich in Verwirrung. Niemals zuvor – und auch später nicht – habe ich solch eine abstoßende, ja sogar grobschlächtige Handschrift gesehen. Ich schämte mich, daß jemand den an mich adressierten Brief sehen könnte. Zuerst schwieg meine Mutter; aber einmal konnte sie sich nicht beherrschen und sprach aus, was ich schon öfter gedacht und was mich bedrückt hatte. Von diesem Augenblick an wollte ich nicht mehr mit ihm korrespondieren. Ich beantwortete seine Briefe in immer längeren Abständen. Offenbar begriff er, daß etwas im Gange war, und auch er verstummte. Vielleicht dachte er, daß ich mich in jemand anderen verliebt hätte. So endete meine Simbirkser Liebe, die ich für ewig gehalten hatte, mit dem Ablauf von sechs Monaten.

Als ich am 21. Januar wie gewöhnlich zur Arbeit im Archiv eintraf, bat der Direktor uns alle in sein Arbeitszimmer, wo er uns von Lenins Tod unterrichtete. Diese Nachricht hinterließ einen starken Eindruck bei vielen meiner Arbeitskollegen, weil sie Lenin vertrauten und fürchteten, daß Veränderungen nur Schlechtes bringen würden. Wir bekamen frei, und ein allgemeiner Trauertag wurde ausgerufen.

Der Frühling brachte uns viele weitere Prüfungen und Leiden. Der ehemalige Milizkommandeur einer sibirischen Stadt wurde auf die Position des netten alten Direktors berufen. Der neue Chef, ein pockennarbiger Mann von riesiger Statur und frechem Auftreten – eben ein richtiger Polizist – führte eine Säuberung in unserem Amt durch. Er sammelte von überall her Berichte, spionierte allen nach, rief Leute zum Verhör zu sich und warf schließlich alle hinaus – mich eingeschlossen. Sein Lieblingssatz war: »Hier riecht es nach dem alten Regime.« Und so fand unter dem Vorwand des alten Regimes ein regelrechtes Pogrom statt. Für mich war das Schlimmste dabei, daß wir unser Zimmer räumen mußten. Und es war fast unmöglich, in Nischnij ein anderes zu finden. Die alten Häuser fielen auseinander und wurden nicht repariert; neue baute man nicht. Die Zahl der Einwohner war jedoch groß, und sie nahm ständig zu. Viele Leute vom Land kamen, um in den Fabriken und Betrieben zu arbeiten, denn Nischnij war eine Industriestadt. Ich lief jeden Tag zum Wohnungsamt und stand in langen Schlangen an, ohne etwas erreichen zu können. Und der bedrohliche neue Direktor verlangte jeden Tag, daß wir sofort ausziehen sollten. Unsere Lage wurde verzweifelt. Mein Jugendfreund Alexei, der mich mit dem Direktor der Torffabrik bekanntgemacht hatte, kam uns wieder zu Hilfe. Diesmal war es etwas anderes. Er kannte eine Frau, die während des zaristischen Regimes verbannt worden war, und sie hatte die Jahre ihres Exils in Sibirien zur selben Zeit und am selben Ort verbracht wie der neuernannte Sekretär des Exekutivkomitees von Nischnij-Nowgorod. Sie schickten mich zu ihm. Ich traf am abgemachten Tag noch vor dem Morgengrauen ein. Das Büro war natürlich noch geschlossen, also setzte ich mich auf eine der Bänke am Boulevard und wartete in großer Aufregung auf die vereinbarte Zeit. Als ich um neun Uhr in das Arbeitszimmer von Genosse Burow vorgelassen wurde, schwand meine Furcht. Er schien ein recht unkomplizierter und netter Mensch zu sein. Ich trug ihm meine Bitte vor, und er hielt mich noch eine halbe Stunde mit Fragen auf. Wir schieden als Freunde, und in der Hand hielt ich die Anweisung, mir Wohnraum zuzuteilen.

An diesem Tag stand im Hof des Archivs ein Rollwagen, auf den meine jungen Freunde unsere wenigen Besitztümer luden. Der ehemalige Milizkommandeur, der sich den schönsten Teil des Archivs für seine Wohnung ausgesucht hatte, stand mit seiner jungen Frau am Fenster und blickte finster auf die fröhliche Gruppe, die mir unter Lachen und Scherzen beim Umzug in meine neue Wohnung half. Meine Mutter war schon in der Tichwinskij-Straße, wo uns zwei Zimmer zugeteilt worden waren, in denen sie zufrieden war und befreit von der ständigen Überwachung durch den pockennarbigen Tyrannen.

Wie viele Male bin ich nach diesem Aprilmorgen noch zu Burow in das Büro des Bezirks-Exekutivkomitees gekommen, und nie hat er meine Bitten abgelehnt! So erhielt ich durch ihn zeitweilig eine Schreibmaschine, auf der ich tippen lernte. Das hatte eine außerordentliche Bedeutung für mich, weil es sich auf meine Arbeitssuche auswirkte. Durch ihn erhielt ich auch einige bescheidene, aber solide – wenn auch nicht länger vergoldete – Möbelstücke. Der Milizchef hatte mir meine Stühle, die Chiffonieren und den Spiegel für seinen eigenen Gebrauch weggenommen.

Ich war nicht länger niedergeschlagen, denn jetzt hatte ich einen starken, verläßlichen Beschützer. Sämtliche Milizkommandanten waren für mich keine Bedrohung mehr. Die Frau, die mir das Empfehlungsschreiben an Burow gegeben hatte, sagte, daß er sogar 1912 im Exil, als er erst zweiundzwanzig war, jedem einzelnen geholfen hatte, der Hilfe brauchte. Alle Verbannten liebten ihn, und selbst die zaristische Polizei war zu ihm freundlicher als zu den anderen. Und doch war er ein leidenschaftlicher Revolutionär und ein überzeugter Bolschewik. Aber sein wichtigster Vorzug war, daß er gerecht war und solche Leute nicht ausstehen konnte wie den neuen Verwalter des Archivs, der alle Welt bedrängte, nur um sich selbst auf Kosten der anderen zu bereichern.

Die Möblierung in Burows Wohnung im ehemaligen Haus des Gouverneurs war ziemlich spartanisch. Seine Frau war hübsch und bescheiden. Als ich eintrat, rief er sie herein und sagte: »Schau Katja, heute wird es schönes Wetter geben, ein blauäugiges Wesen ist gekommen.« Er dachte, daß ich ihm Glück brächte.

Rund zwanzig Jahre danach kam ich als Flüchtling aus Leningrad mit zwei Kindern nach Nischnij-Nowgorod. Wir waren auf dem Weg in den Kaukasus, wohin wir evakuiert wurden. Ich hatte von einem Mitglied des Leningrader Sowjets ein Empfehlungsschreiben an den Direktor des Regional-Exekutivkomitees erhalten. Groß waren meine Überraschung und Freude, als ich beim Eintreten in sein Arbeitszimmer das liebe Gesicht des ältlichen, grauhaarigen Mannes erkannte; es war der Freund meiner Jugend, der Genosse Burow. Auch er erkannte mich, trotz den zwanzig Jahren, die vergangen waren, trotz Magerkeit und Falten, die sich als Folge des großen Leids im belagerten Leningrad in mein Gesicht gegraben hatten. Aber darüber später mehr; im Augenblick bin ich erst siebzehn, und Burow ist etwas über dreißig.

Wir lebten bis 1925 in Nischnij. Es gab noch viele Kämpfe und schwierige Augenblicke, sowohl für meine Mutter als auch für mich. Aber jedesmal, wenn wir selbst nicht mit all den Umständen und Hindernissen auf unserem Weg fertigwurden, rettete uns das Wissen, daß ich auf den Boulevard gehen, mich auf eine Bank setzen und warten konnte, bis sich die eisernen Tore zum Hof des Regional-Exekutivkomitees öffneten. Hinter diesen Toren war mein mächtiger Freund, der immer bereit war, eine helfende Hand auszustrecken. Mit der Arbeit war es schwierig. Jedesmal, wenn ich gerade irgendwo zu arbeiten begonnen hatte, wurde plötzlich die Zahl der Beschäftigten reduziert, und als die zuletzt Eingestellte wurde ich zuerst entlassen. Ich ging dann zum Arbeitsamt und erhielt einige Groschen Arbeitslosenhilfe. Ich mußte etliche Male den Arbeitsplatz wechseln. Glücklicherweise hatte ich mit Hilfe der Schreibmaschine, die ich durch Burow bekommen hatte, gut tippen gelernt und die Prüfung als Schreibkraft bestanden. Jetzt war es leicht, eine Anstellung zu finden.

Anmerkungen des Herausgebers

[1] »Besprisornyje« (»Verwahrloste«) waren eltern- und obdachlose Kinder und Jugendliche in der Sowjetunion, die, entwurzelt durch Revolution, Bürgerkrieg und Hungersnot in den zwanziger Jahren in Horden durch das Land vagabundierten, die Bevölkerung terrorisierten und die öffentliche Ordnung so durcheinanderbrachten, daß Miliz und Militär gegen sie eingesetzt werden mußten.

[2] Die Versuche der Bolschewisten, bei den Bauern Korn zu requirieren, erzeugten Feindschaft und offenen Widerstand auf dem Land. Durch die Maßnahmen der Sowjets, den Widerstand der Bauern und eine Dürre brach die landwirtschaftliche Produktion zusammen, und weite Gegenden Rußlands, besonders im unteren Wolgagebiet, litten 1921 unter einer schweren Hungersnot. Millionen waren vom Hungertod bedroht. In dieser Notlage organisierte Herbert Hoover, der im Nachkriegseuropa Hilfsoperationen geleitet hatte, eine amerikanische Hilfseinrichtung für Rußland, die »American Relief Administration (ARA)«. (Die ARA hatte vorher ihre Hilfsleistungen auf Mitteleuropa konzentriert.) Hoover verlangte einige Zusagen von den sowjetischen Führern: Die Repräsentanten der ARA sollten sich frei bewegen können und lokale Komitees organisieren dürfen, die nicht dem Einfluß der Sowjetregierung unterstanden. Die Amerikaner versprachen, allen bedürftigen Personen ohne Ansehen der Rasse, des Glaubens und der gesellschaftlichen Stellung zu helfen, und sich jeder Einmischung in politische Aktivitäten zu enthalten. Am 25. Juli 1921 akzeptierten die Sowjets Hoovers Vorschlag. Über 6000 Versorgungsstationen arbeiteten für die ARA, und im August 1922 betreuten sie täglich 10,5 Millionen Menschen. Man schätzt, daß rund zehn Millionen oder mehr Sowjetbürger durch die Arbeit dieser Hoover-Kommission vor dem Hungertod gerettet wurden. Damals war die sowjetische Führung recht dankbar, und Hoover

erhielt etliche offizielle Dankschreiben. In der ersten Ausgabe der Sowjet-Enzyklopädie findet sich folgender Eintrag: »1922 erhielten fünf Millionen Kinder ARA-Rationen. Im selben Jahr begann die ARA auch, die Erwachsenen zu versorgen, und insgesamt zehn Millionen Menschen erhielten die Rationen.« Bis zum Jahr 1950 hatten die Sowjets Zeit, Hoovers Hilfsmaßnahme unter Berücksichtigung der Weltlage zu überdenken, und als Band II der zweiten Ausgabe der Sowjet-Enzyklopädie herauskam, da schrieben sie: »Die kapitalistische Welt versuchte die Schwierigkeiten in der UDSSR auszunutzen. Saboteure und Spione legten Feuer in sowjetischen Fabriken oder versuchten sie in die Luft zu sprengen. Die ARA unterstützte diese feindlichen Aktivitäten.« Glücklicherweise war Elena Skrjabin damals zu naiv, um die Absichten der Amerikaner zu durchschauen, und konnte sich deshalb die kostenlosen Nahrungsmittel schmecken lassen.

3
Erste Erwachsenenjahre
und der Beginn des Terrors

Hochzeit

1925 florierte in der Sowjetunion die unter Lenin begonnene »Neue Ökonomische Politik (NEP)«. Private Geschäfte öffneten, Handwerker waren wieder da: Schuhmacher, Schneider und so weiter. Eine geradezu unglaubliche Erscheinung waren die privaten Bäckereien mit wundervollem Weißbrot und anderen Produkten kulinarischer Künste, von deren Anblick wir gänzlich entwöhnt worden waren. Die Märkte waren angefüllt mit Nahrungsmitteln. Sogar einige Amüsier- und Unterhaltungsbetriebe wurden eröffnet. Wir konnten einfach nicht glauben, daß wir in der Sowjetunion lebten; es schien, als ob wir in die Vergangenheit zurückgekehrt wären.

Im Frühjahr 1924 begann Sergei Skrjabin, der Freund meines Bruders Georg, uns öfter zu besuchen. Ich ging gewöhnlich mit ihm und meinem Jugendfreund Alexei, der aus Gorbatowka nach Nischnij gekommen war, ins Theater und ins Kino. Meine Mutter sah dieses Triumvirat gern. Nach ihren alten, strengen Ansichten stand es außer Frage, ein Mädchen mit einem jungen Mann allein zu lassen. In diesem Fall war Alexei so etwas wie eine Anstandsdame.

Unmerklich war ein Jahr seit unserer Ankunft in Nischnij-Nowgorod vergangen. Im Frühling hatte Sergei Skrjabin schon um meine Hand angehalten; und im Oktober bestellten wir das Aufgebot, zur großen Freude meiner Mutter, die mit ihm als meinem zukünftigen Ehemann vollkommen einverstanden war. Sowohl sein Alter – er war sieben Jahre älter als ich – als auch seine Zuverlässigkeit beeindruckten sie. Meine zahlreichen Liebesaffären hatten sie beunruhigt, und sie fand gegen jeden meiner Ausgehpartner etwas einzuwenden.

Getraut wurden wir in dem Haus der Kuntsewitschs in der Oschara-Straße, in dem wir einst gewohnt hatten, und das – wie ich bereits erwähnt habe – nun das ZAGS-Büro war, das sowjetische Standesamt. Das Amüsanteste dabei war, daß die Registrierung in meinem ehemaligen Kinderzimmer stattfand.

Kirchlich getraut wurden wir zwei Wochen später in den Abendstunden, hinter geschlossenen Türen in der halbdunklen Tichwin-Kirche. Eingeladen waren nur die Trauzeugen und die engsten Verwandten. Aus meiner Familie waren das Mama und Zoya. Georg konnte unglücklicherweise an dem Tag nicht kommen; er versprach aber, uns so bald wie möglich zu besuchen. Er hatte zunächst Zoya bei uns gelassen. Sie wohnte in meinem Zimmer und leistete meiner Mutter, die jetzt allein war, Gesellschaft.

Mutter fand sich nur schwer mit der Trennung von mir ab, obwohl ich in derselben Stadt blieb, nur einige Häuserzeilen von unserer Wohnung entfernt. Meine und meines Mannes Wohnung bestand nur aus einem kleinen Zimmer, und selbst das hatten wir nur mit großen Schwierigkeiten gefunden. Die Wohnungssituation in Nischnij war außergewöhnlich kritisch geworden. Seit dem Anfang der NEP waren so viele Menschen nach Nischnij gekommen, daß viele der Neuankömmlinge die Nacht wie die heimatlosen Kinder der Großstädte verbrachten: in den Bahnhöfen, in den Parks (wenn das Wetter warm genug war) und in hastig zusammengezimmerten Baracken am Stadtrand.

Drei Monate vor meiner Hochzeit begann ich, auf der Messe zu arbeiten, um das Notwendigste für eine Mitgift zu verdienen. Für die Hochzeit bekam ich drei Tage frei, und am folgenden Montag saß ich wieder an der Schreibmaschine im Messebüro. Das einzig Neue war, daß mich abends mein Mann abholte und nach Hause begleitete. Das war eine große Beruhigung für Mutter, die immer sehr besorgt gewesen war, wenn ich ganz allein von der Arbeit heimging.

Den ganzen November und den halben Dezember arbeiteten wir, um die Handelsbilanz der Messe in Ordnung zu bringen. Erst

Anfang Januar war diese Arbeit abgeschlossen, und ich auf der Liste des Arbeitsamtes. Georg verbrachte Weihnachten und den Neujahrstag bei uns. Dann kehrte er nach Orenburg zurück und nahm Zoya mit sich.

Nach ihrer Abreise erzählte mir Mutter, daß mit Zoya nicht alles in Ordnung war. Sie war nicht gesund; und obwohl Zoya alles getan hatte, um es zu verbergen, war meine Mutter sicher, daß sie Tuberkulose hatte, eine Krankheit, die damals in der Sowjetunion sehr verbreitet war. Anscheinend hatte Zoya ihre Jugend unter sehr schwierigen Umständen verbracht. Ihre Eltern hatten nur wenig verdient und waren durch eine vielköpfige Familie schwer belastet. Neben Zoya gab es noch fünf jüngere Brüder und Schwestern. Ihre Heirat mit Georg hatte sie aus dieser Armut befreit; aber ihre über Jahre untergrabene Gesundheit war schwer wiederherzustellen. Auch ich hatte bemerkt, daß Zoya oft hustete und daß rote Flecken auf ihren Wangen erschienen waren. Wenn ich sie dann fragte, sagte sie immer, sie habe sich auf der Fahrt von Orenburg erkältet. Meine Mutter zeigte große Sympathie und viel Mitleid für dieses zarte Wesen, ihre goldblonde Schwiegertochter mit den großen grauen Augen im schmalen, mageren Gesicht. Zoya war zu jedem ruhig und zartfühlend, angefangen mit ihrem angebeteten Georg. Sie hätte in niemandem Feindschaft erwecken können, weil sie so lieb und herzlich war. Ich hatte sie sehr lieb, und ihre Krankheit stimmte mich traurig und beunruhigte mich.

Die ersten Monate meines Ehelebens wurden von dieser schwarzen Wolke verdunkelt, die über meinem Bruder und seiner Frau hing.

Der Maskenball

Im Februar richtete die Stadtverwaltung einen riesigen Ballabend aus. Die Frauen der wichtigsten Verwaltungschefs sollten an zehn Verkaufsständen die verschiedensten Dinge – Blumen,

Süßigkeiten und anderes – zugunsten des Wiederaufbaus unserer Stadt verkaufen.

Seit dem Januar jenes Jahres hatte ich Stenografie-Unterricht genommen. Meine Nachbarin im Unterricht war die Frau von Lasar Kaganowitsch; Kaganowitsch war damals Direktor der städtischen Handelsabteilung (PROMTORG) von Nischnij-Nowgorod. Wir wurden gute Freunde und halfen einander, diese Wissenschaft zu meistern, die uns ausgezeichnete Möglichkeiten für die verschiedenartigsten Arbeitsplätze bot.

Als über den geplanten Wohltätigkeitsbasar gesprochen wurde, schlug Frau Kaganowitsch vor, daß ich in die Reihe der Teilnehmerinnen aufgenommen und mit einem der Verkaufsstände betraut werden sollte. Ich fühlte mich geschmeichelt und war sehr zufrieden. Ich befürchtete nur, daß mein Verkaufsstand weniger einnehmen würde, und daß man dies meiner Unfähigkeit zuschreiben würde, solche Geschäfte zu leiten. Daher informierte ich im voraus alle meine Freunde darüber, daß ich auf dem Maskenball an einem Stand verkaufen würde, und bat sie alle, möglichst viele Preisschildchen zu sammeln. Meine Schwägerin, die Schwester meines Mannes, nähte ein bezauberndes Ballkleid aus weißer Seide mit eingewebten goldenen Orangen für mich. Als ich meinen Platz in dem hübsch dekorierten Stand einnahm, sah ich mir all die anderen Verkaufsdamen an; und da rutschte mir das Herz in die Knie, denn ich merkte, daß ich nicht in meinem Element war, und daß die Frauen solch hochgestellter Leute zweifellos viel mehr Erfolg haben würden als ich. Aber von der ersten Minute des Verkaufs an wurde ich davon überzeugt, daß das alte russische Sprichwort »Hundert Freunde sind besser als hundert Rubel« unbeschränkt wahr ist. All die jungen Männer, mit denen ich vor meiner Heirat ausgegangen war, Arbeitskollegen, Mitschüler der Stenoklasse und schließlich Burow selbst füllten ohne Pause meinen Verkaufsstand, wählten das eine oder andere aus. Bald vergaß ich völlig, daß es die anderen Stände gab, und verlor das Interesse daran, wo und wie der Verkauf vor sich ging. Ich sah, daß meine Einnahmen wuchsen, und war glücklich, daß meine Freunde so hilfsbereit waren und nicht zuließen, daß ich mich blamierte.

Das Ergebnis übertraf alle meine Erwartungen. Aber mir schien, daß nur Frau Kaganowitsch über meinen Erfolg glücklich war; die anderen Damen der Stadt sahen mich schief an. Am Tage nach diesem für mich so vergnüglichen Abend fühlte ich mich sehr unwohl, und weil ich nicht wußte, was ich hatte, ging ich zu unserem Hausarzt. Es stellte sich heraus, daß ich ein Kind erwartete.

Die letzten Tage des Februars sowie den ganzen März und April verbrachte ich in ständiger Lethargie und Unpäßlichkeit. Im Januar hatte mich das Arbeitsamt in das Fischkombinat geschickt, wo ich immer noch arbeitete. Daneben nahm ich abends Stenografiestunden. All dies ermüdete mich und machte mich reizbar, aber ich wollte mit beiden Tätigkeiten weitermachen. Mein Zustand wurde deutlich schlechter. Mutter und mein Mann versuchten nachdrücklich, mich wenigstens zur Aufgabe der Arbeit zu überreden; aber ich blieb fest bei meiner Meinung, daß mein Einkommen unbedingt erforderlich sei, denn es wurde überaus schwierig, in der Sowjetunion von einem einzigen Einkommen zu leben.

Im April erhielten wir Nachricht von Georg, daß Zoya sehr schwer an Tuberkulose erkrankt sei. Er hatte sie nach Moskau gebracht, um ihre Behandlung einem Professor anzuvertrauen, der berühmt für die Heilung jeglicher Art von Lungenkrankheit war. Zoya wurde in ein Krankenhaus gebracht. Obwohl diese Entwicklung nicht unerwartet kam, betrübte uns die Nachricht doch sehr. Wir wußten, daß Georg wegen seiner Arbeit nicht sehr lange in Moskau bleiben konnte, und so wäre Zoya dort allein geblieben. Da fiel uns eine Moskauer Verwandte ein, die nicht arbeitete und auch allein war. Wir riefen sie sofort an und baten sie, Georg behilflich zu sein und Zoya beizustehen. Auch Mutter beschloß, nach der Erledigung einiger dringlicher Aufträge nach Moskau zu reisen und dort so lange zu bleiben, wie es Zoyas Zustand verlangte. Sie kam nicht mehr dazu, zwei Wochen später kam ein Telegramm mit der Nachricht, daß Zoya gestorben war.

Sommer in Obrochnoje

Im Mai kam mein Mann auf die Idee, meine Mutter und mich aufs Land mitzunehmen, nach Obrochnoje, wo meine Nana, mein Kindermädchen, in ihrem Elternhaus lebte. Diese Aussicht gefiel mir. Für den Sommer waren die Stenografiekurse vorbei und ich hatte meine Arbeit in dem Fischkombinat aufgeben müssen. Ich wußte, daß ich – falls es mir gutging – wieder auf der Messe arbeiten konnte, die am 1. August eröffnet wurde. In der Zwischenzeit wäre es gut, sich einen Monat lang auszuruhen.

Ich hatte gedacht, daß ich niemals nach Obrochnoje zurückkehren würde, und jetzt war alles ganz anders gekommen. Ich zeigte mich erfreut über den Vorschlag meines Mannes, und Anfang Juni waren wir schon in Obrochnoje. Nana erzählte uns von den Verfolgungen, die sie während der ersten Jahre nach der Revolution hatte erdulden müssen, weil sie bei den Grundbesitzern in Diensten gewesen war. Man hatte geglaubt, daß sie unsere Wertsachen für uns versteckt hätte, und ihr Haus sorgfältig durchsucht. Nana hatte nichts, was uns gehörte, zum Aufbewahren mitgenommen; aber man hatte das nicht glauben wollen und sie ins Gefängnis gesteckt, wo sie zwei Monate verbrachte. Ihr Neffe, ein prominenter Kommunist, der von der Front zurückgekehrt war, verwendete sich für sie und befreite sie aus dem Gefängnis. Durch die gräßlichen Zustände, die damals in zahlreichen Haftanstalten herrschten, hatte sie sich genau wie unser Georg mit Typhus infiziert und sich nur mit Mühe wieder davon erholt. Während dieser Jahre hatte sie ihren Vater verloren und lebte mit ihrer Mutter, beschäftigte sich mit einem unkomplizierten Haushalt und einem ziemlich großen Obstgarten. Man hielt Nana für eine reiche Bäuerin, weil sie eine Kuh, ein Kalb und einige Hühner hatte. Der Neffe Wasja war ihr ständiger Beschützer; und so lebte sie jetzt in Frieden und hatte noch nicht einmal Angst davor, uns für den Sommer einzuladen.

Ich hatte sehr viel Kummer während der Dauer unseres Aufenthalts in meinem geliebten Dorf zu ertragen. Vielleicht war es keine so gute Idee von meinem Mann, mich zu diesem Zeitpunkt in unser heimatliches Nest zurückzuschicken, mit dem so viele Erinnerungen an eine glückliche Kindheit verbunden waren, und das nun durch die Revolution ruiniert war. Ich wollte durch den Park gehen, in dem mir jedes Fleckchen und jeder Baum vertraut waren. Ich saß auf der Bank gegenüber dem Haus und stellte mir vor, daß alles wieder so wäre wie in der Vergangenheit, daß wir in diesem Haus mit den weißen Säulen, den Balkonen, der asphaltierten Auffahrt und den Blumenrabatten lebten.

Aber diese Wachträume machten bald der Wirklichkeit Platz. Das Haus war irgendwie völlig schwarz geworden; die Balkone waren an mehreren Stellen eingebrochen und sahen mitleiderregend aus, und Mutters liebstes Blumenbeet machte einen deprimierenden Eindruck, weil es vernachlässigt war und die gewohnten Blumen fehlten. Nur Nesseln und Kletten wuchsen noch, und sie wuchsen überall. Dennoch zog es mich näher. Ich wollte ins Haus und in mein Zimmer gehen. Die Sowchose (Staatlicher Landwirtschaftsbetrieb) hatte damals das ganze Haus in Besitz genommen. Ich wagte um die Erlaubnis für einen Rundgang durch das Haus zu bitten und sagte auch, wer ich war. Das Mädchen, das hinter dem Schreibtisch saß, war sehr freundlich zu mir, und zusammen gingen wir das Heim meiner Kindheit besichtigen. Auf dem Fußboden meines Zimmers lag ein Stapel Bücher. Sie schlug vor, daß ich die mitnehmen solle, die ich haben wollte. Ich nahm ein paar meiner Lieblingsbücher und ging durch die anderen Räume, von denen einige mit Vorräten gefüllt waren; andere dagegen waren völlig leer. Das Mädchen erklärte mir, daß alles versteigert worden sei. Ich erinnerte mich, daß einer der Lehrer im Dorf Baew Mutters Saphirbrosche auf einer Auktion ersteigert und sie uns in Lukojanow gebracht hatte. Das Mädchen, meine Führerin durch das Haus, das uns einmal gehört hatte, begriff offenbar, in welcher Stimmung ich war, und brach das Schweigen nicht, als ich, in meine eigenen, unglücklichen Gedanken versunken, keine Fragen stellte.

Ich dankte ihr und machte einen Rundgang durch den Park. Ein Teil des Besitzes, derjenige, der Großmutter gehört hatte, bot einen besonders traurigen Anblick. An der Stelle, wo damals das Haus niedergebrannt war, wuchs ein Unkrautdickicht. Es wäre in der Tat sehr schwierig gewesen, festzustellen, wo das Haus gestanden hatte, wenn ich es nicht genau gewußt hätte. Ich kehrte bald zum Dorf zurück und schwor mir, niemals auf das Gut zurückzukehren und alte Wunden aufzureißen. Es war an der Zeit, der Sehnsucht nach der Vergangenheit ein Ende zu setzen und in der Gegenwart zu leben.

Im Juli kam mein Mann auf Urlaub zu uns. Zwei Wochen später kehrten wir alle zusammen nach Nischnij-Nowgorod zurück, wo ich mich darauf vorbereitete, am 1. August wieder mit der Arbeit auf der Messe zu beginnen. Man stellte mich ein, ohne meine Schwangerschaft zu bemerken, wie ich annehme. Das war sehr gut, denn wenn ich etwa zwei Monate arbeitete, konnte ich damit rechnen, einen viermonatigen Urlaub mit bezahltem Unterhalt zu bekommen, wie er allen werdenden Müttern nach dem Gesetz zustand. Die Geburt des Kindes wurde für den November erwartet.

Kurz nach unserer Heimkehr erhielt Mutter einen Brief von ihrem Bruder in Leningrad, der uns nachdrücklich bat, zu ihm zu ziehen, und uns zwei Räume in seiner großen Wohnung anbot. Seine Tochter hatte gerade geheiratet und war ausgezogen, und sein Sohn, ein Künstler, arbeitete in Moskau. Ihre Zimmer sollten belegt werden. Drei Zimmer wären von Fremden bewohnt, und es sei ihm weitaus angenehmer, die zwei Zimmer seinen eigenen Verwandten zu geben.

Am 10. Oktober nahm ich Schwangerschaftsurlaub, und schon am 15. fuhren wir in Leningrad ein. Ich erinnerte mich an unsere Ankunft in St. Petersburg im Jahre 1912, als mein Vater in die

Duma gewählt worden war; ich hatte damals unser geliebtes Ni-schnij-Nowgorod unter keinen Umständen verlassen wollen. Aber dieses Mal war alles völlig anders. In Nischnij hatten wir keine Wohnung finden können; wir lebten in Zimmern. Einen Monat vor unserer Reise hatten uns die Eltern meines Mannes die Zimmer ihrer Tochter angeboten, die in den Kaukasus gezogen war. Ich hielt das Zusammenleben mit meiner Mutter und meinen Schwiegereltern in einer Wohnung für völlig unannehmbar. Umsomehr, als unsere Familie sich bald vergrößern würde. Das hätte unvermeidlich zu Mißverständnissen und Unstimmigkeiten geführt. Wir vermieden jedes Gespräch über dieses Thema mit meiner Schwiegermutter, die wollte, daß sich jeder nach ihren Wünschen richten sollte, und wir wiesen darauf hin, daß mein Mann eine schlechte Stellung hatte – er leitete eine Abteilung einer der örtlichen Verwaltungseinrichtungen unter der Direktion eines äußerst unangenehmen Burschen –, und daß er außerdem an der Universität oder der Technischen Hochschule in Leningrad studieren wolle. In Leningrad gab es dafür wesentlich mehr Gelegenheiten als in Nischnij.

Wir schafften es, unsere Angelegenheiten in Nischnij ohne besondere Unfreundlichkeiten zu ordnen, und brachen nach Leningrad auf. Auf dem Weg blieben wir vom Morgen bis zum Abend eines Tages in Moskau bei meinem Bruder Georg. Georg, der die arme Zoya im Frühjahr verloren hatte, hatte sich wieder verheiratet. Vera war eine selbstbewußte, recht attraktive und entschiedene Person, die mit ihm nach Moskau gezogen war, wo er eine gute Stellung gefunden hatte. Wir vermieden es, über Zoya zu sprechen; die Anspannung war jedoch für alle schwer zu ertragen. Dieser Besuch hinterließ keinen glücklichen Eindruck.

Tante Ludmilla, Mutters Schwägerin, erwartete uns am Bahnhof in Leningrad. Dem Onkel ging es gar nicht gut, und deshalb konnte er nicht kommen. Man wies uns zwei große, schöne Zimmer zu, und wir ließen uns darin recht behaglich nieder. Neben meinem Onkel und meiner Tante wohnten noch zwei weitere Familien in dieser Wohnung. Zehn Personen teilten sich ein Badezimmer und eine Küche, und mit uns würden es bald vierzehn sein. Das überraschte uns nicht besonders, denn die Verhältnisse waren überall in der Sowjetunion dieselben: der Mangel an Wohnraum, die Überfüllung in den gemeinsam benutzten Räumen und die verschiedenen Steitigkeiten und Mißverständnisse, die aus dieser Überfüllung entstanden.

So gab es also kein Problem mit der Wohnung, aber die Suche nach einer Stelle war nicht einfach. Wir gaben die Hoffnung auf, daß es in Leningrad mehr Gelegenheiten gäbe als in Nischnij, denn mein Mann hatte keine besondere Ausbildung. Wir stießen auf große Schwierigkeiten. Mein Onkel riet meinem Mann, sich lieber sofort für Buchführungskurse einzuschreiben als an der Universität. Buchhalter waren sehr gefragt; die Kurse dauerten sechs Monate. Das Studium an der Universität oder der Technischen Hochschule dagegen war eine langwierige Angelegenheit.

Ich erhielt ein sehr gutes Gehalt während meines Schwangerschaftsurlaubs; und so konnte mein Mann ohne Hast Arbeit suchen. Gleichzeitig konnte er auch an den Kursen teilnehmen. Es war ein Glücksfall, daß ich auf der Messe gearbeitet hatte, denn dort war die Bezahlung sehr gut, so daß ich sogar jetzt ein ordentliches Einkommen hatte.

Am Abend des 25. Oktobers gingen wir auf dem Newskij Prospekt spazieren, der immer sehr belebt war. Während des Spaziergangs trafen wir ein junges Paar, das meinen Mann voller Freude und mit großer Überraschung begrüßte. Der Mann erwies sich als alter Freund, mit dem mein Mann während der ersten Jahre nach der Revolution in Nischnij zusammengearbeitet hatte. Sie stellten uns einige Fragen, und als sie erfuhren, daß Sergei Arbeit suchte, schlug Aranowskij, ein Ingenieur, vor, daß Sergei am nächsten Tag mit ihm zu der Textilfabrik kommen solle, in der er technischer Direktor war. Er würde ihn in der Abrechnung einstellen; und wenn er seine Abendkurse beendet hätte, würde man ihn zum Buchhalter machen.

Voller Hoffnung kehrten wir nach Hause zurück. Zwei Stunden später wurde ich ins Krankenhaus gebracht, in die Otto-Klinik auf der Basilius-Insel. Mein Mann verbrachte die Nacht im Aufnahmezimmer, und um sechs Uhr morgens erfuhr er, daß ich einen Sohn geboren hatte – ohne jede Komplikation. Glücklich fuhr er nach Hause, um die Neuigkeit zu verbreiten; und von dort fuhr er direkt in die Fabrik, zu Aranowskij. Der enttäuschte meinen Mann nicht: Noch am selben Morgen wurde er als Sachbearbeiter für die Abrechnung eingestellt. Um zwölf Uhr kam er in einem weißen Kittel, wie es dort Vorschrift war, auf meine Station, um seinen Sohn zu sehen und um mir von seiner Einstellung zu berichten.

Das Leben im Leningrad der Jahre 1925/1926 war ruhig und friedlich. Dank der NEP gab es mit der Lebensmittelversorgung keine Schwierigkeiten; und nach all den schrecklichen Jahren des Kriegskommunismus schien den Einwohnern der Stadt das Paradies auf Erden gekommen. Meine Tante erzählte uns von den jüngstvergangenen Jahren, die sie in Leningrad verbracht hatte und während deren sie ihre Kinder in weit entfernte Dörfer und zu ihrem alten Kindermädchen geschickt hatte. Tantchen und einige andere, alle mit Taschen bewaffnet, fuhren immer wieder aus der Stadt hinaus, um Lebensmittel gegen jede Art von Haushaltsgegenständen einzutauschen. Die Züge fuhren langsam; niemand machte sich Gedanken über die Hitze. Wie Trauben hingen die Leute auf den Plattformen, den Trittstufen und Wagendächern. Aus Hunger wurden sie wie Tiere, ohne sich dessen bewußt zu werden. Viele von ihnen wurden von den Stärkeren hinuntergeworfen und stürzten die Bahndämme hinab. Manche hatten nicht mehr genug Kraft und fielen von allein herunter; sie ereilte dasselbe Schicksal. Auf beiden Seiten der Bahndämme konnte man die unbestatteten Leichen von Bürgern sehen, die solche gefährlichen Fahrten unternommen hatten, um sich selbst und ihre nächsten Angehörigen vor dem Verhungern zu retten. Meine Tante war eine kräftige, energische Frau, und sie tat alles, um ihrem angebeteten Mann zu helfen, der so schwach geworden war, daß er nicht mehr arbeiten konnte. Meine Vettern und Kusinen waren von den Problemen ihrer Eltern nicht betroffen; denn zunächst lebten sie, wie ich schon gesagt habe, auf dem Land. Sie kamen erst 1924 zurück, und waren dann vollauf mit sich selbst beschäftigt. Meine neunzehnjährige Kusine heiratete gegen den Willen ihrer Eltern den einundzwanzigjährigen Sohn der Eigentümerin des Hauses, in dem sie lebte. Mein Onkel hatte sich mit der Tatsache abgefunden; meine Tante aber hat sie bis zum heutigen Tag nicht mehr sehen wollen. Der Sohn dagegen war als Schauspieler sehr erfolgreich. Er hatte sich für eine Schauspielerkarriere entschieden, einen Vertrag mit einer Provinzbühne unterzeichnet und Leningrad verlassen. Diese Umstände zwangen meine Tante und meinen Onkel, uns zu sich einzuladen, damit wir bei ihnen lebten. Mein Onkel, der seine Schwester sehr liebte, hatte offenbar gehofft, daß sie seine Familienverhältnisse wieder ins Gleichgewicht bringen könnte. Nachdem er sich von der Hungersnot der eben vergangenen Jahre erholt hatte, begann er im Alexandrinskij-Theater zu arbeiten, sah zehn Jahre jünger aus, machte den Schauspielerinnen den Hof und hatte alle möglichen Liebesaffären. Meine schrecklich eifersüchtige Tante rechnete ebenfalls mit Mutters Unterstützung, um meinen leichtsinnigen Onkel zu zähmen. Vielleicht haben sich beider Hoffnungen erfüllt. Während der neun Monate unseres Aufenthalts in ihrer Wohnung in der Chersonskaja-Straße gab es keine besonders dramatischen Situationen, nur hier und da einige kleinere Ausbrüche, die durch Tantes ständige Eifersucht verursacht wurden. Dies hatte jedoch keinen Einfluß auf unser Leben. Wie es scheint, wurde die größte Ruhestörung für alle von meinem Sohn verursacht, der sich angewöhnt hatte, jede Nacht loszubrüllen und das ganze Haus aufzuwecken.

Das wiederum zwang meinen Mann und mich, eine abgeschlossene Wohnung zu suchen, um die Familienbeziehungen nicht zu trüben.

Wochenlang suchten wir überall intensiv nach einer Wohnung, um die Zimmer in der Chersonskaja-Straße so schnell wie möglich zu verlassen. Es war beinahe unmöglich, irgend etwas zu finden, und wir hatten schon die Hoffnung aufgeben wollen, als ich völlig unerwartet von einem Händler erfuhr, daß in der Furschtadtskaja- (heute der Peter-Lawrow-) Straße die frühere Hausbesitzerin unter der Hand zwei Zimmer für zweihundert Rubel verkaufen wolle. Mein Mann und ich gingen dorthin, stellten uns der alten Wohnungsbesitzerin vor und versprachen, das Geschäft abzuschließen, obwohl solche Verkäufe völlig illegal waren. Als wir nach Hause zurückkamen und Mutter von dieser Gelegenheit erzählten, entdeckten wir, daß das Haus Nummer 42, in das wir einziehen wollten, einmal den Eltern meiner Mutter gehört hatte. Sie hatten es dieser alten Dame verkauft, in deren Besitz es bis zur Revolution geblieben war. Jetzt jedoch war sie völlig mittellos und lebte noch in der Wohnung, in der vor dreißig Jahren meine Großmutter, die Mutter meiner Mutter, gestorben war. All dies war ein absolut unglaublicher Zufall; und wir kamen natürlich zu dem Schluß, daß das Schicksal höchstselbst uns dorthingeschickt hatte. Ich glaube, daß meine Verwandten mit diesem Entschluß sehr zufrieden waren, und sie halfen uns mit größter Bereitwilligkeit beim Umzug.

Mit dem Juni 1926 ließen wir uns im Haus Nummer 42 in der Peter-Lawrow-Straße nieder, wo wir bis zur Evakuierung Leningrads im Zweiten Weltkrieg lebten. Im Mai hatte mein Mann seine Abendkurse beendet und die Prüfungen mit Auszeichnung bestanden. Er wurde sofort befördert und zum Buchhalter in eben der Textilfabrik gemacht, in der Aranowskij Direktor war. Ich erhielt eine zeitweilige Anstellung, indem ich Schreibkräfte ersetzte, die in Urlaub gingen. Die Stelle, in der ich arbeitete, lag am Newskij Prospekt; und es war sehr angenehm für mich, dorthin am Sommergarten vorbei und durch das Marsfeld zu laufen. Jedesmal dachte ich daran, wie es gewesen war, als ich in meiner Kindheit mit meinem Kindermädchen im Sommergarten spazierenging. Es wird niemals sehr heiß in Leningrad; der Juni war wundervoll in diesem Jahr, und diese Wege zur Arbeit machten mir viel Vergnügen. Andererseits wartete meine Mutter immer ungeduldig auf meine Rückkehr, um endlich von meinem ungestümen Sohn erlöst zu werden. Es ermüdete sie sehr, wenn sie einen ganzen Tag mit ihm allein war.

Der Sommer verging, der Herbst kam, und meine Arbeit war zu Ende. Im Herbst wollte niemand in Urlaub gehen, und deshalb konnte ich auch niemanden mehr vertreten. Ich ging also zum Arbeitsamt und begann mich dort regelmäßig blicken zu lassen. Gewöhnlich sammelten sich morgens Menschen verschiedener Berufe im Amt und reichten ihre Unterlagen, meist Gewerkschaftsausweise, durch das kleine Fenster dem Angestellten, der für die Arbeitsuchenden zuständig war. Dann setzten sie sich auf Bänke und warteten, bis sich das Fenster öffnete und ihr Name aufgerufen wurde. Das bedeutete, daß es eine Anforderung für die angegebene Berufsgruppe gab. Ich war nicht die einzige Schreibkraft dort, und sie riefen zuerst die Namen derer auf, die am längsten auf der Liste des Amtes standen. Die ersten zwei Wochen ging ich ohne Erfolg dorthin und verbrachte jedesmal mehrere Stunden im Amt. Doch einmal riefen sie mich auf und boten mir Arbeit im »Bolschewik« an, einer Rüstungsfabrik. Was konnte ich tun? Wenn ich ablehnte, rutschte ich wieder ganz ans Ende der langen Namensliste zurück; wenn ich annahm, bedeutete das an sechs Tagen in der Woche die lange Fahrt bis ans andere Ende von Leningrad. Die Bolschewik-Fabrik – es war die frühere Obuchowskij-Fabrik – lag nicht mehr in der Stadt, sondern auf dem Lande. Vom Oktober-Bahnhof brauchte die Straßenbahn über eine Stunde, und für mich wären es noch einmal zwanzig Minuten Fußweg bis zum Oktober-Bahnhof gewesen; oder ich hätte die überfüllte Straßenbahn nehmen können und umsteigen. Der Winter stand vor der Tür. Ein Angestellter machte mich darauf aufmerksam, daß die Arbeitszeit im Werk um acht Uhr morgens begann und bis fünf Uhr dauerte. Ich wußte einfach nicht, was ich tun sollte. Da war niemand, mit dem ich mich hätte beraten können, weil jeder in der Schlange nur darauf wartete, daß ich ablehnte, um dann selbst die Stelle zu bekommen. Jeder war das fruchtlose Kommen und Gehen leid, das Warten darauf, schließlich doch irgendeine Beschäftigung zu finden. Arbeitslos zu sein war nicht einfach; das Arbeitslosengeld war so gering, daß man davon unmöglich leben konnte, besonders diejenigen, die keine anderen Verdiener in der Familie hatten. Ich mußte mich sofort entschließen, und ich willigte ein.

Völlig verzweifelt kam ich zu Hause an. Ich wußte, daß meine Mutter darüber nicht glücklich sein würde. Sie würde von morgens bis abends für das Kind sorgen, für uns kochen und die Einkäufe erledigen müssen. Bis in den späten Abend sprachen wir es alle zusammen durch und versuchten herauszufinden, wie man sich am besten verhalten sollte. Vielleicht sollte ich die Stelle morgen doch noch ablehnen? Aber die Angst davor, daß sie bei einer Ablehnung meinen Namen von der Liste im Arbeitsamt streichen würden, diese ewige Angst, die uns unser ganzes Leben lang in der Sowjetunion begleitete, zeigte Wirkung. Ich lehnte nicht ab, ich ging in diese Fabrik, in der ich dann vier Jahre arbeitete.

Es war keine glückliche Zeit in meinem Leben, mit diesem täglichen Aufstehen um fünf Uhr morgens, wenn das ganze Haus noch im Schlaf lag. Um halb sieben mußte ich gehen, und in Leningrad wird es während der Wintermonate erst gegen zehn Uhr hell. Wenn ich in der Fabrik ankam, war es immer noch völlig dunkel. Ich hängte dann eine Nummer in einen Kasten im Durchgang – und dachte nicht im Traum daran, zu spät zu kommen! Punkt acht Uhr wurde der Kasten verschlossen; dann konnte man zum Personaldirektor geschickt werden, was nichts Gutes bedeutete. Es war mein Glück, daß ich während der vier Jahre meiner Arbeit dort kein einziges Mal aus eigenem Verschulden zu spät kam. Zweimal blieben die Straßenbahnen wegen eines Stromausfalls liegen. Dann kamen nicht nur ich, sondern eine ganze Menge von Arbeitern und Angestellten eine Stunde zu spät. Dafür gab es keine Bestrafung. Eine Freundin, die in der Wirtschaftsabteilung arbeitete und gern lange schlief, kam dreimal zu spät. Sie wurde nicht nur entlassen, sondern mußte als unverbesserlicher Drückeberger sogar ins Gefängnis. Ich erinnere mich, daß ich im ersten Arbeitsjahr kaum schlafen konnte. Ich konnte abends nicht einschlafen, weil ich Angst hatte, um fünf Uhr nicht aufzuwachen. Das brachte mich sehr durcheinander. Damals war es unmöglich, in Leningrad einen Wecker zu kaufen, und natürlich gab es keine Schlaftabletten in den Apotheken.

In jenem Abschnitt meines Lebens kam ich zum erstenmal in Berührung mit dem NKWD, dieser furchterregenden Institution, die jeden mit Schrecken erfüllte.

Zu jener Zeit war ein gewisser Poliakow der Werksleiter und Befehlshaber der Wachen. Er war ein fetter, plattnasiger, ungefähr fünfunddreißig Jahre alter Bauer. In der Regel schnauzte er jeden an und gebrauchte dabei die übelsten Ausdrücke. Bei solchen Gelegenheiten zeigte er ein für ihn völlig uncharakteristisches Zartgefühl und geleitete die Frauen, die Hausmeisterin und mich aus den Räumen der Wache in den Korridor, wo wir geduldig das Ende seiner Ausbrüche abwarteten, die sich nicht immer auf Beschimpfungen beschränkten.

Wegen dieses Poliakow, der zwei Leidenschaften hatte – Untergebene anschreien und Orgien mit den Mädchen –, wurde ich zum NKWD (Volkskommissariat für Innere Angelegenheiten) bestellt.

Poliakow war schon einige Jahre Werksleiter gewesen; und von allem was er getan hatte, sowohl von seinem unbeherrschten Fluchen, als auch von seinen noch zügelloseren Ausschweifungen, hatte man keine Notiz genommen. Offenbar waren seine Verdienste um die Partei und das Vaterland – er war ein Waffengefährte des berühmten Schapajew gewesen – bedeutend. Alles lief ganz glatt für ihn. Die Soldaten der Wache unter seinem Befehl zitterten vor ihm; auch die Mädchen zeigten sich willfährig, halb aus Angst und halb aus Liebe zum Abenteuer. Trotzdem entschloß sich schließlich jemand, der Sache ein Ende zu machen, und zeigte ihn an. Ich erfuhr dies erst, als ich selbst zum Verhör durch den NKWD vorgeladen wurde. Zunächst jedoch bemerkte ich nur eine Veränderung sowohl im Aussehen, wie auch im Verhalten unseres ungestümen Werksleiters. Aus ir-

gendeinem Grund war er ruhig geworden und hatte seine täglichen Standpauken eingestellt; er begann, sich auf belanglose
Äußerungen zu beschränken und das noch in schriftlicher Form,
was er vorher nie getan hatte. Tetya Eva, die Hausmeisterin, und
ich kamen beide zu der Ansicht, daß Poliakow ernsthaft krank
sein müsse. Er begann immer häufiger zu verschwinden.

Und dann erhielt ich eines Tages die schriftliche Aufforderung,
zu einer bestimmten Zeit beim NKWD am Liteinij Prospekt zu
erscheinen. Weil ich den Grund für diese Vorladung noch nicht
kannte, fühlte ich mich ziemlich unbehaglich; wenn ich mich
auch mit dem Gedanken zu beruhigen suchte, daß Verhaftungen
bei uns nicht auf eine so großzügige und liberale Weise vor sich
gingen. Seit den ersten Tagen der Revolution hatten sich die
Verhaftungen so abgespielt, daß man des Nachts in Wohnungen
stürmte und die unglücklichen Opfer aus den Betten weg-
schleppte.

Auf meiner Benachrichtigung stand »vertraulich«; das bedeutete, daß ich die Angelegenheit weder mit meinen Arbeitskollegen,
noch mit meinen Leuten zu Hause besprechen konnte. Kurz bevor ich ging, hinterließ ich eine kurze Nachricht für meinen
Mann unter dem Kopfkissen. Wenn ich bis zum Abend nicht zurückgekehrt wäre, hätte er sie gefunden und gewußt, warum ich
weg war.

Zur angegebenen Zeit stand ich bereits am Eingang des Gebäudes
mit der Vorladung in meiner Hand. Der diensttuende Offizier
rief jemanden an, und nach kurzer Zeit kam ein junger Soldat,
um mich abzuholen. Ohne ein Wort führte er mich durch
scheinbar endlose Korridore. Dann blieb er vor einer Tür stehen,
befahl mir, mich auf eine Bank zu setzen und zu warten bis ich
aufgerufen würde. Mein ganzer Mut und die Überzeugung, daß
sie niemanden auf diese Art festnehmen würden, verschwanden
und machten allmählich einem Gefühl der Angst Platz. Ich hatte
keine Hoffnung mehr, jemals nach Hause zurückzukehren.

Je länger ich dort saß, desto größer wurde das Gefühl der Hilflosigkeit und der Angst vor diesem allmächtigen Organ des

Sowjetregimes. Als ich schließlich zum Verhör in das Büro des Vernehmungsbeamten gerufen wurde, war ich leichenblaß. Er sah mich starr an, kicherte und sagte! »Warum zitterst du denn wie Espenlaub? Hast du Angst? Setz dich und rede, aber paß auf, daß du nicht lügst.« Bei seinen ersten Worten begriff ich, worum es ging. Poliakows Orgien waren einem zu großen Personenkreis bekannt geworden, und die Aufsichtsbehörde hatte aufgehört, seine Aktivitäten zu decken. Der NKWD hatte offenbar eine vollständige Untersuchung durchgeführt. Und ich war als eine der Zeuginnen vorgeladen worden. Der Vernehmungsbeamte fragte, welche der Mädchen ich kannte, die der Werksleiter als Liebespartner erwählt hatte, und ob er mich nicht auch eingeladen hätte, an seinen Orgien teilzunehmen. Er war auch an Poliakows allgemeinem Ruf interessiert sowie an verschiedenen Bemerkungen, die er gemacht hatte. Ich versuchte aufrichtig zu antworten; und weil er offensichtlich keine Anschuldigung gegen mich hatte, ließ er mich bald gehen. Ich atmete erleichtert auf, als ich wieder in Begleitung des jungen NKWD-Mannes den dunklen Korridor entlangging. Das grelle, auf mein Gesicht gerichtete Licht in dem Verhörraum hatte mich deprimiert. Als ich wieder draußen auf der Straße stand, dankte ich in meiner Freude sogar noch meinem schweigsamen Begleiter und eilte fast im Laufschritt nach Hause. Es war noch früh; Mutter war überrascht, daß man mich in der Fabrik so früh hatte gehen lassen, es war nämlich der 13. Februar, mein Geburtstag.

Poliakow wurde abgelöst, und ich habe ihn nie wiedergesehen. Ein netter junger Bursche namens Kljuschin, ein Parteimitglied seit 1918, wurde an seine Stelle berufen. Dieser Mann benahm sich gänzlich anders als Poliakow. Kein wildes Anbrüllen der Untergebenen mehr; die geheimnisvollen Abwesenheiten hören auf, und die gespannte Atmosphäre, unter der wir vorher gearbeitet hatten, schwand. Sehr viel später erzählte mir unsere Hausmeisterin, daß sie in Verbindung mit der Poliakow-Affäre mehrfach vorgeladen worden sei. Weil sie älter und erfahrener war und länger unter Poliakow gearbeitet hatte, wußte sie natürlich wesentlich mehr als ich. Bei den Verhören hatte sie offen geantwortet und die schmutzigen Aktivitäten des Werksleiters nicht gedeckt.

Zu jener Zeit hatten mein Mann und ich schon viele Bekannte in Leningrad. Trotz den schwierigen Lebensumständen luden wir und unsere Freunde uns gern gegenseitig ein. Bevor ich in der Fabrik arbeitete, waren wir ziemlich oft zum Tanzen zusammengekommen. Gewöhnlich wurden diese Parties für den Abend vor dem freien Tag arrangiert; das war damals noch der Sonntag. Nachdem ich jedoch mit der Arbeit im »Bolschewik« begonnen hatte, war ich nicht mehr an diesen lustigen Zusammenkünften interessiert.

Ich war von der Woche schlafloser Nächte und langer Anfahrten zur Arbeit so müde, daß ich es vorzog, ein wenig Schlaf nachzuholen; und am Sonnabend legte ich mich mit der freudigen Gewißheit ins Bett, daß ich am nächsten Tag mindestens bis neun oder zehn Uhr schlafen konnte.

Ich erinnere mich an diesen Zeitabschnitt wegen einer weiteren Maßnahme des Sowjetregimes: dem »Auspumpen des Goldes«. Sie begannen Zahnärzte und ehemalige Händler zu verhaften, die in dem Verdacht standen, riesige Goldvorräte zu haben. Man sperrte sie gewöhnlich ohne viel Federlesens für vierundzwanzig Stunden oder länger ein; es hing davon ab, wann sie gestanden und das Gewünschte heranschafften. Die Haftbedingungen waren besonderer Art: Man brachte sie in unglaublich überheizten Räumen unter, wo man nur mit Mühe atmen konnte. Nur selten hielt das jemand länger als vierundzwanzig Stunden aus und brachte es fertig, nicht absolut alles herauszurücken, was er zu Recht oder zu Unrecht hatte aufbewahren können.

Einige, die man verdächtigte, nicht alles hergegeben zu haben, wurden erneut eingesperrt. Die Leute, die in diesen »türkischen Bädern« gesessen hatten, berichteten, daß es unmöglich sei, diese Tortur auszuhalten. Es gab weder Betten noch Stühle in den Räumen; jeder mußte stehen. Schweißüberströmt standen die Gefangenen dicht aneinandergedrängt, konnten noch nicht einmal den Arm bewegen, weil es so voll war. Ihnen wurde nichts vorgeworfen außer einem: der Besitz von Gold, das sie freiwillig dem Staat hätten geben sollen. Ich erinnere mich, daß ich während dieser Zeit aufhörte, meinen goldenen Ehering zu tragen; denn der Werksleiter der Fabrik (es war noch zu Poliakows Amtszeit) hatte bei verschiedenen Gelegenheiten angemerkt, daß es ein bourgeoises Vorurteil sei, einen Ehering zu tragen.

Er sagte, es sei viel anständiger, das Gold der Regierung zu geben, die es für die Wiederherstellung der Volkswirtschaft brauche, die so sehr unter dem Krieg mit den Volksfeinden der Weißen Armee gelitten habe. Um mich zu schützen, mußte ich ihn damit täuschen, daß ich sagte, ich hätte den Ring hergegeben. In Wahrheit hatte ich ihn natürlich versteckt.

Wir konnten kaum unseren zweiwöchigen Urlaub erwarten. Wir alle – Mama, mein Mann, unser kleiner Sohn und ich – wollten nach Nischnij reisen, um meine Schwiegereltern zu besuchen und ihnen unseren Stammhalter zu zeigen.

Wir unterbrachen die Rückreise in Moskau, wo wir Kusine Olga trafen, in deren Armen Paul auf der Krim gestorben war. Olga erzählte uns, wie sie sich getroffen und angefreundet hatten. Zu jener Zeit war ein Teil der Weißen Armee auf der Krim, bei Simferopol, zusammengezogen, wo Olga mit ihrer Mutter und ihrer Schwester lebte. Die Lebensbedingungen waren für die ganze Bevölkerung sehr schwierig. Um ihren Lebensunterhalt zu verdienen, hatte meine Tante beschlossen, ein Restaurant zu eröffnen. Ihre Töchter halfen ihr dabei. Schon bald waren alle jungen Offiziere zu regelmäßigen Gästen geworden; und sie erzählten meinem Bruder, daß man dort nicht nur gut essen, sondern auch die Bekanntschaft zweier bezaubernder Mädchen machen könne.

Paul zögerte nicht, dorthinzugehen; und während er auf die Bedienung wartete, warf er einen Blick auf die Bilder an der Wand.

Zu seiner Verblüffung entdeckte er ein Porträt von Mutter. Er hatte die Familie von Mutters Bruder entdeckt. Die hübschen Mädchen waren seine Kusinen. Bald entbrannte eine so große Liebe zwischen Olga und Paul, daß er sich mit ihr verlobte und sie Pläne zu schmieden begannen für eine glückliche Zukunft nach dem Ende des Bürgerkriegs und dem Sieg der Weißen Armee über die Bolschewiken. Aber ihre Träume sollten sich nicht erfüllen. Bei der Verteidigung der Halbinsel Krim wurde Paul tödlich verletzt und starb in ihren Armen.

Während wir in Moskau waren, besuchten wir auch Georg. Vera erwartete ein Kind, und Georg, der immer davon geträumt hatte, Kinder zu haben, sorgte liebevoll für sie. Wir verbrachten einen Tag in Moskau und kehrten nach Leningrad zurück. Es war Ende Juli. Im September erhielten wir dann die Nachricht von Georg, daß eine Tochter mit Namen Elena geboren worden war.

Wir kehrten an unsere Arbeitsplätze zurück, wo wir die unangenehme Neuigkeit erfuhren, daß ein neuer Arbeitsrhythmus, der Sechs-Tage-Rhythmus, eingeführt worden war. Da der freie Tag jetzt alle fünf Tage kam und nicht alle sechs wie vorher, fiel der freie Tag meines Mannes nicht länger mit meinem zusammen. Dasselbe passierte auch unseren Freunden. Es wurde noch schwieriger, Parties zu veranstalten, weil einer von uns immer am nächsten Tag arbeiten mußte.

Unsere Zusammenkünfte fanden an den staatlichen Feiertagen statt, am 1. Mai, am 7. November und am Neujahrstag. Niemand sprach mehr von Weihnachten, und wenn für die Kinder ein Baum hergerichtet wurde, dann versteckte man ihn sorgfältig. Die Menschen hatten Angst davor, denunziert zu werden, wenn sie einen kirchlichen Feiertag begingen.

Ich erinnere mich, daß ich in einem Jahr irgendwie eine Fichte ergattert und sie im Schlafzimmer hinter den Betten versteckt hatte. An eben diesem Tag mußte die Hausverwalterin das Telefon benutzen. Niemand in dem Wohnblock hatte ein Telefon – außer meinem Mann, der als Schatzmeister des »Zhart« Anrecht auf ein Telefon hatte. Und natürlich durfte auch die Hausverwalterin es benutzen. Ich mußte Mama sofort ins Bett legen und behaupten, sie sei ernsthaft krank.

Und dann führte ich die Hausverwalterin durch eine andere, vom Baum weiter entfernte Tür herein, der – wie Sie sich vorstellen können – berauschend duftete. Zu welchen Tricks man doch Zuflucht nehmen mußte, nur um leben zu können und nicht verfolgt zu werden.

4
Die dreißiger Jahre: Der große Terror und der Beginn des Zweiten Weltkriegs

1930 wurde unsere Familie von einer weiteren Tragödie getroffen. Georgs und Veras drei Jahre alte Tochter starb. Vera schrieb, daß Georg völlig verzweifelt sei, weil er sein geliebtes einziges Kind verloren hatte. 1933 hatten sie Moskau verlassen und lebten in Omsk. Wir sahen sie in jenem Jahr, als sie uns in Leningrad mit ihrem kleinen Sohn besuchten; Georg hatte sich sehr verändert. Auf uns machte er einen gealterten und furchtbar traurigen Eindruck.

Die dreißiger Jahre wurden durch eine weitere Maßnahme der sowjetischen Regierung geprägt, durch die Kollektivierung der Landwirtschaft und die Einführung von Bezugskarten für Brot. Selbst in Leningrad, wo die Versorgung immer besser als anderswo gewesen war, machten sich Verknappungen zuerst bei einem Artikel, dann beim nächsten bemerkbar. Schlangen bildeten sich für alle Arten von Waren, von denen es nur sehr wenig zu kaufen gab. Gerüchte über herzzerreißende Ereignisse in der Ukraine begannen zu zirkulieren. Ganze Dörfer starben aus. Eine Bekannte, die Leningrad mit List und Tücke erreicht hatte, erzählte, daß in dem großen Dorf, in dem sie ihr ganzes Leben verbracht hatte, praktisch alle gestorben waren; mit Ausnahme weniger Familien, denen die Flucht gelungen war, bevor der Hunger ihre ganze Kraft aufgezehrt hatte. Diese Leute waren zu Fuß aus diesem einst so reichen Gebiet aufgebrochen, das man früher die Kornkammer Rußlands genannt hatte. Jetzt bot die gesamte Gegend das Bild eines riesigen Friedhofs.

Es gab genug Brot in Leningrad; jedoch ein Artikel nach dem anderen verschwand aus den Läden: zuerst die Butter, dann der Zucker, dann die Stoffe. Stundenlang mußte man sich anstellen.

Die Russen hatten sich an die Schlangen gewöhnt; und niemand protestierte, man wußte, daß diese Proteste gefährlich waren. Überall waren Spitzel. Ein falsches Wort konnte Gefängnis oder Sibirien bedeuten. Die Leute hatten Angst, auch nur die geringste Kritik zu äußern; und wenn jemand doch etwas sagte, war es empfehlenswert, nicht zu antworten, weil man in »konterrevolutionäre Propaganda« hätte verwickelt werden können. Während der ganzen Jahre seit der Revolution hatten sich die Leute ans Schweigen gewöhnt.

Diese Schlangen lösten manchmal komische Situationen aus. So waren zum Beispiel langgesuchte Textilwaren wieder lieferbar, und man wartete in der Schlange für Stoffe. Gewöhnlich stand man Stunden da. Wenn man dann schließlich den entsprechenden Ladentisch erreichte, stellte sich heraus, daß es die gewünschte Ware nicht mehr gab. Mit leeren Händen zu gehen, wäre eine Schande gewesen. Also ließ man sich irgendein Stück Stoff abschneiden, ohne zu wissen, ob es überhaupt für irgendetwas zu gebrauchen war. Man hatte keine Gelegenheit, darüber nachzudenken. Die hinter einem standen, sagten: »Nimm, was sie ausgeben«. In der Tat, »ausgeben« war das übliche Wort. Dieses Wort »ausgeben«, als ob man nichts dafür bezahlen müßte, blieb für viele Jahre ein Teil des sowjetischen Alltagsvokabulars.

Am 1. Dezember 1934 wurde Kirow ermordet. Ich arbeitete zu dieser Zeit nicht länger in der Bolschewik-Fabrik, sondern hatte eine Stelle im GIPROTSVETMET erhalten, dem Staatlichen Institut für die geplante Verarbeitung von nichteisenhaltigen Metallen. Diese Einrichtung war gerade aufgebaut worden und befand sich in einem Nebengebäude des Alexander-III.-Museums mit einem Ausgang zum Bribojedow-Kanal, in der Nähe der Kirche »Na Krowi« (»Auf dem Blut«, zum Gedenken an den ermordeten Alexander II.).

An diesem denkwürdigen Tag war eine große Versammlung in unserer Dienststelle; es wurde natürlich von jedem erwartet, daß er anwesend war. Sie redeten von dem Verrat gemeiner Provokateure, von Konterrevolutionären, die überall, wo sie sich einschleichen konnten, weiter gegen das Sowjetregime kämpften. Alle waren niedergeschlagen, und man erwartete alle möglichen Repressionen. Es war kaum wahrscheinlich, daß alles so bleiben könnte, wie es war.

Wir wurden in unseren Vorahnungen kommenden Unglücks nicht enttäuscht. Wenige Tage nach dem Mord kündigte das Parteikomitee eine Säuberung in unserem Institut an. Die Säuberung lief folgendermaßen ab: Auf einer allgemeinen Versammlung aller Angestellten und Arbeiter mußte der eine oder andere Kollege, der an dem Tag überprüft wurde, aufstehen und über seinen Stammbaum und die Familiengeschichte bis hin zu den Großvätern und Großmüttern berichten. Natürlich versuchte jeder, sich als einen echten Proletarier hinzustellen, der von dem kargen Lohn seines Arbeitervaters oder seiner als Putzfrau arbeitenden Mutter seine Ausbildung erhalten hatte. Manchmal ging alles gut. Manchmal jedoch ging etwas schief, wie bei einem Zwischenfall auf einer unserer Versammlungen. Ein junger Bursche erzählte gerade von seiner armseligen Kindheit, als ihn jemand aus demselben Dorf nach dem zweigeschossigen, gemauerten Haus seines Vaters fragte, dem schönsten im ganzen Dorf. Aus Steinen oder Ziegeln gemauerte Häuser waren eine Seltenheit in unseren Dörfern und gehörten gewöhnlich nur den sogenannten Kulaken, den reichen Bauern. Das brachte den jungen Burschen völlig aus dem Konzept, er hatte das Haus nämlich gerade »Isba« genannt, eine strohgedeckte Hütte. Man ließ ihn sich nicht herausreden, und am folgenden Tag wurde er hinausgeworfen, weil er auf einer kommunistischen Versammlung gelogen hatte. Er war übrigens Parteimitglied, aber das blieb er nach diesem Vorfall nicht mehr lange.

Etliche Jahre danach traf ich ihn auf der Straße, erkannte ihn jedoch kaum wieder. Ich hatte Angst, ihn zu fragen, was nach dieser unglückseligen Versammlung geschehen war.

Säuberungen begannen in den Bildungseinrichtungen wie auch in anderen Institutionen. Studenten aus unserem Bekanntenkreis erzählten uns, daß sie dort ebenso und sogar noch förmlicher abgelaufen wären wie bei uns im GIPROTSVETMET. Einer meiner Freunde zum Beispiel, der am Ersten Pädagogischen Institut studierte, berichtete uns, daß sie dort so etwas wie ein Tribunal eingerichtet hatten. Der Befragte stand dort am Kopfende des Raumes und mußte bis in alle Einzelheiten sein ganzes Leben schildern. Und wenn wieder etwas nicht mit seinen früheren Angaben oder mit den Aussagen anderer Zeugen übereinstimmte, wurden er oder sie sowohl aus der Gewerkschaft, als auch aus der Universität entfernt.

Ich kann mir überhaupt nicht erklären, was mich rettete, aber mir drohte nie ein Säuberungsverfahren – vielleicht war ich ein so kleiner Fisch, daß mich niemand anzeigte.

Neben den Säuberungen begann in jenem schrecklichen Dezember eine Verhaftungswelle. Sie ergriffen fast jeden, der vom NKWD verdächtigt worden war. Einer der ersten, die verhaftet wurden, war unser Wohnungsnachbar, ein Bursche von siebenundzwanzig Jahren, der in einer der vielen Dienststellen arbeitete, die vor kurzem eingerichtet worden waren. Er arbeitete fleißig vom Morgen bis fünf Uhr; und wenn er nach Hause kam, machte er jedesmal das Abendessen für sich selbst und seine Mutter, die nicht mehr arbeiten konnte. Er verbrachte alle seine Abende zu Hause. Wir kannten ihn als einen ruhigen, bescheidenen jungen Mann, der sich für seine invalide Mutter aufopferte.

Dann erklang plötzlich um zwei Uhr morgens ein schrilles, unablässiges Klingeln in unserer Wohnung. Alle wachten auf und hatten nur einen Gedanken und eine Frage auf den Lippen: »Zu wem sind sie gekommen?« Zu dem Zeitpunkt hatten wir schon von mehreren Verhaftungen unter unseren Bekannten gehört. Weil ich Angst hatte, daß sie möglicherweise wegen meines Mannes gekommen waren, beschloß ich, selbst die Tür zu öffnen. Zwei NKWD-Männer traten ein, in Begleitung unseres verwirrten und erschrockenen Hausmeisters. Er bezeichnete die Tür, die zu den Zimmern unseres Nachbarn Pawlow führte. Mir wurde leichter ums Herz; zumindest diesesmal waren sie dran und nicht wir. Es tat mir leid für die netten Nachbarn; aber trotzdem »ist mir das Hemd näher als der Rock«, wie das alte Sprichwort sagt.

Die Durchsuchung dauerte bis zum Morgen. Natürlich konnte niemand in der Wohnung schlafen. Wir warteten alle darauf, wie es ausgehen würde. Am Morgen bat einer der durchsuchenden Beamten darum, unser Telefon benutzen zu dürfen, und nach diesem Gespräch nahmen sie Pawlow mit.

Wie bereits erwähnt, hing das Telefon in unserem Zimmer. Wenige Tage vor dieser Durchsuchung hatte ich aus Angst vor den sich häufenden Säuberungen und Verhaftungen beschlossen, ein großes Porträt von Molotow zu kaufen, der damals Außenminister war, und es zwischen die Fotos meiner Kinder und meiner Familie an dieselbe Wand zu hängen, wo auch das Telefon war. Ich kaufte sogar denselben blauen Samtrahmen wie für die andern Fotos. Als mein Mann von der Arbeit zurückkam, war er überrascht, das Porträt seines Namensvetters zu sehen (wie man weiß, hieß Molotow eigentlich Skrjabin); und er fragte mich, was das bedeuten solle, warum ich dieses Porträt zwischen unsere Familienfotos gehängt hätte. Für gewöhnlich hatten wir keine Porträts der sowjetischen Führer, und diese unerwartete Erscheinung überraschte meinen Mann. Ich erklärte ihm, daß es meiner Meinung nach einen gewissen Schutz bieten könnte. Er hielt wenig von meiner Aktion, aber er widersprach nicht.

Doch bald war er davon überzeugt, daß ich recht hatte. Jeder, der unser Telefon benutzte, sah sofort dieses Porträt. Sie wollten fragen, taten es aber nicht, auch wenn sie möglicherweise Zweifel hatten. Weil es in den meisten Fällen die Hausverwalterin war, die das Telefon benutzen kam – und die Hausverwalterin war natürlich diejenige, die die Mieter des Hauses bespitzeln sollte – glaube ich, daß sie von dem unter unseren Familienmitgliedern hängenden Molotow-Porträt berichtet haben muß. Auf jeden Fall gingen die Verhaftungen weiter. Ganze Zugladungen mit Gefangenen verließen Leningrad jeden Tag, fuhren nach Osten, aber mein Mann wurde nicht belästigt. Er sagte oft zu mir: »Weißt du, es ist schon etwas unangenehm, uns bekannte Frauen zu treffen, deren Männer verhaftet und nach Sibirien geschickt worden sind. Was sie wohl von mir denken mögen?« Es kam ihm vor, als ob nur er noch übrig wäre, und daß man ihn bald verdächtigen würde, ein Informant im Dienst des NKWD zu sein.

Auch Pawlow wurde nach Kasachstan geschickt; merkwürdigerweise ließ man ihn vorher einige Tage frei, mit der Auflage, an einem bestimmten Tag mit seiner Mutter zu erscheinen. Solch ein Fall war außerordentlich selten. Wir zermarterten uns das Hirn über solch ein merkwürdiges Vorgehen und kamen schließlich zu dem Schluß, daß der NKWD trotz aller Bemühungen absolut nichts gefunden hatte, dessen man ihn hätte anklagen können. Aber trotzdem hielten sie es für besser, sich solcher »Elemente« zu entledigen. Er gehörte zum Kleinadel, und das allein war schon genug. Wir sahen weder ihn noch seine Mutter jemals wieder. Ohne Zweifel hat sie die Bedingungen des Exils nicht überlebt.

Während des ganzen Frühjahrs 1935 lebten wir in ständiger Furcht. Der beste Freund meines Mannes wurde verhaftet. Er war erst vor kurzem für den Bau militärischer Anlagen bei Kronstadt mit einem der höchsten Orden ausgezeichnet worden. Er war Ingenieur und hatte keine Sünden zu büßen außer einer, die in der Sowjetunion völlig unverzeihlich war: sein Name war Göring! Er wurde verbannt, und kurz darauf wurde seine Frau ebenfalls fortgeschickt. Sie war eine hübsche junge Frau, die sich nur mit Flirts und Liebesaffären beschäftigte und nicht im geringsten mit Politik.

Eine Familie von Kommunisten – ein altgedienter politischer Arbeiter, seine Frau und seine Mutter – zog in unsere Wohnung, in die vorher von Pawlow bewohnte Hälfte. Jetzt mußten wir sehr vorsichtig sein und nichts sagen, was falsch hätte ausgelegt werden können. Das war nicht leicht, weil es nur eine gemeinsame Küche für alle vier in der Wohnung lebende Familien gab. Besonders besorgt war ich um meine Mutter, die sich nicht mit den vielen Gesetzen und Verordnungen des Sowjetstaates abfinden konnte und oft ihrer Unzufriedenheit Luft machte. Ich flehte sie an, ruhig zu bleiben, wenn sie uns nicht zugrunde richten wollte. Sie versprach es, aber trotzdem ereignete sich die folgende unangenehme Geschichte. Mama war der Ansicht, daß überall in der Wohnung Ikonen hängen sollten; und nicht zufrieden damit, daß sie in ihrem Zimmer eine ganze Ikonostasis eingerichtet hatte, tat sie dasselbe auch noch in einer Ecke der Küche. Der neue Mitbewohner bemerkte diese antikommunistische Maßnahme sofort und zitierte meinen Mann zu sich. Ich konnte die erregte Stimme Semenows hören, wie er von meinem Mann verlangte, daß er diese Bilder, wie er sie nannte, unverzüglich entfernen solle; wenn das Tantchen (meine Mutter) es unbedingt wünsche, könne sie so etwas ja in unserem Zimmer aufhängen, doch solle sie es unterlassen, die Gemeinschaftsräume wie Küche, Badezimmer und Korridor zu verunzieren.

Dies war alles außerordentlich unangenehm für meinen Mann. Als diese Unterhaltung mit Semenow zu Ende war, ging er zu Mutter und redete ein ernstes Wort mit ihr. Dazu muß gesagt werden, daß mein Mann und meine Mutter sich immer wundervoll verstanden hatten, und daß dies das allererste Mal war, daß ich ihn in einem solchen Ton des Mißfallens zu ihr hatte sprechen hören. Ohne eine Entschuldigung verließ er das Zimmer.

Jetzt scheuten wir uns, lauter als im Flüsterton in meinem Zimmer zu reden, das Wand an Wand mit der Nachbarwohnung lag. Wir hatten Angst, daß sie uns belauschen könnten.

Als ich eines Tages von der Arbeit nach Hause kam, fand ich meine Schwägerin, die Frau des Bruders meines Mannes, in unserer Wohnung vor. In erster Ehe war sie mit Rjabuschinski, einem berühmten Moskauer, verheiratet gewesen; und seit seinem Tod hatte sie ihre Diamanten (von einer Größe, wie ich sie in meinem ganzen Leben nicht gesehen hatte) sorgfältig versteckt gehalten. Sie hatte sie nur einmal hervorgeholt, um zu zeigen, was für Geschenke sie einst bekommen hatte. Jetzt allerdings, als die Verhaftungswelle noch nicht abgeebbt war, beschloß Ljubow, daß es das beste sei, diese Juwelen meiner Mutter zur Aufbewahrung zu geben, für die sie volles Vertrauen und Respekt empfand. Neben den riesigen Diamanten (von der Größe eines Vogeleis) hatte sie etliche andere bemerkenswerte Schmuckstücke gebracht. Mutter war entsetzt vom Anblick solchen Reichtums und flehte sie an, die Juwelen zurückzunehmen. Aus irgendeinem Grund hatte Ljubow besonders vor der kommenden Nacht Angst, und sie bestand darauf, diese Sachen bei uns zu lassen. Sie ging, ohne die Juwelen mitzunehmen; und so seltsam es auch scheinen mag – ihre Vorahnung erwies sich als berechtigt. Genau in jener Nacht wurde ihr Mann verhaftet.

Zwei Tage später erschien Ljubow wieder bei uns und nahm alles zurück, was ihr gehörte. Ich hatte sie darum bitten müssen, weil Mama vor lauter Aufregung nicht mehr schlafen konnte und ständig mit den Juwelen herumlief, um ein sicheres Versteck zu suchen. Ich machte mir einfach Sorgen um Mamas Gesundheit und forderte Ljubow auf, sich andere zu suchen, die ihre Schätze aufbewahren wollten.

Was sie danach mit ihren Diamanten tat, habe ich nie genau erfahren. Später sagte mir meine Nichte, die bei ihr lebte, Ljubow habe sie als Knöpfe getarnt in ihren Pelzmantel eingenäht. Ungefähr einen Monat nach der Verhaftung ihres Mannes wurde auch sie verhaftet und verbannt. Wir sahen sie nie wieder. Sie nahmen sie in eben diesem Pelzmantel mit. Vielleicht hat ihn niemand aufgeschnitten und die »Knöpfe« herausgeholt. Wenn das so ist, dann ging wohl ein gewaltiger Reichtum irgendwo in Sibirien verloren.

Zum Sommeranfang des Jahres 1935 beruhigte sich nach Tausenden von Verhaftungen alles wieder. Die verplombten Züge fuhren nicht mehr, die Grünen Minnas (oder Schwarzen Krähen, wie sie bei uns genannt wurden) rasten nicht mehr durch die Straßen. Mir schien, daß sich die Zusammensetzung der Bevölkerung von Leningrad verändert hatte. Das konnte man besonders in der Philharmonie merken, wo die Konzerte unserer berühmten Solisten jener Zeit wie Oborin und Sofronitzkij gewöhnlich stattfanden. Mein Mann und ich gingen oft dorthin, unter anderem auch, weil er von seiner Fabrik Freikarten bekam. Die Arbeiter interessierten sich nur wenig für solche Unterhaltung und zogen die Operette oder das Schauspiel im Alexandrinskij-Theater vor.

In genau diesem Frühjahr kam Elena, die Tochter des Komponisten Skrjabin, mit dem Vorschlag vorbei, gemeinsam eine Datscha zu mieten. Elena war mit dem Pianisten Sofronitzkij verheiratet, der, das sei am Rand bemerkt, der beste Interpret der Werke von Skrjabin war. Wir alle liebten diese reizende junge Frau und stimmten ihrem Vorschlag freudig zu. Am nächsten Tag fuhren wir uns die Datscha ansehen, die nicht weit von Luga entfernt war, und mieteten ein hübsches, kleines, zweistöckiges Haus am Rasliw-Bahnhof. Wir, das heißt meine Mutter, mein Mann, unser zehnjähriger Sohn und ich, ließen uns im Erdgeschoß nieder; und oben wohnte das Ehepaar Sofronitzkij mit seinem Sohn Sascha.

Von jenem Sommer habe ich wunderschöne Erinnerungen behalten. Trotz allem, was wir während des vergangenen Winters hatten erleben müssen, wollte jeder in dem einfachen Dorf nur ausruhen und den ganzen Alptraum der Durchsuchungen und Verhaftungen vergessen. Ich erinnere mich, daß der charmante Sofronitzkij viele Verehrer seines großen Talents nach Rasliw zog. Irgendwie wurde bekannt, wo er den Sommer verbrachte; und mit jedem Tag erschienen mehr und mehr Leute, besonders Frauen, auf der Suche nach Datschas. Ohne Zweifel gefiel eine solche Flut von Datscha-Kunden den örtlichen Hausbesitzern, aber sie machte einen sehr unvorteilhaften Eindruck auf Sofronitzkijs Frau. Wir konnten nirgendwo mit ihm hingehen, ohne ein junges oder altes weibliches Wesen zu treffen, das ihn zumindest begrüßen wollte, wenn man schon nicht mit ihm sprechen konnte. Sofronitzkij selbst schien solche Bewunderung zu genießen und hatte nichts gegen die Spaziergänge durch das Dorf, wobei er die Begrüßungen dieser Frauen freundlich erwiderte.

Wie alle nervösen Menschen hatte Sofronitzkij vor Gewittern Angst; und die gab es in diesem Sommer unglücklicherweise recht häufig. Er zog sich dann immer in eine Ecke zwischen Hauswand und Stallanbau zurück und saß dort, bis das Gewitter vorbei war. Wenn das Gewitter lange dauerte, machten wir Kakao, den er sehr schätzte, und servierten ihm den. Im allgemeinen war er ein sehr lieber und interessanter Bursche. Wir lauschten den Geschichten von seiner Musiker-Karriere, von seinen Auslandsreisen und darüber, wo er Skrjabin am häufigsten gespielt hatte (Skrjabin hatte damals keinen so großen Erfolg in Sowjetrußland). Seine Frau erzählte, daß ihm im Ausland alles mögliche passiere. Oft sage er kurz vor dem Konzert den Auftritt ab, lege sich ins Bett und erkläre sich für krank. Offenbar war es nicht leicht für seine Frau, die ihn im Ausland begleitete. Trotzdem waren sie ein bezauberndes Paar; und wir waren alle betrübt, als Elena eines schönen Tages beschloß, die Datscha zu verlassen, weil sie über die Flut der Verehrerinnen verärgert war. Sie reiste ab und nahm ihren Sohn mit.

Sofronitzkij war zwar sehr traurig über die Entscheidung seiner Frau, blieb aber allein oben in der Datscha. Nur wenn sich in der Nacht die Juli-Gewitter entluden, bat er einen von uns, nach oben zu kommen und über seinen Schlaf zu wachen. Dennoch hielt es Sofronitzkij nicht lange alleine aus, trotz unseren Versuchen, ihm jeden Wunsch zu erfüllen; und Ende August zog er in die Stadt zurück. Wir blieben dort bis zum Beginn des Schuljahres für unseren Sohn am 1. September. Als wir nach Leningrad zurückkehrten, stellte ich fest, daß ich wieder ein Kind erwartete.

Es war ein wunderschöner Herbst. Er war besonders schön in den Parks von Pawlowsk und Puschkin. Ich hörte aus eigenem Entschluß mit der Arbeit beim GIPROTSVETMET auf, weil die Verwaltung auf die Basilius-Insel verlegt worden war. Die Anfahrt zur Arbeit war auch nicht kürzer als damals zur Bolschewik-Fabrik. Ich begann für ein Geschäft zu arbeiten, das Aufträge für Heimarbeit vergab. Ich nähte ukrainische Blusen, Taschentücher, Tischdecken, die dann in dem wiedereröffneten Kunstgewerbegeschäft am Newskij-Prospekt verkauft wurden. Ich mochte diese neue Beschäftigung um so mehr, weil ich mehr Zeit zu Hause verbringen und Mutter helfen konnte.

Alles schien recht gut zu gehen, und unser Leben lief in mehr oder weniger ruhigen Bahnen. Dann plötzlich, wie ein Blitz aus heiterem Himmel, erreichte uns ein Brief von Georgs Frau, in dem sie uns mitteilte, daß er verhaftet worden war. In Omsk, wohin sie – wie bereits erwähnt – 1933 gezogen waren, hatte Georg eine sehr gute Stelle als Rechtsanwalt in einem der Bauunternehmen gefunden. Erst vor kurzem hatte er geschrieben, daß er bald mit seiner Frau und seinem Sohn kommen wolle, um die Ferien mit uns zu verbringen. Und plötzlich mußten sie mit einem so unerwarteten Ereignis fertigwerden.[1] Natürlich waren wir alle erschüttert und besorgt, besonders Mama. Was konnten wir in einem solchen Fall tun? Wir wußten alle nur zu genau, wohin das führen konnte. Alle ähnlichen Prozesse waren hinter verschlossenen Türen von besonderen »Troikas« geführt worden, die jeden ohne Gnade zum Tode durch Erschießen verurteilten oder zu zehn oder zwanzig Jahren Verbannung ohne das Recht, Briefe zu schreiben und zu erhalten.

Vera schrieb uns oft, aber ihre Briefe konnten uns nicht beruhigen. Wie wir alle hatte sie keine Ahnung, was man Georg vorwerfen konnte. Sie lief von einer Stelle zur anderen, um ihren Mann zu retten, nur um schließlich jede Hoffnung zu verlieren. Wir schickten ihr einige Goldsachen, die wir noch hatten, und baten sie, diese wenn möglich in Torgsin einzutauschen und Georg zumindest mit einigen Lebensmitteln zu versorgen. Wir wußten, wie schlecht die Gefangenen in den Haftanstalten ernährt wurden, und wir fürchteten um seine Gesundheit.

So vergingen mehrere Monate, während derer jedermann infolge der Schauprozesse gegen Sinowjew und Kamenew um sein eigenes Leben und das seiner liebsten Anverwandten fürchtete.

Im Frühjahr teilte uns Vera mit, daß Georg erschossen worden war.

Die Geburt eines Sohnes

Die tragische Nachricht vom Tod meines Bruders erreichte uns Anfang April; und am 13. Mai wurde mein zweiter Sohn geboren, den wir zu Ehren meines toten Bruders Georg nannten. Freude und Leid stellten sich zur selben Zeit in unserem Haus ein. Mama war so untröstlich über die Erschießung meines Bruders, daß wir uns ernsthaft Sorgen um sie machten. Sie hatte wirklich ihren Teil und mehr an Leid gehabt während der letzten zwanzig Jahre. Nur das Auftauchen dieses kleinen Wesens, das ständige Aufmerksamkeit verlangte, vertrieb in unserem Haus ein wenig von dem Trübsinn und dem Leid und erfüllte unser Leben mit neuen Sorgen und Interessen. Er war ein bezaubernder Junge, und er war gesund und gut zu haben.

Im Juni zogen wir nach Puschkin, wo wir in der Nähe des Parks eine Wohnung für den Sommer mieteten. Wir alle liebten diese hübsche kleine Stadt mit ihren schönen Palästen, Parks und Seen, über denen die Poesie der Vergangenheit hing. Jedesmal, wenn ich die Wege des Parks entlangging oder mich dem Gebäude des Gymnasiums näherte, dann schien es mir, als ob neben mir der Geist unseres geliebten Dichters Puschkin ginge, der hier seine Jugend verbracht hatte.

In Puschkin erholten wir uns von der Anspannung des Lebens in Leningrad, indem wir uns um das neue Familienmitglied kümmerten, das uns viel Glück und Zufriedenheit schenkte, oder indem wir uns mit Bildern aus der uns allen, aber besonders Mutter so teuren Vergangenheit beschäftigten. Zu Hause waren wir zu ängstlich gewesen, auch nur ein überflüssiges Wort zu sagen, um dieser autoritären Frau, Semenows Mutter, keinen Angriffspunkt zu bieten, die begonnen hatte, sich vor allen in unserer Gemeinschaftswohnung als Herrin aufzuspielen. Es muß jedoch gesagt werden, daß Stepanida Iwanowna uns recht wohlgesinnt war, besonders nach der Geburt unseres Sohnes Georg. Als wir ihn zu Hause taufen ließen – sogar der Priester empfahl, dies nicht in der Kirche zu tun –, verschwieg sie das nicht nur vor ihrem Sohn, sondern half uns ganz im Gegenteil als einzige in der Wohnung in jeder erdenklichen Weise. Es zeigte sich, daß sie gläubig war, und dies sorgfältig vor ihrem Sohn und seiner Frau verborgen hatte. Es machte ihr große Freude, bei einer Taufe dabeizusein und alles zu organisieren; sie besorgte sogar irgendwoher einen Zuber. Stepanida Iwanowna bekreuzigte sich inbrünstig während des Gottesdienstes und half der unerfahrenen Taufpatin, das Kind zu halten. Mutter hatte dies alles beobachtet, weil mein Mann und ich nach den Regeln der orthodoxen Kirche bei der Taufzeremonie nicht dabeisein durften.

Im Park von Puschkin machte man in jenem Sommer Aufnahmen für einen Film über das Leben des Dichters. Dem Regisseur fiel unser Sohn Dima auf, und er schlug vor, daß er mit einer für den Film wichtigen Gruppe von Gymnasiasten aufgenommen werden sollte. Dima kam in unbeschreiblicher Freude nach Hause gelaufen. Die Tatsache, daß er nur einer in einer ganzen Gruppe sein würde, war ihm ziemlich egal; die Hauptsache war, daß er an einem Film über Puschkin beteiligt wäre. Die Ernüchterung kam am nächsten Tag, als der Regisseur einen älteren und geeigneteren Jungen gefunden hatte. Dima war bitter enttäuscht.

Der Juli und der August gingen vorbei, und wieder einmal kehrten wir am 1. September in unsere Stadtwohnung zurück. Meinem Mann, der infolge seiner Herzschwäche den Sommer unter einer Angina gelitten hatte (es hatten sich auch die ersten Anzeichen eines schweren Rheumatismus gezeigt), wurde ein Sanatoriumsaufenthalt im Kaukasus gewährt. Ich begann wieder in dem Kunstgewerbegeschäft zu arbeiten, das während des Sommers geschlossen gewesen war.

Herbst und Winter brachten nichts Neues. Es sah langsam so aus, als ob die Verhaftungswelle etwas nachgelassen hätte, als wir wieder einmal einige unangenehme Augenblicke erlebten.

Mitte März kam Frau Aranowskij sehr verstört und aufgeregt zu uns. Sie erzählte, daß ihr Mann in der Nacht verhaftet und die

Wohnung versiegelt worden war. Man hatte ihr erlaubt, mit ihren zwei sieben und siebzehn Jahre alten Söhnen im Flur und in der Küche weiterzuleben. Von solch einer merkwürdigen Verhaftung hatten wir noch nie gehört. Gewöhnlich wurde entweder die Familie auch verhaftet, oder man erlaubte ihr, in der Wohnung zu bleiben. In den dunklen Flur ausgesperrt zu werden, erschien uns seltsam.

Natürlich war das einzige, was wir in einem solchen Fall tun konnten, ihr unser Mitgefühl auszudrücken und ihr Hoffnung zu machen, daß sich bald alles aufklären und Iwan Petrowitsch bald freigelassen würde. Wir selbst glaubten weder das eine noch das andere. Aranowskij war, wie ich schon erwähnte, der Direktor der Textilfabrik und ein ausgebildeter Ingenieur. Was sollte das alles bedeuten? In der Fabrik war nie von Sabotage die Rede gewesen! Niemand wußte etwas, und es war nicht leicht, Vermutungen anzustellen. Mein Mann war als Aranowskijs Protegé natürlich selbst beunruhigt, und es tat ihm sehr leid um diesen wunderbaren Menschen und seine hilflose Familie.

Aranowskijs Verhaftung rief wieder einmal große Besorgnis unter unseren Bekannten hervor, die bis jetzt von Verfolgungen durch die Behörden verschont geblieben waren. Meines Mannes direkter Vorgesetzter Lewitzkij, der Chefbuchhalter der Fabrik, besuchte uns. Er war ein enger Freund Aranowskijs gewesen, was jedermann in der Fabrik wußte. Jetzt hatte er keine Ruhe mehr, weder am Tag noch in der Nacht. Er war bereits von einer Spezialabteilung des NKWD-Büros vorgeladen und nicht nur über Aranowskijs Vergangenheit, sondern auch über sämtliche Verwandte Aranowskijs befragt worden. Lewitzkij hatte nicht die geringste Ahnung von diesen in der Provinz lebenden Leuten und antwortete recht verworren, was ihn bei dem Leiter der Spezialabteilung noch verdächtiger machte. Nun war er gekommen, um sich bei uns Rat für einen Ausweg aus dieser Lage zu holen. Seine Frau, eine Schulfreundin von Aranowskijs Frau, war bei ihr, um sie so weit wie möglich zu beruhigen. Weil die Wohnung offensichtlich überwacht wurde, erwartete Lewitzkij mit jedem

Tag seine Verhaftung. In ihrer tiefen Aufrichtigkeit und An-
ständigkeit brachen sie jedoch die Verbindung zu den Aranowskijs nicht ab.

Aranowskijs Sohn wurde ohne Angabe von Gründen vom Poly-
technikum geworfen. Er versuchte irgendeine Arbeit zu finden,
wurde aber überall abgewiesen, wenn er die Anträge ausfüllen
und Angaben über seinen Vater machen mußte. Der Junge war
so verzweifelt, daß er nicht mehr aus dem Bett aufstand und im
Haus blieb. Seine Mutter hatte Angst, daß er Selbstmord bege-
hen könnte.

Inzwischen gab es Veränderungen in den Regierungskreisen. Jagoda, der NKWD-Chef, wurde abgelöst; und Jeschow wurde an
seiner Stelle ernannt.

Jeschowtschina (die Jeschow-Zeit)

Von einem Bekannten, dessen Eltern im alten St. Petersburg ein
Haus besessen hatten, erfuhren wir, daß Jeschow der Sohn ihres
Hausmeisters war und schon als Kind durch seinen abscheuli-
chen Charakter aufgefallen war. Er hatte Vergnügen daran gefunden, Tiere zu quälen, und er terrorisierte alle Kinder im
Haus. Dieser Bekannte behauptete, daß Jeschow sogar in psy-
chiatrischer Behandlung gewesen sei.

Dieser Mann war der »Herrscher über alle Schicksale« geworden, der das unbegrenzte Vertrauen Stalins genoß. Was würde
jetzt mit jenen »Elementen« geschehen, die der Sowjetmacht
feindlich gegenüberstanden und die bislang in Leningrad durch
Zufall verschont geblieben waren? Dieser Zeitabschnitt vom
Herbst 1937 an ist als »Jeschowtschina« in die Geschichte einge-
gangen.

Ich kam zu der Überzeugung, daß ich irgendeine besondere Fähigkeit erwerben müsse, um die Famlie, falls nötig, allein ernäh-
ren zu können. Ich ging zum Institut für Fremdsprachen und be-
warb mich um die Zulassung als Studentin. Nach der Prüfung al-

ler meiner Unterlagen aus Simbirsk – ich war dort ein Jahr lang
am Praktischen Institut für Volkserziehung gewesen, zu dem
auch das umbenannte Technikum gehörte – wurde ich ohne jede
Prüfung in den ersten Kurs aufgenommen. Das war sehr wichtig
für mich; denn nach einer so langen Pause wäre es mir schwergefallen, mich auf eine Prüfung in allen Fächern vorzubereiten,
einschließlich Mathematik, Physik und so weiter. Seit September hatte ich schon die Abendveranstaltungen des Instituts besucht. Tagsüber jedoch arbeitete ich weiter in dem Geschäft.

Der November kam heran. Jeder freute sich auf die Feiertage.
Aranowskijs Frau, die trotz allen Ereignissen in ihrer Nähe be-
herrscht geblieben war, hatte sich als Friseuse ausbilden lassen
und nach erfolgreichem Abschluß eine Stelle bekommen. Ihr
Sohn Juri wurde schließlich als Hilfsarbeiter eingestellt. Die
kleine Lenja ging zur Schule. Sie lebten immer noch in Flur und
Küche, ihre alten Räume blieben versiegelt. Es war schwer zu begreifen, warum ihnen nicht erlaubt wurde, sie zu benutzen, weil
niemand eingezogen war. Aber man konnte niemand danach fragen, und man hätte sowieso keine Antwort erhalten. Die Pakete
für ihren Mann wurden immer noch angenommen; das bedeutete, daß man ihn noch nicht verbannt hatte, auch nicht erschossen
– zumindest vorerst nicht.

Kurz vor dem Ausbruch des Zweiten Weltkriegs wurde Aranowskij freigelassen; und er kehrte für einige Tage nach Leningrad zurück, um seine Familie zu sehen und um nach Arbeit zu
suchen. Niemand wollte ihn einstellen, weil er »Minus fünf«
hatte, das heißt, es war ihm verboten, in einer der fünf größten
Städte der Sowjetunion zu leben (Leningrad, Moskau, Kiew,
Charkow und Odessa). Er war gezwungen, in eine kleine Provinzstadt zu ziehen, wo er Bekannte hatte. Es war schwer, Aranowskij wiederzuerkennen, weniger wegen der physischen als
vielmehr wegen der psychischen Veränderungen. Früher war er
immer unternehmungslustig, glücklich und fröhlich gewesen,
hatte vor den Maßnahmen der Sowjetregierung keine Angst gehabt. Er war ein fähiger Ingenieur sehr proletarischer Herkunft,

was ihm immer gewisse Vorteile gegenüber den »Klassenfeinden« gebracht hatte. Er war mit seiner Lage zufrieden gewesen und hatte das Sowjetregime niemals kritisiert. Jetzt allerdings war er ein bemitleidenswerter, zu Tode erschrockener Mann, der zu ängstlich war, ein überflüssiges Wort zu sagen, und ständig furchtsam um sich blickte. Jeder Versuch, sich mit ihm zu unterhalten, war schlicht eine Qual! Selbst seine nächsten Angehörigen waren unsicher, wie sie sich ihm gegenüber verhalten sollten. Es war schwer, sich vorzustellen, daß Verhaftung und Verbannung dies bei einem Menschen bewirken konnten. Aranowskij blieb nicht lange in Leningrad. Nachdem er mit einem Verwandten in Jaroslawl korrespondiert hatte, verabschiedete er sich von seiner Familie und seinen engsten Freunden und reiste dorthin; und wir sahen ihn nie wieder.

Im Frühjahr 1941 kehrte Göring völlig unerwartet zurück. Er hatte gehofft, seine Frau, seine frühere wohleingerichtete Wohnung und seine Sachen wiederzufinden. Seine Frau Elena war in der Verbannung, und niemand konnte ihm etwas über sie sagen. Seine Wohnung war schon belegt, und seine Sachen waren gestohlen. Wie Aranowskij durfte auch er nicht in den fünf größten Städten der UdSSR leben: auch ihm hatte man, wie es damals hieß, Minus fünf gegeben. Diese Regelung galt für alle Bürger, die aus der Verbannung zurückkehrten, denn diese Bürger waren den sowjetischen Behörden verdächtig. Göring ging in die Provinz, wo einer seiner früheren Freunde lebte, ein Freund, auf den er sich in so schwierigen Zeiten verlassen zu können glaubte. Im Gegensatz zu Aranowskij berichtete Göring über vieles von dem, was er im Gefängnis und in der Verbannung erlebt hatte. Bei einer der ersten Vernehmungen hatte sich der Vernehmungsoffizier zur Anwendung von körperlicher Gewalt entschlossen und holte aus, um ihn zu schlagen. Göring jedoch sprang schnell auf, zeigte dem Vernehmenden seine eigene rießige Faust und versicherte ihm, daß er den ersten erschlagen werde, der Hand an ihn lege. Obwohl er genau wußte, was ihm danach passieren konnte, zog er es doch vor zu sterben, statt grundlos hinter Schloß und Riegel zu sitzen. Seltsamerweise ließ der Vernehmende von seinem Vorhaben ab. Dies war offenbar der erste derartige Fall in seiner Praxis. Göring wurde nicht angerührt, und kurz vor dem Ausbruch des Krieges wurde er freigelassen. Ebenso wie Aranowskij trafen wir auch Göring nie wieder.

Viele Jahre später hörte ich von dem Bruder seiner Frau in Belgien, daß man Göring nach dem Krieg erlaubt hatte, in Moskau zu leben. Dort erfuhr er von dem Tod seiner Frau, heiratete seine Kusine und fand sogar Arbeit in seinem Beruf. Allerdings lebte er nicht lang. Sein vom Straflager und Gefängnis geschwächter Körper konnte der Krankheit keinen Widerstand leisten. Er starb an den Nachwirkungen einer Grippe; sein Herz versagte.

Als ich dies hörte, dachte ich an Göring, wie er damals war, als ich ihn nach unserem Umzug nach Leningrad kennenlernte. Solche Menschen trifft man nicht oft. Er war groß, stark, gutaussehend und voller Lebenskraft. Er wurde immer als erster zu all unseren Empfängen und Parties eingeladen. Damals hatte er eine gute Stellung und wurde anscheinend sehr geschätzt. Er erhielt eine Auszeichnung für hervorragende Arbeit als Bauingenieur, und niemand hätte im Traum daran gedacht, daß ausgerechnet er unter dem Sowjetregime leiden sollte. In jenen Jahren waren wir alle noch viel zu naiv und glaubten, daß jeder, der gut arbeitete und hochangesehen war, keine Gefahr lief.

Die Lage verschlechterte sich mit der Zeit. Niemand fragte mehr danach, warum dieser oder jener Freund oder Verwandte ins Gefängnis oder nach Sibirien geschickt worden war. Wir alle wußten, daß es keinen Grund geben mußte.

Der 7. November war der wichtigste sowjetische Feiertag. Ich besuchte eine Mutter und ihren Sohn, mit denen ich seit etlichen Jahren eng befreundet war. Die Mutter öffnete die Tür, und ich sah sofort, daß sie sich verändert hatte. Flüsternd und mit angstvoller Miene erzählte sie mir, daß man ihren Sohn in der Nacht abgeholt hatte. Und in Kenntnis all dessen, was um uns herum geschah, hatte sie keine Hoffnung auf die Rettung ihres Sohnes.

Sie war um so verzweifelter, als ihr Mann und ihr ältester Sohn seit langem nach Frankreich emigriert waren. Das wußte der NKWD ohne Zweifel, besonders wo jetzt solch ein fürchterlicher Typ wie Jeschow an der Spitze stand. Es gab nichts, womit ich sie hätte trösten können. Wir nahmen die Bücher und Sachen mit, die während der Durchsuchung durch die Leute des NKWD auf den Boden geworfen worden waren. Wie die Mutter des Verhafteten sagte, konnten sie nichts Belastendes finden und nahmen nichts mit. Und dennoch schleppten sie ihren Sohn weg. Die Durchsuchungen waren jetzt nur noch Routinesache.

Es gab neue Mieter in unserer Wohnung. Stepanida Iwanowna wurde mit ihrem Sohn und ihrer Schwiegertochter eine neue und wesentlich geräumigere Wohnung zugewiesen. Wieder gab es einen Wechsel, und natürlich befürchtete man das Schlimmste. Die Pawlowsche Wohnung stand auf der Liste des Parteikomitees, und niemand außer einem aktiven Parteimitglied würde dort eingewiesen werden. Und in der Tat zog eine fünfköpfige Familie ein: Mann, Ehefrau, zwei Kinder und die Mutter der Frau. Der Mann war ein Kommunist mit einer ziemlich bedeutenden Position. Seine Frau studierte an der Universität, und die Kinder waren in der Obhut der Mutter, einer kleinen, kränklichen alten Frau, die das genaue Gegenteil der streitlustigen Stepanida war, für die wir nach der Taufe unseres Georg sogar einige Sympathie verspürten.

Wir wußten noch nicht, wie wir uns gegenüber den neuen Mitbewohnern verhalten sollten. Wieder flehte ich Mutter an, höchst vorsichtig zu sein und sich nicht auf Gespräche mit ihnen einzulassen. Die jungen Eltern waren nie zu Hause; die alte Frau war bis an den Hals mit dem Haushalt und den Kindern beschäftigt. Das größte Übel allerdings war die siebenjährige Tochter, die ohne um Erlaubnis zu fragen in anderer Leute Zimmer ging und, was noch schlimmer war, Sachen stahl. Wir wagten nicht, uns über sie zu beklagen. Indessen fehlte dem einen oder anderen Mitbewohner jeden Tag etwas. Die alte estnische Frau litt am meisten von allen. Denn ihr Raum, der nur durch einen Paravent

von den Räumen der neuen Mieter getrennt war, erwies sich als
der bevorzugte Schauplatz für die Aktivitäten der jungen Diebin.
Die alte Dame beklagte sich vorsichtig nur bei uns. Aber niemand unternahm etwas.

Ein weiteres Jahr verging. Meine größte Freude waren meine
Studien, die gut vorangingen. Ich erhielt wegen ausgezeichneter
Ergebnisse ein so gutes Stipendium, daß ich mit dem Arbeiten
aufhören und mich ganz dem Studium widmen konnte.

Mein Mann wurde aus der Textilfabrik »gesäubert«, weil er
nicht proletarischer Herkunft war. Zu seinem Glück setzte sich
Frau Kolontirska für ihn ein, die Direktorin des gesamten Textil-
kombinats und ein einflußreiches, langjähriges Parteimitglied.
Das Ergebnis war, daß mein Mann einen Sprung nach vorn
machte. Frau Kolontirska hatte nichts zu fürchten; anscheinend
war ihre Position außerordentlich gefestigt.

Einen Monat nachdem Frau Kolontirska die Versetzung meines
Mannes erreicht hatte, lud sie uns ein, mit ihr in ihre Loge im
Marinskij-Theater zu gehen. Während der Pause ging mein
Mann zum Rauchen hinaus; und die Kolontirska und ich schlen-
derten durch das Foyer, als ein Mann mittleren Alters und
durchschnittlicher Erscheinung auf uns zu kam. Frau Kolontirska stellte mich ihm vor. Sein Name, Kossygin, sagte mir nichts;
und weil sein Äußeres und seine Art nicht besonders angenehm
waren, beteiligte ich mich nicht an ihrem Gespräch. Die Pause
zog sich endlos hin, und ich hoffte, daß mein Mann schnell zurückkäme und mich aus der langweiligen Lage befreite, in der ich
mich befand.

Unglücklicherweise war mein Mann im Raucherraum eine Treppe tiefer und erschien erst ganz am Ende der Pause. Als er zu mir
trat, fragte er mich, ob ich den Mann erkannt hätte, dem man
mich vorgestellt hatte. Weil die Kolontirska noch mit ihm
sprach, konnte ich meinem Mann nur schnell zuflüstern, daß er
irgendein total unattraktiver Kerl sei und ich einfach nicht wisse,
wie ich mich von den beiden davonstehlen könne. »Sei vorsichtig
mit deinem Urteil«, sagte mein Mann und hielt mich zurück.

»Du hast nicht die geringste Vorstellung, was für eine phantastische Karriere sich dieser Bursche aufbaut und was er wahrscheinlich einmal werden wird.« Da er lange in der Textilindu-
strie gearbeitet hatte, kannte mein Mann Kossygin und hielt ihn
für außerordentlich fähig und intelligent, und er beobachtete seinen Erfolg und seine schnell wachsende Popularität. Schon damals war er sicher, daß Kossygin in Kürze eine der Hauptrollen
in der Sowjetregierung spielen würde.
Seine Worte machten keinen besonderen Eindruck auf mich. Die
Politik und das, was Kossygin werden könnte, waren mir völlig
gleichgültig. Es war gänzlich unbedeutend für mich.

Die Jeschow-Zeit war der schwierigste Abschnitt der nachrevo-
lutionären Jahre. Jeden Tag erfuhren wir von einer neuen Untat
des Jeschowschen Terrors. Wir fürchteten uns vor jedem und allem; wir hatten Angst, daß sich einfach jeder als NKWD-Spion
herausstellen könnte. An meinem Geburtstag beschlossen wir,
wie jedesmal eine Abendgesellschaft zu veranstalten, und luden
unsere engsten Freunde und Bekannten ein. Unter den Eingela-
denen war eine meiner Jugendfreundinnen, Marina Tolbuzin.
Weil immer mehr Frauen als Männer da waren (ein Großteil der
Männer unseres Kreises waren entweder im Gefängnis oder in
der Verbannung), fragte ich sie, ob sie einige nette oder interessante Männer kenne, die meine Party für die Frauen weniger
langweilig machen könnten. Sie empfahl einen ihrer Bekannten,
und die Gästeliste wurde zusammengestellt. Ich gab die Liste
meinem Onkel, der mich darum gebeten hatte, und er las sie
sorgfältig bis zum Ende durch. Dann sagte er: »Hier, diese beiden hättest du nicht einladen sollen.« Einer von diesen beiden
war Tuchkow, der Mann, den Marina eingeladen hatte. Der andere war ein netter, fröhlicher Bursche, den wir bei verschiedenen Gelegenheiten getroffen hatten. Auf meine überraschte Frage antwortete mein Onkel: »Wegen Tuchkow haben alle anderen Leute am Gymnasium leiden müssen; und der andere hat
eine Reihe von bekannten Familien denunziert.« Weil ich mei-

nen Onkel für einen Panikmacher hielt, änderte ich meine Liste nicht.

Der Abend ging vorüber; niemand hatte sich gelangweilt. Natürlich wurde getrunken, und die Zungen begannen sich zu lockern. Es gab einige Witze, die sonst nicht erzählt worden wären. Alle schienen so nett und zufrieden, daß ich nicht einmal auf den Gedanken kam, irgendeiner unter uns könnte ein Spitzel sein.

Kurz nach dieser Party wurde ein junger Ingenieur namens Stankewitsch verhaftet, der äußerst linksgerichtet war und das Vertrauen und das Wohlwollen der Behörden genoß. Darauf folgte die Verhaftung eines guten Freundes meines Mannes. Als ich dies meinem Onkel erzählte, sagte er bedeutungsvoll: »Ich habe es dir gesagt, aber du wolltest ja nicht hören.« immer mehr griff die Angst in unserem Leben um sich.

Wie immer verbrachten wir den Sommer in einer Datscha am Stadtrand; und im September kehrten wir nach Leningrad zurück.

Eines Nachts erwachten wir von einem durchdringenden Klingeln, nicht unähnlich dem vor einigen Jahren, als unser netter, bescheidener Pawlow für immer aus unserem Leben verschwunden war. Ich hatte nicht den geringsten Zweifel daran, daß sie wegen meines Mannes gekommen waren, trotz all meinen zu seiner Rettung erdachten schlauen Listen. Ich erinnere mich nicht, wer diesmal die Tür öffnete; ich war zu aufgeregt von der bevorstehenden Verhaftung meines Mannes und blieb in meinem Zimmer, wo ich angespannt auf die Schritte im Korridor lauschte. Weiß wie ein Laken und nicht weniger aufgeregt stand mein Mann neben mir. Glücklicherweise wachten meine Mutter und die Kinder nicht auf.

Die schweren Schritte mehrerer Männer gingen vorbei. Neugierig, was das alles bedeuten sollte, blickte ich in den Flur. Ich traute meinen Augen und Ohren nicht – die Durchsuchung war in den Räumen von Kurjakin, dem Kommunisten und aktiven Parteimitglied.

Die Durchsuchung dauerte bis zum Morgen. Wie schon bei Pawlow, erbaten sie die Erlaubnis, unser Telefon zu benutzen und forderten das notwendige Transportmittel an. Der Verhaftete wurde weggebracht, und seine Frau Ljubow platzte schluchzend in unsere Wohnung und schüttete ihren Schmerz und ihre Angst aus. Früher hatte sie sich abseits gehalten, sich überlegen gefühlt, aber jetzt hatte sich die Lage geändert.

Jetzt waren wir überlegen. Ihr Mann, ein altes aktives Parteimitglied, war wie jeder andere »Volksfeind« verhaftet worden; und mein Mann, kein Parteimitglied und außerdem noch von nichtproletarischer Herkunft, blieb in Freiheit. Offensichtlich begann sie jetzt auch zu vermuten, daß wir wegen der Familienbeziehung zu Molotow geheime Verbindungen nach Moskau hätten.

Ljubow konnte sich überhaupt nicht mit der ihrer Meinung nach ungerechten Verhaftung ihres Mannes abfinden. Sie verließ die Universität und lief von morgens bis abends von einer Behörde zur andern, klopfte an alle Türen, verlangte den Grund für die Verhaftung ihres Mannes zu erfahren, der doch seit den ersten Jahren der Revolution Parteimitglied gewesen war und immer verantwortungsvolle Posten innegehabt hatte. Aber auch sie erhielt, wie alle anderen, keine Antwort. Etliche Male rief sie sogar in Moskau an, um die Wahrheit herauszubekommen. Wenn sie fruher von der Verhaftung des einen oder des andern gehört hatte, neigte sie eher dazu, gebieterisch zu verkünden: »Es kann keine Fehler geben; er war ohne Zweifel in etwas verwickelt. « Jetzt erinnerten die beiden alten Damen, die ehemalige Hausbesitzerin und die Estin Karolina, die sich so lange mit Frau Kurjakins Eingebildetheit und den Diebstählen ihrer Tochter hatten abfinden müssen, sie an ihre Worte.

Sie antwortete: »Wer lange lebt, muß auch viel lernen«, oder »Vor dem Unglück oder dem Gefängnis gibt es kein Entkommen; « dieses zweite Sprichwort ließ sich in der Tat auf unsere Sowjetunion anwenden. Niemand kann sicher sein, daß er verschont wird. Für Ljubow Kurjakin war diese Enttäuschung durch ihr bewundertes Sowjetregime besonders schwierig.

Kurze Zeit danach ging ich die Treppe in unserem Institut hinauf und wurde von dem leeren Fleck überrascht, an dem das Porträt von Jeschow gehangen hatte. Durch das ganze Institut verbreitete sich das Gerücht, daß Jeschow von seinem Posten abgelöst worden und Berija, ein enger Freund Stalins, an seiner Stelle ernannt worden sei. Wir hatten wenig Hoffnung, daß dadurch etwas besser werden würde. Aber es gab einen Trost, jetzt würde nicht länger ein Verrückter an der Spitze des NKWD stehen.

Mit dem Beginn des Jahres 1939 begannen die aufgrund des Wechsels an der Spitze gehegten Hoffnungen auf Freilassung geliebter Angehöriger schrittweise zu schwinden. Nicht einer wurde freigelassen; im Gegenteil, die Verhaftungen gingen weiter, und die Schwarzen Krähen rasten immer noch durch die dunklen Straßen des nächtlichen Leningrads.

Frau Kurjakin erfuhr, daß ihr Mann deportiert worden war, und mit der ihr eigenen Energie erlangte sie die Erlaubnis, ihn in einem weitentfernten Lager in Sibirien zu besuchen. Im Februar reiste sie ab und ließ die Kinder in der Obhut ihrer Mutter zurück. Zwei Wochen später jedoch, als sie von einer äußerst anstrengenden und umständlichen Reise und völlig deprimiert von dem, was sie gesehen hatte, zurückkehrte, war ihre Desillusionierung von allem, an das sie früher geglaubt hatte, komplett.

Leider sind Sympathie und Mitleid gewöhnlich nur oberflächlich, solange man selbst keine bösen Erfahrungen gemacht hat. Bei Frau Kurjakin gab es selbst oberflächliches Mitleid nicht, weil sie bis jetzt die Sowjetregierung für unfehlbar gehalten hatte. In ihren Augen wurden nur Subversive und Volksfeinde verhaftet, die die Grundlagen des Staates untergruben. Als sich herausstellte, daß ihr eigener Mann ein Volksfeind sein sollte, der wie sie ein treuer Anhänger des sowjetischen Staates gewesen war, versuchte sie noch nicht einmal, ihre neue antisowjetische Haltung zu verbergen.

Im selben Monat kam meine Kusine Olga aus Moskau an. Sie reiste mit der Familie eines Angestellten beim deutschen Konsulat, in der sie gerade Russisch unterrichtete. Ich war erstaunt über ihre elegante Erscheinung. Sie stiegen im Europäischen

Hotel ab, wo ich sie, nachdem ich meine Furcht überwunden hatte, besuchte, um ihre ausländische Garderobe zu bewundern und ihre Wohltäter kennenzulernen.

Dies war eine neue Welt voller Anziehungskraft für mich. Als Olga meine Begeisterung bemerkte, schlug sie vor, ihre Freunde zu uns zu bringen. Das jagte mir entsetzliche Angst ein, und ich flehte sie an, nichts dergleichen zu tun. Alle meine Angehörigen wären erschrocken, weil sie wußten, wie gefährlich es war, Ausländer zu sich einzuladen. Olga versicherte mir, daß wir alles übertrieben, daß sie seit Jahren in verschiedenen Botschaften und Konsulaten unterrichtet habe und daß sie sich vor niemanden und nichts fürchte.

Ihre Selbstsicherheit war nicht begründet. Einen Monat nach ihrem Besuch in Leningrad wurde sie verhaftet und nach Sibirien verbannt. Nur das Einschreiten des Sekretärs der deutschen Botschaft, dem sie Russischunterricht gegeben hatte, rettete sie vor dem Tod in einem sibirischen Lager. Nach dem Abschluß des deutsch-sowjetischen Nichtangriffspakts konnte dieser Sekretär ihre Rückkehr nach Moskau erreichen, wo wir uns im Herbst 1940 erneut trafen.

Nach Olgas Verhaftung im März saß ich gerade mit meinem Mann in unserer Wohnung und bereitete mich auf das Seminar in politischer Instruktion vor. Das Telefon klingelte, eine unbekannte Stimme fragte, wer am Apparat sei, und wollte dann meinen Bruder Georg sprechen. Überrascht antwortete ich, daß Georg nie hier gewohnt habe und daß er nicht mehr am Leben sei. Der unbekannte Anrufer drückte seine Überraschung und sogar sein Beileid zum Tod meines Bruders aus und erzählte mir, daß sie zusammen im Gefängnis in Omsk gewesen waren und er ein sehr enger Freund meines Bruders gewesen sei. Er fragte, ob Georgs Mutter noch lebe, und ob er mit ihr sprechen könne. Von dieser unerwarteten Situation verwirrt, hatte ich nicht daran gedacht, ihn nach seinem Namen zu fragen.

Mutter war noch aufgeregter als ich und begann ihn nach Georgs Gefangenschaft zu befragen, wie er verurteilt worden war, und ob es wahr sei, daß er erschossen worden war. Der Fremde dagegen bestand darauf, daß Georg kurz vor der Freilassung stünde, daß er völlig unschuldig sei, und daß er ihn zuletzt vor eineinhalb Jahren gesehen hätte.

Demnach entsprach also die Nachricht, die wir vom Tod meines Bruders erhalten hatten, nicht der Wahrheit. Darüber hinaus sagte der Anrufer Mutter, daß er unsere Leningrader Adresse und Telefonnummer von Georg erhalten habe. Das Gespräch dauerte länger und länger. Mutter fragte ihn immer wieder nach der körperlichen und seelischen Verfassung ihres Sohnes. Auch sie dachte nicht daran, ihn nach seinem Namen und seiner Adresse zu fragen. Gegen Ende der Unterhaltung, nachdem der unbekannte Anrufer die Richtigkeit unserer Adresse überprüft hatte, versprach er Mutter, in den nächsten Tagen vorbeizukommen und ihr über weitere Einzelheiten zu berichten. Er hat sein Versprechen nie eingelöst.

Der Sommer des Jahres 1937 flog vorbei, ohne etwas Neues für unser Leben zu bringen. Am 24. August hörten wir von dem Nichtangriffspakt, der zwischen Hitlerdeutschland und der Sowjetunion abgeschlossen worden war. Jetzt verblaßte wenigstens die Gefahr eines Krieges, von der manche unablässig gesprochen hatten.[2]

Ich studierte fleißig weiter. Dies war mein letztes Jahr im Institut; und die staatlichen Prüfungen waren für das Frühjahr angesetzt, die Prüfungen, die alle Studenten in Angst und Schrecken versetzten. Alle hatten besondere Angst vor den Politischen Wissenschaften, die von Professor Woschin gelehrt wurden, dem Schrecken des Instituts. In jenem Jahr wurde vielen ihr Stipendium entzogen, besonders denen, die nicht herausragende Leistungen in Politökonomie, der Verfassung der RSFSR und den Grundlagen des Marxismus-Leninismus aufzuweisen hatten.

Ich hatte zunächst einmal Glück und wurde von genau diesem Woschin sogar für eine gute Studentin gehalten. Ich schrieb in seinen Vorlesungen sorgfältig mit und verwandte zu Hause meine ganze Freizeit auf das Studium der Geschichte der Partei. Ich besuchte Versammlungen und beschäftigte mich mit Sozialarbeit. Ich wollte fieberhafte Aktivität zeigen, um das für mich so außerordentlich wichtige Diplom zu erhalten.

Im November brach der Krieg mit Finnland aus.[3] Bis dahin hatte niemand auch nur einen Verdacht gehabt. Fast über Nacht gab es jetzt jedoch wieder Schlangen für Lebensmittel; und man fing wieder an, erst hier und dann da von Versorgungsmängeln zu reden. Um Butter zu bekommen, mußte man sich schon vor drei Uhr morgens in die Schlange sputen. Während der jüngsten Jahre hatte sich die Lebensmittelsituation mehr oder weniger stabilisiert. Jetzt aber war die Versorgung mit Nahrungsmitteln wieder unregelmäßig. Völlige Verdunkelung war in der Stadt angeordnet worden. Viele versorgten sich mit kleinen Lämpchen in der Form von Knöpfen, die sie an ihren Mänteln befestigten. Oft konnte man das Geräusch schwerer Artillerie hören. Der dunkle Novemberhimmel wurde von Leuchtraketen erhellt.

Im Institut gab es keine Tagesveranstaltungen mehr. Wir mußten abends in völliger Dunkelheit zum Institut gehen, indem wir uns förmlich weitertasteten. Meistens mußten wir uns vor kleinen Ganoven in acht nehmen, die wie Ratten durch die Straßen schwärmten und die wenigen Passanten zu berauben versuchten. Ich ließ mein Portemonnaie zu Hause und nahm nur noch meine Unterrichtsbücher in der Aktenmappe mit. Sämtliche Fenster des Instituts waren dicht mit blauem Packpapier verklebt. Man begann den Stromverbrauch einzuschränken; und deshalb brannten nur schwache Glühbirnen in den Räumen und Korridoren, was uns die Arbeit sehr erschwerte. Wir alle ertrugen geduldig diese Entbehrungen und Unannehmlichkeiten, in der Hoffnung, daß der Krieg bald zu Ende wäre. Es war eine äußerst angespannte Zeit. Niemand feierte den Neujahrstag.

Als ich einmal gegen Anfang Januar wieder allein zu Hause in meinem Zimmer lernte, klingelte das Telefon. Diesmal fragte eine mir fremde Stimme nach meinem Mann, der noch nicht von der Arbeit heimgekommen war. Auf meine Antwort sagte dieser

150

unbekannte Mann, ohne einen Namen zu hinterlassen, daß er später am Abend wieder anrufen würde. Die fremde, undeutliche Stimme erinnerte mich entfernt an jene, die genau vor einem Jahr Mutter und uns mit Geschichten über die Freundschaft mit meinem Bruder aus der Fassung gebracht hatte.

Ich legte das Telefon mit einem bedrückenden und unangenehmen Gefühl auf. Wer konnte schon anrufen, ohne seinen Namen oder irgendeine Nachricht zu hinterlassen, außer der, daß er am selben Abend wieder anrufen würde? Mein Mann kam eine Stunde nach dem verdächtigen Anruf nach Hause. Als ich ihm davon erzählte, schien sein Gesicht sich zu verändern. Er antwortete jedoch gleichgültig, daß es mit großer Wahrscheinlichkeit jemand von der Zhakt gewesen sei und daß diese Leute es nie für notwendig hielten, wie jeder andere ihren Namen zu hinterlassen.

Ich hatte das Gefühl, daß er mich nur beruhigen wollte, und daß er selbst nicht weniger beunruhigt war als ich. Eine halbe Stunde später klingelte das Telefon erneut. Aber diesmal ging mein Mann selbst an den Apparat. Ich lauschte seinen einsilbigen Antworten und beobachtete sein erblassendes Gesicht. Die Unterhaltung dauerte nicht länger als fünf Minuten. Er schrieb etwas auf und sagte, als er meinen verständnislosen Blick auffing: »Ich habe dir doch gesagt, daß es jemand von der *Zhakt* ist, der wegen einer für morgen angesetzten Besprechung angerufen hat. Die Miliz hat wegen der unvollständigen Verdunkelung unseres Gebäudes eine Anzeige erstattet.«

Ich konnte nichts anderes tun, als seiner Erklärung zu glauben. Seit jenem Tag schien eine schreckliche Drohung über uns zu schweben. Mein Mann schien irgend etwas zu erwarten. Die Anrufe wiederholten sich regelmäßig. Bald kannte ich diese unangenehme Stimme sehr gut. Ich fragte ihn nie nach seinem Namen, sondern wiederholte nur meinem Mann, was der Fremde gesagt hatte. Es war meistens dasselbe, daß er zu der und der Zeit wieder anrufen würde.

Ich versuchte Gespräche über dieses Thema mit meinem Mann

zu vermeiden und stellte keine Fragen, weil er doch immer nur antwortete, es sei nichts.

Wir hatten uns an die späte Heimkehr meines Mannes von der Arbeit gewöhnt und machten uns keine Sorgen, besonders zu Anfang jeden Jahres, wenn die jährliche Bücherrevision vorgenommen wurde; aber jetzt war schon Frühjahr. Alle Abrechnungen waren längst erledigt, und doch dauerten die Überstunden an, gewöhnlich an den Tagen nach den Anrufen dieser namenlosen Person. Ich ließ dies alles geduldig über mich ergehen, aber schließlich konnte ich es nicht länger aushalten. Als mein Mann einmal besonders spät und übermäßig nervös nach Hause kam und sehr krank und müde aussah, bat ich ihn inständig, mir den Grund für seine Niedergeschlagenheit und seine schlechte Laune zu sagen.

Bei dieser Unterhaltung sagte er mir, was ich schon lange heimlich vermutet hatte. Der NKWD hatte sich meinen Mann vorgenommen, um einen Spitzel aus ihm zu machen. Er hatte versucht, dem Vernehmungsbeamten seine Unfähigkeit für eine solche Tätigkeit zu beweisen, indem er sowohl das Fehlen eines großen Bekanntenkreises wie auch seine unglaublich hohe Arbeitsbelastung anführte. Aber sie ließen ihn einfach nicht in Ruhe, bis zum Ausbruch des Zweiten Weltkriegs, als sie offensichtlich mit wichtigeren Dingen beschäftigt waren. Wie paradox es auch klingen mag, mein Mann und ich seufzten zum erstenmal nach dieser langen Leidenszeit erleichtert auf. Der Krieg schien uns ein geringeres Übel als der NKWD.

Erst im März 1940 ging dieser schändliche Krieg mit Finnland zu Ende. Finnland hatte während dieser Monate erbittert gekämpft, hatte alle Straßen vor den sowjetischen Verbänden zerstört. Überall hatten sie Minen gelegt, sogar in Kinderbetten – als schlafende Kinder getarnt. Die Rotarmisten, die finnische Häuser in einem besetzten Dorf betraten, wußten nicht, von wo ihnen Gefahr drohte. Die Dörfer waren gewöhnlich leer, aber ein alter Mann am Herd, ein Kind in einer Wiege oder ein Junge auf einem Baum konnten eine Gefahr mit tödlichen Folgen bedeuten. Alle, vom Größten bis zum Kleinsten, hatten mit jedem verfügbaren Mittel für ihr kleines Land gekämpft. Was uns die aus dem Krieg heimkehrenden Soldaten nicht alles erzählen konnten!

Der Bruder meines Mannes, einer von vielen, die man vor dem Krieg freigelassen hatte, wurde zur Roten Armee eingezogen und erlebte den Finnland-Feldzug von Anfang bis Ende mit. Für die kommandierenden Offiziere, zu denen er gehörte, wurden besondere, hell leuchtende Pelzmäntel ausgegeben, um sie von den Rotarmisten zu unterscheiden. Von Bäumen, Dächern und anderen Anhöhen zielten die finnischen Scharfschützen genau auf die Offiziere und erschossen viele, weil sie gute Schützen waren. So war die Lage der Sowjetunion nicht besonders rosig, und unsere Regierung stimmte nur allzugern dem vorgeschlagenen Waffenstillstand zu; man wollte die Armee nicht noch weiter ausbluten lassen, die schon 1937 so schwer unter den Prozessen gegen Tuchatschewskij und andere führende Offiziere der Roten Armee gelitten hatte.

Für die Bevölkerung war das Ende des Krieges eine große Erleichterung. Überall gingen die Lichter wieder an, und die Stadt belebte sich. Die Lebensmittelversorgung besserte sich. Eine zeitweilige Ruheperiode herrschte bei uns, während der ganze Westen von der sich ausbreitenden Feuersbrunst des Zweiten Weltkriegs erfaßt wurde.

Wir erfuhren von der Kapitulation von Paris und von Hitlers triumphalen Siegen; um uns selbst machten wir uns jedoch keine Sorgen, weil wir von der Freundschaft zwischen unseren Ländern wußten und fest daran glaubten, daß diese Freundschaft unangetastet bleiben würde.

Im Mai legte ich meine Examen mit Auszeichnung ab. In Politischer Wissenschaft war ich so gut, daß ich ein besonderes Lob von Waschin erhielt, der mich als ein Beispiel für alle hervorhob. Wegen dieses Umstandes gab es beinahe einen völligen Bruch zwischen meinem einzigen männlichen Mitstudenten Miloradowitsch und mir. Er war der Meinung, daß nur ein Mann wirklich über Politik Bescheid wissen könne, und daß eine Frau unter keinen Umständen den ersten Platz belegen dürfe. Die Note »Mit höchster Auszeichnung« versetzte meinen Kollegen in den Zustand höchster Verärgerung, und mehrere Tage lang wollte er nicht einmal mit mir sprechen. Das war sehr unangenehm für mich, weil ich auf keinen Fall auffallen oder Neid erregen wollte. In meinem ersten Jahr im Institut hatte er mir geholfen, die ersten Kurse zu überspringen, damit ich nicht so viel Zeit verlor. Denn ich war schon über Dreißig und versuchte so schnell wie möglich auf eigenen Füßen zu stehen. Man hatte mich ihm als »zusätzliche Last« zugeteilt, und er widmete mir bereitwillig mehrere Stunden in der Woche, um in allen Fächern zu arbeiten, besonders aber in Politikwissenschaft, in der er äußerst stark war. Jetzt hatte ihn die Sache mit dem Examen in eine untergeordnete Position gebracht, und er war ernsthaft beleidigt. Obwohl ich dies einigermaßen bereinigen konnte, schlossen wir erst 1941, nach dem Ausbruch des Krieges mit Deutschland, endgültig Frieden. Wir hatten dieselben politischen Anschauungen und hofften damals beide, daß der Krieg uns von der jahrelangen Terrorherrschaft befreien würde.

Nach dem Ende der Examen im Juni fuhren wir zu der Datscha in Kirpichny Zawod, wo die Textilwerke ein ganzes Haus für ihre Arbeiter gemietet hatten. In jenem Sommer freundeten wir uns sehr mit dem technischen Direktor Cholmjanskij an (von dem ich in meinem *Leningrader Tagebuch* berichtet habe). Zu jener Zeit konnte noch niemand voraussehen, was ein Jahr später geschehen sollte, und so verbrachten wir den Sommer zufrieden und glücklich in angenehmer Gesellschaft und an einem schönen Ort. In jenem Jahr gab es eine unglaubliche Menge von Pilzen, und wir gingen beinahe jeden Tag mit allen aus dem Haus in den Wald. Wir trugen hohe Stiefel und Arbeitshosen, weil es überall sumpfig war. Besonders beliebt bei allen waren mein kleiner Sohn Georg und Dodik Cholmjanskij, ein hübscher Student von zwanzig Jahren. Ich neckte sogar meine Mutter mit ihm, die inzwischen über Siebzig war, und sagte, daß Dodik ihre letzte Liebe sei. Nebenbei bemerkt stritt sie das nicht ab, und später, als wäh-

rend des Krieges dieser reizende Junge mit seiner Einheit eingeschlossen wurde (was für ihn als Juden den Tod bedeutete), litt
meine Mutter sehr um ihn.

Ich war sehr gut mit Frau Cholmjanskij befreundet, einer hübschen, fröhlichen Frau von vierzig Jahren. Ende August reisten
mein Mann, unser älterer Sohn Dima und ich für eine Woche
nach Moskau, um Frau Sofronitzkij zu besuchen. Sie lebte mit
ihrer reizenden dreijährigen Tochter Roxana ständig in Moskau;
ihr Mann, der berühmte Pianist Sofronitzkij, von dem ich bereits
erzählt habe, lebte zusammen mit seinem Sohn in einer Wohnung in Leningrad. Das Paar war nicht geschieden, lebte aber getrennt und besuchte sich häufig.

Dieses Jahr wollten wir die berühmte Moskauer Messe entdek-
ken, von der man so viel redete, und uns zum erstenmal in die
Moskauer Untergrundbahn wagen. Beides machte einen großen
Eindruck auf uns. Es war unmöglich, die Messe an einem einzigen Tag zu erfassen, und so gingen wir jeden Tag hin und freuten
uns an der wundervollen Ausstattung der Pavillons und an dem
für unsere Augen seit langem ungewohnten Überfluß von Waren und Produkten aller Art. Offensichtlich zog man hier wie
überall die große Show ab, um die Ausländer zu beeindrucken,
die zur Messe kamen.

Einmal ging ich allein durch die Strßen von Moskau. Als ich in
die Nikitskaja-Straße einbog, auf der es von Menschen nur so
wimmelte, hörte ich eine durchdringende Polizeipfeife; und von
einem Augenblick zum anderen war die lärmende Straße leerge-
fegt. Ich begriff immer noch nicht, was da los war, und ging weiter den Bürgersteig entlang, als ein Milizionär auf mich zu-
sprang, mich grob am Arm packte und in eine Toreinfahrt schob.
Dort standen schon mehrere Leute, Fußgänger wie ich auch. Ich
verstand überhaupt nichts mehr und fragte, ob wir schon wieder
Krieg hatten. Ein neben mir stehender Mann deutete ohne Wort
auf eine Wagenkolonne, die durch die Straßen raste. Es waren
sechs Limousinen, alle schwarz und alle völlig identisch. Weil ich
nicht aus Moskau war und diese Situation zum erstenmal erleb-

te, bat ich meinen Nachbarn um eine Erklärung. Er sah sich vorsichtig um und flüsterte mir dann zu, daß in einem dieser Wagen Stalin sitze; und wenn er durch Moskau fahre, mußten nicht nur die Straßen, sondern auch die Bürgersteige von Menschen frei gehalten werden.

Während dieses Aufenthaltes besuchten wir auch meine Kusine Olga, die aus Sibirien zurückgekehrt war. Sie erzählte uns die unglaublichsten Geschichten von ihren Erfahrungen im Gefängnis und in der Verbannung. Es war ihr Glück, daß ihr Freund und Schüler Herr von Walther so einflußreich und energisch war, daß er sie aus dieser Hölle hatte herausholen können.

Unter den schwierigen Lebensbedingungen im Lager hatte ihr ein Umstand in gewisser Weise geholfen: Sie war eine außerordentlich gute Geschichtenerzählerin. Das fanden die Mörderinnen, Diebinnen und Prostituierten, mit denen sie zusammenwar, ganz zufällig heraus. Am Anfang standen sie dieser hübschen, jungen und elegant gekleideten Frau feindlich gegenüber. Dank ihrer Verbindungen zu Ausländern fiel Olga durch die Kleidung auf, die ihre Schüler ihr aus dem Ausland mitgebracht hatten. Olga hatte alle Hoffnung verloren, unter diesen fürchterlichen Bedingungen in der Verbannung am Leben zu bleiben. Aber dann fragte sie eine der übelsten Gefangenen, die Olga gequält hatte, wo immer es möglich war, ob sie nicht etwas von ihrem Leben erzählen könnte, um die langen Winterabende zu verkürzen. Es war ein voller Erfolg. Alle diese groben und schmutzigen Frauen, die von der schweren Arbeit ausgepumpt waren, lauschten den Geschichten aus einer anderen, fremden Welt. Wieder und wieder erzählte Olga ihnen alles nicht nur aus ihrem Leben, sondern auch aus dem Leben von Freunden und Bekannten; und sie fügte Stücke aus den Werken berühmter Autoren hinzu. Die Einstellung dieser ganzen verkommenen Gesellschaft ihr gegenüber – nur wenige in diesem Lager waren nach Artikel 58 (aus politischen Gründen) verurteilt worden, der Rest waren echte kriminelle Elemente – wandelte sich um hundertachtzig Grad. Die Frauen begannen ihr untertags auf jede

mögliche Weise zu helfen; und abends saßen sie in den halb-
dunklen Baracken um sie herum und lauschten begierig bis zum
Lichtaus-Signal, wenn die Wachen brüllend und drohend in die
Quartiere stürzten und völlige Ruhe verlangten.

Olga hatte nur vor einem Angst: daß ihr Vorrat an Geschichten
zu Ende gehen könnte. In diesem Fall hätte sie von der Horde
keine Gnade erwarten können. Bald erhielt sie Pakete von Freunden mit Zigaretten und anderen seltenen Dingen. Diese ergänz-
ten die Wirkung ihrer Geschichten und stützten ihre Autorität
unter den Verbannten. So überlebte sie das Jahr und kehrte nach
Moskau zurück, wo durch die Anstrengungen ihrer Freunde eine
Wohnung für sie vorbereitet war.

Ich lernte ihren Freund, den ehemaligen Sekretär der deutschen
Botschaft, dreiundzwanzig Jahre später in Bonn kennen. Ich
hatte von ihm durch Harrison E. Salisburys Buch *Nine Hundred
Days* über die Blockade von Leningrad erfahren. Weil dieser
ehemalige Botschaftssekretär nach dem Krieg zum neuen deutschen Botschafter in der Sowjetunion ernannt wurde, lernte ihn
Salisbury während seiner Arbeit an dem Buch über die Blockade
kennen und erwähnte dies auch in seinem Werk. Durch einen
Briefwechsel mit E. Salisbury fand ich heraus, über wen er geschrieben hatte, und traf 1965, als ich in Deutschland war, mit
Herrn v. Walther zusammen. Er erzählte mir, daß Olga in Moskau als erstes nach ihrer Rückkehr aus der Verbannung zum Fri-
seur gegangen war. Sie wollte nicht, daß ihr Befreier sie so sah,
wie sie aus dem Lager zurückgekommen war.

Anfang September waren wir wieder in Leningrad. Alle, die das
Institut und die Universitäten im Frühjahr verlassen hatten,
wurden zu verschiedenen Arbeitseinsätzen weggeschickt, manche sogar nach Sibirien. Unsere ganze Abschlußklasse wurde in
das Pädagogische Institut bestellt, und auch ich erhielt eine Stelle
zugewiesen, und zwar in Ufa in der Nähe von Westsibirien. Zuerst war ich völlig niedergeschmettert und ratlos. Ich konnte nur
schwerlich widersprechen; all die Jahre hatte ich ein Stipendium
gehabt, und wer ein Stipendium bekam, mußte diese Unterstüt-

zung der Regierung zurückzahlen und jeden Arbeitsauftrag annehmen. Was sollte man tun? Mein Mann arbeitete in Leningrad, und ein Umzug in die Provinz kam für ihn nicht in Frage. Zu jener Zeit war es in der Sowjetunion nicht möglich, auf eigenen Wunsch den Arbeitsplatz zu wechseln. Die Kinder, meine Mutter – alle waren in Leningrad; und ich sollte ins Unbekannte reisen und fern von meinen liebsten Angehörigen leben. Ich zermarterte mir das Hirn, um einen Ausweg aus dieser Lage zu finden. Wieder rettete mich Frau Kolontirska. Mein Mann erzählte ihr von der Trennung, die uns drohte, und sie erbot sich, mich in den Textilwerken einzustellen und mir eine »Anforderung« zu geben, die ich der Arbeitskommission vorweisen konnte. Ihr Name wirkte wie ein Zauberspruch. Ich weiß nicht, was sie da geschrieben hatte in dem verschlossenen Umschlag, den ich weiterreichte. Aber am selben Tag war ich von meiner Abkommandierung nach Sibirien befreit, zum großen Neid meiner Kollegen, von denen einige in die entferntesten Städte und Ortschaften Sibiriens gehen mußten. Später zeigte sich, daß das Schicksal ihnen gnädig gewesen war, denn weil sie so weit weg waren, wurden sie nicht von der Belagerung Leningrads betroffen. Sie mußten nicht die Hungersnot ertragen, die das Los für einen großen Teil unseres Volkes wurde; und viele von ihnen konnten ihre Familie hinter den Ural in Sicherheit bringen, wodurch sie alle gerettet wurden. So hätte es auch mir und meinen Angehörigen ergehen können. Nur wäre ich dann heute noch eine Bürgerin der UdSSR und hätte niemals erfahren, was Freiheit ist, nämlich das Wichtigste und Beste im Leben eines jeden Menschen.

Im Mai wurde mein Mann auf einen Posten in Narwa in Lettland berufen, das von den Sowjets besetzt worden war. Wir alle waren voller Freude und Hoffnung, daß wir ins Ausland reisen durften. In der Woche vor dem 22. Juni 1941 lagen unsere Reisegenehmigungen den Behörden vor, und unsere Abreise war nur noch eine Frage von Tagen. Das Schicksal wollte es anders. Der Krieg mit Deutschland veränderte unser ganzes Leben. Darüber habe ich in meinem *Leningrader Tagebuch* berichtet.

Anmerkungen

[1] Die Ermordung des Leningrader Parteichefs Kirow im Jahre 1934 löste eine Folge von Säuberungen und Verhaftungswellen aus, wie es sie bislang in keinem anderen europäischen Staat gegeben hatte. Es gab vorher schon unterschiedliche Abstufungen des Terrors während der ganzen kommunistischen Periode, besonders gegen die ehemaligen oberen und mittleren Klassen. Zu manchen Zeiten, wie etwa bei der Kampagne gegen die Kulaken, die angeblich reicheren Bauern, die sich gegen die Kollektivierung wehrten, war der Terror in der Tat sehr hart gewesen. In *Der Archipel Gulag* beschreibt Alexander Solschenizyn, daß der Terror nie wirklich verschwand. Dennoch war er bis 1933 beträchtlich abgeflaut. Die Ernennung Jeschows anstelle von Jagoda als Chef der Geheimpolizei 1937 bedeutete nicht, daß die Terrorwelle vorbei war, wie manche gehofft hatten. Im Gegenteil, mit ihm kam die absolut schlimmste Periode des Terrors, der heute als »Jeschowtschina« bekannte Zeitabschnitt des Jeschowschen Terrors von 1937/38. Kurz darauf wurde Jeschow durch Lawrenti Berija als Chef des NKWD ersetzt. Es ist interessant anzumerken, daß alle drei Chefs der Geheimpolizei, Jagoda, Jeschow und Berija, selbst in der Folge exekutiert wurden und dem Apparat zum Opfer fielen, den sie verfeinert hatten.

[2] Kurz nach der Besetzung von Böhmen, dem tschechischen Teil der Tschechoslowakei, verlangten die Deutschen die Rückkehr der freien Stadt Danzig und des sogenannten polnischen Korridors ins Reich. Die Polen lehnten es ab, das Gebiet an Deutschland abzutreten. England und Frankreich sicherten Polen militärische Unterstützung zu, falls die Nazis ihr Ziel mit Gewalt zu erreichen versuchen sollten. Während der Monate Juli und August deutete alles darauf hin, daß die Deutschen sich auf eine militärische Lösung vorbereiteten. Ende August 1939, als sich über Europa die dunklen Wolken des Krieges zusammenzogen, wurde die Welt von der Nachricht überrascht, daß Hitlers Deutschland und Stalins Rußland einen Nichtangriffspakt unterzeichnet hatten. Dies war um so bemerkenswerter, als während der dreißiger Jahre niemand mehr über die bolschewistische Bedrohung geschimpft hatte als die Nazis. Genauso hatte niemand die Nazi-Unmenschen wütender angeprangert als die Sowjets. Daher war der Pakt zwischen den Nazis und den Sowjets für die diplomatische Welt und den durchschnittlichen sowjetischen Bürger eine völlige Überraschung. Wenn auch der Durchschnittsbürger der Sowjetunion nicht so recht an einen wirklichen und dauernden Frieden glauben mochte, teilten doch die meisten Elena Skrjabins Meinung, daß »jetzt die Gefahr eines Krieges verblaßte«. Deutschland jedoch war der Meinung, daß es jetzt, wo die Gefahr einer sowjetischen Intervention gebannt war, ruhig die westlichen Garantien für Polen mißachten könne, und marschierte am 1. September 1939 in Polen ein, wodurch es den Zweiten Weltkrieg auslöste.

[3] Seit der Unterzeichnung des deutsch-russischen Nichtangriffspakts von 1939 waren die Nazis von Erfolg zu Erfolg geeilt. 1939 hielten sie den größ-

ten Teil Polens besetzt. Im Frühjahr 1940 hatten sie Dänemark, Norwegen, Holland, Belgien und Frankreich besetzt. Stalin war beunruhigt und beschloß, jene baltischen Gebiete zu annektieren, die früher einmal Teil des russischen Reiches gewesen waren. Litauen, Estland und Lettland gaben der sowjetischen Forderung nach Stützpunkten nach und wurden bald darauf in die Sowjetunion aufgenommen. Finnland lehnte die russische Forderung nach Stützpunkten ab, und im November 1940 begann die Rote Armee mit dem Einmarsch in Finnland. Die Finnen hatten jedoch eine gute militärische Führung und verteidigten ihr Land mit hartnäckiger Entschlossenheit. Das rauhe Gelände, das Frostwetter und die Zähigkeit der finnischen Soldaten hemmten die sowjetischen Operationen. Als Folge davon hatte die Rote Armee große Verluste und kam im Dezember und Januar nicht voran. Die zahlenmäßige und waffentechnische Überlegenheit der Sowjets zermürbte schließlich den finnischen Widerstand, so daß die Finnen im März 1941 die sowjetischen Friedensbedingungen annahmen. Diese Bedingungen schlossen die Abtretung von Gebieten an die UdSSR ein, darunter Finnlands zweitgrößte Stadt Wyborg. Finnlands Unabhängigkeit jedoch blieb erhalten.

5
Der Zweite Weltkrieg

Der Krieg mit Deutschland traf uns wie die meisten unserer Freunde völlig unvorbereitet. Niemand hatte sich eine solche Möglichkeit auch nur vorstellen können, und wir waren gerade voller Freude mit den Vorbereitungen für unseren Umzug nach Narwa beschäftigt, wo mein Mann eine Stelle erhalten hatte. Sonntag, der 22. Juni, war ein prächtiger, sonniger Tag, und Dima war mit seinem Schulfreund Serge zum Peterhof gegangen, wo für den Nachmittag die Springbrunnen eingeschaltet werden sollten. Ich beeilte mich, einige Schreibarbeiten fertigzustellen, damit ich mit meiner Freundin Irina nach Puschkin fahren konnte, um dort eine Bekannte zu besuchen, die an Tuberkulose erkrankt war. Morgens um neun Uhr rief mich mein Mann von seiner Arbeitsstelle aus an (zu jener Zeit hatten wir eine Sechs-Tage-Woche in der Sowjetunion, und der freie Tag fiel häufig nicht auf den Sonntag). Ohne zu erklären warum, bestand er darauf, daß wir zu Haus blieben und die Wohnung an jenem Tag nicht verließen. Seine Stimme war angsterfüllt und ohne jede Spur seiner üblichen Ruhe. Dima war schon gegangen, und ich begann wieder mit meiner Arbeit. Meine Stimmung hatte sich jedoch verändert, und der schöne Sommertag machte mir keine Freude mehr.

Um zwölf Uhr sprach Außenminister Molotow im Radio. Mit knatternder Stimme redete er vom Krieg mit Deutschland und von der Bombardierung einer ganzen Reihe unserer Städte. Drei Stunden zuvor hatte sich die so ruhige Stadt bis zur Unkenntlichkeit verändert: Menschen liefen aufgeregt in den Straßen herum, stürmten die Geschäfte und die Banken, weil sie befürchteten, ohne Lebensmittel und Geld dazustehen.

Jener Tag bezeichnete den Anfang des schrecklichsten Abschnitts in der Geschichte Leningrads – die Stadt sollte von den deutschen Streitkräften eingeschlossen, bombardiert und beschossen werden und, was noch tödlicher war, unter Auszehrung und Hunger leiden, einem Hunger, der mit nichts verglichen werden kann und durch den eine Million Menschen umkamen. Neunhundert Tage lang unterlag die Stadt der Blockade. Unsere Familie erduldete den ersten und grausamsten Winter dieser Blockade. (Diese acht Monate habe ich in meinem *Leningrader Tagebuch* beschrieben).

Am 6. Februar erreichte es mein Mann, uns auf der Personalliste eines Krankenhauses unterzubringen, das aus Leningrad evakuiert wurde. Mein Mann war während der ersten Tage des Krieges eingezogen worden und diente in dem Stab, der die Transporte für die Militärkrankenhäuser organisierte.

Unsere Evakuierungspapiere waren für Piatigorsk im nördlichen Kaukasus ausgestellt. Die Reise dauerte drei Monate, mit einem ersten Halt in Cherepowets, wo meine Mutter an den Folgen des Hungers starb. Durch Zufall und die Hilfe eines Soldaten der Roten Armee fand ich auf dieser Station meinen Sohn Dima, der in einem Hospitalzug in diesem Bahnhof lag. Meine beiden Söhne und ich trafen während der ersten Maitage in Piatigorsk ein, wo wir von Verwandten meines Mannes herzlich aufgenommen wurden.

Das Leben in Piatigorsk war fast normal, so wie in Friedenszeiten. Der Krieg war etwas weit Entferntes. Nach dem fürchterlichen Winter in Leningrad und der langen, schwierigen Reise durch Rußland, ausgezehrt von Huger und Krieg, waren wir nun in diesem bezaubernden Ferienort. Darüber hinaus war es auch noch Frühling, und alles blühte und duftete. Wir litten auch keinen Hunger mehr, weil es für die Leningrader eine ganze Reihe besonderer Läden und Selbstbedienungsrestaurants gab. Es gab auch freie, für alle zugängliche Märkte mit allen möglichen Lebensmitteln, aber sehr hohen Preisen.

Alles änderte sich wieder am 8. August. An diesem Tag nahmen die Deutschen Piatigorsk ein. Die deutsche Besetzung brachte große Schwierigkeiten für die Bevölkerung von Piatigorsk, besonders für jene, die aus Leningrad evakuiert worden waren. Die Deutschen gaben keine Lebensmittelkarten aus. Die eigentlichen Einwohner hatten ihre kleinen Gärten und Obstbäume und kamen besser zurecht. Die Neuankömmlinge jedoch waren in einer alles andere als beneidenswerten Lage, die sich beinahe mit der in Leningrad vergleichen ließ.

Mit dem Ende des Dezembers und dem Rückzug der Deutschen zog eine neue und schreckliche Gefahr für uns herauf. Die Sowjets hatten vor ihrem Abmarsch den Befehl ausgegeben, daß alle Männer zwischen sechzehn und fünfundfünfzig Jahren, die unter der deutschen Besatzung zurückgeblieben waren, bei der Rückkehr der sowjetischen Streitkräfte sofort erschossen werden sollten. Dima war erst fünfzehn, aber wer würde vorher erst seine Papiere überprüfen? Er war groß und ging leicht als Siebzehnjähriger durch. Und mein Schwager war fünfundfünfzig. Wir beschlossen, alles nur mögliche zu tun, um Piatigorsk zu verlassen und uns in die Ukraine abzusetzen.

Durch Zufall wurden wir von der letzten deutschen Abteilung mitgenommen. Weiter und weiter fuhren wir durch das riesige Gebiet Rußlands, ohne besonderes Ziel, ohne Geld und mit nur wenigen Habseligkeiten. Wir hatten nur einen Wunsch, uns so weit wie möglich von den sowjetischen Streitkräften zu entfernen. Im Juli waren wir in Kriwoi Rog in der Ukraine. Dort fielen wir Vertretern von deutschen Zivilbehörden in die Hände, die kräftige und gesunde Leute für die Arbeit in Deutschland zusammentrieben. So landeten wir schließlich in einem großen Rüstungsbetrieb nicht weit von Koblenz am Rhein. Wir wurden in Bendorf in einem Lager für Arbeiter aus dem Osten untergebracht. Das Lager war von Stacheldraht umgeben und wurde von Posten bewacht. Dort waren hauptsächlich junge Ukrainer zwischen fünfzehn und achtzehn Jahren untergebracht, die von den Deutschen deportiert worden waren und jetzt in der Fabrik arbeiteten. In diesem Lager lebten wir über ein Jahr.

163

Am 26. Mai 1945 überschritten die Amerikaner bei Remagen den Rhein und besetzten alle Städte entlang der Ufer, auch Bendorf. Die Amerikaner wurden von den Belgiern abgelöst und die Belgier von den Franzosen. Dieser letzte Umstand, nämlich die französische Besetzung dieses Teils von Deutschland, spielte eine wichtige Rolle in unserem Leben, denn sie rettete uns vor der zwangsweisen Repatriierung und gab uns die Gelegenheit, fünf glückliche, friedvolle Jahre in jener bezaubernden kleinen Stadt am Rhein zu verbringen. Sie nahm den Platz meiner verlassenen Heimat ein.

Die Franzosen hatten nicht an der Konferenz von Jalta Anfang 1945 teilgenommen, auf der Churchill, Roosevelt und Stalin auf dessen Forderung beschlossen hatten, alle nach Deutschland deportierten Zwangsarbeiter in die Sowjetunion zurückzuschikken. Natürlich versprach Stalin, allen seinen Bürgern zu vergeben, sie wieder in ihre Rechte einzusetzen und ihnen zu erlauben, in ihre Heimatdörfer zurückzukehren. Das war jedoch nicht der Fall. Etwa zwei Millionen Russen wurden von den englischen und amerikanischen Streitkräften an die Sowjets übergeben und entweder erschossen oder in Straflager nach Sibirien geschickt. Nicht einer kehrte nach Hause zurück.

Erst jetzt, wo die während der vergangenen Jahre geheimgehaltenen Dokumente öffentlich zugänglich geworden sind, ist dieser verbrecherische Verrat in seinem ganzen Ausmaß bekanntgeworden. Das habe ich nicht nur in Büchern gelesen, sondern auch von Augenzeugen gehört.

Zu unserem großen Glück wurden wir nicht repatriiert. Wir blieben nicht in dem Lager, das niedergebrannt worden war, sondern lebten in einem Privathaus mit einer deutschen Familie.

Die Ankunft in Deutschland eines Amerikaners russischer Herkunft, der an jeder Art von Manuskripten und Tagebüchern von Menschen interessiert war, die den Krieg und besonders die Blockade von Leningrad überlebt hatten, entschied über unsere Zunkunft. Er nahm mein Tagebuch mit und suchte nach seiner Rückkehr nach Amerika einen Bürgen für mich; denn ohne einen Bürgen war es unmöglich, in die Vereinigten Staaten einzuwandern.

Es war schwierig für uns, unser heimisches Nest und all die Menschen zu verlassen, die uns so freundschaftlich entgegengekommen waren. Aber zu jener Zeit hatte Deutschland enorme Nachkriegsschwierigkeiten zu bewältigen, und die Versorgung mit Lebensmitteln und Wohnraum war außerordentlich schwierig. Es gab eine gewaltige Menge an Flüchtlinge aus dem östlichen Teil Deutschlands, und bei der Suche nach Arbeit hatten es Ausländer besonders schwer. Es war unmöglich, mit Deutschen in Wettbewerb zu treten, allein schon der Sprache wegen. Wieder mußten wir uns für etwas Neues entschließen. Wie immer waren für mich meine Kinder die treibende Kraft; ich war für ihre Zukunft verantwortlich. Nach langer innerer Prüfung und von Zweifeln geplagt, entschloß ich mich schweren Herzens, Deutschland zu verlassen. Mein Unbehagen wurde nicht gerade verringert durch das Wissen, daß die Abreise meines Sohnes Dima durch seine kürzliche Heirat und die Geburt eines Kindes verzögert werden würde.

Am 13. Mai 1950 gingen Juri und ich mit einer großen Gruppe von Auswanderern an Bord der *General Stuart Heintzelman* des riesigen Militärtransporters, der uns nach Amerika bringen sollte.

6
Erste Schritte in einer Neuen Welt

Ankunft in Amerika im Mai 1950

Die Passagiere reden laut und lebhaft. Alle laufen geschäftig und aufgeregt umher. Wir nähern uns New York, gleiten an der Freiheitsstatue vorbei. Ich gehe an Deck. Dieselbe Stimmung erfaßt mich, die ich schon verspürte, als wir von Europa abfuhren – die Angst vor dem Unbekannten; Aufregung, Unruhe, Zweifel, aber auch ein Gefühl der Freude, daß ein neuer Abschnitt meines Lebens beginnt und mit ihm die Hoffnung auf eine bessere Zukunft.

Die letzten zehn Jahre waren Jahre voller Sorge, schwierige Lagerjahre, endlose Furcht. Jeder erwartet etwas Besonderes von Amerika. Nicht umsonst hat man sich Amerika immer als ein wundervolles Land vorgestellt, so ganz anders als alle anderen Länder.

Es ist Abend. Die Sonne steht noch hoch und läßt die Küste wunderbar erstrahlen. Autos fahren in endlosen, ununterbrochenen Linien dahin. Aber heute werden wir noch nicht ausgeschifft. Heute ist ein Feiertag – Memorial Day, der 30. Mai. Noch einen Tag werden wir auf unserer Arche verbringen müssen.

Der erste anstrengende Tag in der Neuen Welt ist zu Ende. Es war ein Tag voller Ängste und neuer Eindrücke. Der nächste Morgen wurde von den endlosen Formalitäten der Ausschiffung in Anspruch genommen, von der Überprüfung derPapiere und der Untersuchung des Gepäcks. Für Juri und mich war es eine Qual.

Wie sollten wir den Zollbeamten irgend etwas erklären, wo wir doch kein Wort Englisch sprachen? Das bißchen, das ich früher einmal gelernt hatte, war mir schon lange wieder entfallen. Als wir mit der Überprüfung des Gepäcks an der Reihe waren, erwies sich unsere Leica, der schöne deutsche Fotoapparat, in den wir unser ganzes Geld gesteckt hatten – siebenhundert Mark, ungefähr hundertfünfundsiebzig Dollar – als der einzige verdächtige Gegenstand.

Der Zollbeamte untersuchte den Apparat sehr lange, legte ihn von einer Hand in die andere und stellte uns derweil Fragen, die wir natürlich nicht beantworten konnten. Die Einfuhr fabrikneuer Fotoapparate war nicht erlaubt.

Vor unserer Abreise hatte ich einen Film in den Apparat eingelegt und während der ganzen Überfahrt fleißig Bilder gemacht, besonders als ein Sturm aufkam und das ganze Deck mit riesigen Wellen überflutete. Ich versuchte, dem gestrengen Zollbeamten zu beweisen, daß die Kamera nicht mehr neu war. Weil ich kein Englisch sprach, mußte ich das mit meinen Händen erklären, öffnete den Apparat und zeigte auf den Film. Das hat offensichtlich viele Bilder verdorben. Juri und ich hatten entsetzliche Angst, daß sie den Apparat beschlagnahmen würden, unseren einzigen Schatz. Wir müssen dem Beamten leid getan haben, denn er nahm ihn uns nicht weg.

Nachdem wir die Einreiseformalitäten hinter uns gebracht hatten, streiften wir durch das riesige Hafengebäude und unterhielten uns mit anderen, die mit demselben Schiff angekommen waren. Viele der Neuankömmlinge erwarteten Verwandte oder Freunde, die ihnen Visa und eidesstattliche Erklärungen geschickt hatten. Ich wußte, daß unser Bürge nur zum Schein mitgemacht hatte; er hatte die notwendigen Papiere nur unterzeichnet, um uns bei der Auswanderung aus Europa zu helfen. Er hatte nicht die Absicht, uns einzustellen. Deshalb warteten Juri und ich auf niemanden. Wir hatten keine Vorstellung, wohin wir von dort gehen sollten. Das riesige Hafengebäude summte vor Geschäftigkeit, und so empfanden wir nicht das schmerzhafte Gefühl der Einsamkeit. Einige junge Amerikanerinnen versorgten sogar alle mit Krapfen und Kaffee.

Ein Mitarbeiter der Tolstoj-Stiftung rief alle die auf, die für die Tolstoj-Farm eingetragen waren und denen die Organisation die erforderlichen Papiere geschickt hatte. Unsere neuen Freunde, die Jaworskis und die Olschewskis, gingen dorthin; die Samilowitschs wurden von einer ganzen Familie von Verwandten abgeholt. Es waren alles deutsche Juden, die Deutschland vor Hitlers Machtergreifung hatten verlassen können. Frau Samilowitsch war mit einem Deutschen, einem Mitglied der NSDAP, verheiratet gewesen. Nach dem Tod ihres Mannes entschloß sie sich, mit ihrem Sohn zu ihren Verwandten in Rhode Island zu ziehen. Sie verabschiedeten sich schnell, gaben uns jedoch ihre Adresse, damit wir sie finden und dann von dort aus Arbeit suchen könnten, falls wir uns dazu entschließen sollten. Das war beruhigend. Während der Überfahrt hatte Juri, dem das Schwanken nichts ausmachte und der nicht so wie ich unter der Seekrankheit gelitten hatte, die Bekanntschaft dieser Passagiere gemacht.

Die Menge dünnte sich immer mehr aus. Die Zeit verging, und ich bemerkte mit leichter Nervosität, daß von unserem riesigen Transport nur noch eine kleine Gruppe von Leuten zurückblieb. Jetzt drängte sich die Frage, wohin wir gehen sollten, immer ernsthafter auf. Ich hatte immer noch Hoffnung, daß Nicholajewski, der für uns gebürgt hatte, in letzter Minute noch einen zuverlässigeren Bürgen für uns finden würde, einen Bürgen, der uns einstellen würde. Da die Liste der Neuankömmlinge im *Nowoje Russkoje Slowo* abgedruckt worden war, mußte Nicholajewski eigentlich wissen, wann wir in New York ankommen sollten.

Trotzdem entschloß ich mich, mit dem Mitarbeiter der Tolstoj-Stiftung zu reden, der mit der Überprüfung der Neuankömmlinge, für die er die Verantwortung trug, fertig war und sie gerade auf die Farm bringen wollte, wohin er, so hoffte ich, auch uns würde mitnehmen können. Plötzlich hörte ich meinen Namen über den Lautsprecher. Ich ging zum Informationsstand und fragte, wer mich habe ausrufen lassen. Im selben Augenglick bemerkte ich einen Mann und eine Frau, die den Tolstoj-Mitarbeiter etwas fragten, und der zeigte auf Juri und mich. Glücklicherweise suchten Tolstoj und seine Frau wirklich nach uns. Einige Jahre vorher hatten wir in Deutschland Kleiderpakete erhalten. Der Hauptorganisator dieser Hilfe war Tolstojs Frau. Jetzt hatten sie durch die Zeitungen von unserer Ankunft erfahren und beschlossen, uns über die ersten Hürden unserer Umsiedlung zu helfen.

Die Tolstojs erzählten uns etwas, was in ihren Augen eine gute Nachricht war. Ein gemeinsamer Bekannter aus Deutschland hatte von Studenten eine Wohnung gemietet, die den ganzen Sommer verreist waren. Diese Wohnung war seinen Freunden, der Familie Krylow, zugedacht, die jedoch wegen der Auswanderungsformalitäten in Deutschland zurückgehalten worden waren. Der gemeinsame Bekannte mit Namen Slutskij hatte vorgeschlagen, daß die Tolstojs zunächst uns in der Wohnung unterbringen sollten. Offenbar war er sicher, daß ich bald Arbeit fände und Juri und ich die Wohnung vor der Ankunft seiner Freunde wieder verlassen würden.

Als ich diese Einzelheiten vernahm, war ich nicht nur nicht erfreut, sondern entsetzt. Die Vorstellung, mit Juri in eine fremde Wohnung in New York zu ziehen und, was noch schlimmer war, in keine besonders gute Gegend – was die Tolstojs uns nicht zu verbergen suchten – und dazu noch kein Wort Englisch zu können, erschien mir nicht im mindesten einladend. Die Wohnung war an der Ecke Broadway und 134. Straße.

Es wäre viel besser gewesen, mit einer großen Gruppe von Russen auf die Tolstoj-Farm zu gehen und dort zu arbeiten, bis jemand kam, um Leute mit einer Facharbeiter- oder Büroausbildung einzustellen. Es hieß, daß oft Amerikaner auf die Tolstoj-Farm kämen und jene Flüchtlinge einstellten, die einen positiven Eindruck auf sie machten. Die Tolstojs waren anderer Meinung. Diese Art von Auswahl schien ihnen demütigend, und sie glaubten, daß ich wesentlich schneller Arbeit fände, wenn ich in New York lebte und bei verschiedenen Vermittlungsagenturen vorspräche. Ich mußte mich auf ihr Urteil und ihre Erfahrung verlassen. Schweren Herzens suchte ich unsere Habseligkeiten zusammen und fuhr mit ihnen zu der neuen Wohnung.

Die Tolstojs lebten schon sehr lange in Amerika; sie hatten einen eigenen Wagen und kannten sich gut in der Stadt aus. Zuerst nahmen sie uns in ein riesiges Lebensmittelgeschäft mit und halfen uns beim Einkauf der notwendigsten Nahrungsmittel. Dann fuhren wir die 134. Straße entlang bis zu der Stelle, an der unsere Wohnung lag.

Den ersten Eindruck werde ich mein ganzes Leben nicht vergessen. Dieser Teil der Stadt war in der Tat äußerst unattraktiv. Die Bevölkerung bestand zum größten Teil aus Puertorikanern. Überall war Dreck: Abfall, Zeitungsfetzen, Zigarettenkippen, weggeworfene Essensreste. Mitten auf der Straße war eine einzige Menschenmenge: Die Kinder spielten Ball, während die Autos hupten und damit den bereits unglaublichen Lärm noch verstärkten. Von allen Seiten hörte man eine unbekannte Sprache, eine Mischung aus Spanisch und Englisch.

Wir betraten einen Hof, der genauso schmutzig war wie die Straße. Von den mit Abfall übersäten Bänken stieg Verwesungsgeruch auf, der durch die feuchte Hitze noch verstärkt wurde. Die Fenster unserer kleinen Wohnung gingen auf den Hof. Genau vor den Fenstern lief die Feuertreppe entlang, und das machte mir Angst. Ich stellte mir dauernd vor, wie leicht es war, über diese Treppe in die Wohnung zu gelangen. Was sollte jemanden davon abhalten, die dünne Glasscheibe einzuschlagen? Auf der Reise hatten wir nicht wenige haarsträubende Geschichten über die großen amerikanischen Städte gehört, besonders über Chikago und New York. Jetzt sah ich in meiner Einbildung überall Verbrecher.

Der junge Mann, der diese Wohnung für die Krylows gefunden hatte, wartete drinnen auf uns. Offenbar spiegelte mein Gesichtsausdruck meinen Ekel und mein Entsetzen deutlich wider. Slutskij, der Begeisterung und Dankbarkeit erwartet hatte, bemerkte den Eindruck, den alles auf mich gemacht hatte. Er versuchte mich davon zu überzeugen, daß es in der Tat großartig und wundervoll wäre, gleich am Anfang seine eigenen vier Wände zu haben. Er vergaß auch nicht, all die amerikanischen Annehmlichkeiten zu erwähnen: Kühlschrank, Toilette, Badezimmer mit Dusche. Wie sollte er wissen, daß ich mit der größten Freude in eine Küche ohne all diese Annehmlichkeiten gezogen wäre, nur um mit einer Familie zusammenzusein, mit der ich mich in einer der Sprachen, die ich beherrschte, hätte unterhalten können.

Ich antwortete nicht auf das, was er sagte, ich hörte nur auf das unaufhörliche Brausen der furchterregenden, riesigen Stadt. Die Tolstojs gingen kurz darauf und versprachen, am nächsten Tag vorbeizuschauen.

Slutskij blieb noch einen Augenblick, um uns aufzumuntern. Juri sah mich an und war genauso niedergeschlagen. Ich bat Slutskij, selbst das kleinste Zimmer für uns ausfindig zu machen, damit wir nicht in dieser Wohnung bleiben mußten. Er versprach, es zu versuchen, aber er klang nicht sehr überzeugend. Er teilte nicht im geringsten meine Ängste und dachte offensichtlich, daß dies alles nur an meiner Launenhaftigkeit läge. Er ging dann bald.

Ich dachte ständig an das weitentfernte Deutschland, an das Haus der Familie Marx, das mir so lieb geworden war. Dort war ich von Freunden und Bekannten umgeben gewesen. Warum nur waren wir in dieses fremde Land gekommen? Was sollten wir hier tun? Was erwartete uns?

Ich nahm mich Juris wegen zusammen – ich wollte meine Verzweiflung nicht sichtbar werden lassen – und begann unsere Sachen auszupacken und unser einfaches Mahl zu bereiten. Juri saß schweigend da, er dachte offenbar darüber nach, warum wir Europa, die Schule, seine Freunde, den Bendorfer Klub und die Familie Marx verlassen hatten, die ihn wie einen Sohn behandelt hatte.

Und auf der Straße wurde es nicht ruhiger. Ganz im Gegenteil. An diesem herrlichen Maiabend wollte niemand in einer stickigen Wohnung schlafen. Es war mindestens zwei Uhr morgens, bevor wir einschlafen konnten. Alles störte uns, vom Straßenlärm bis zu der feuchten Hitze, mit der wir zum erstenmal in unserem Leben in Berührung kamen. Einer meiner Bekannten aus Amerika hatte mich gewarnt. Aber ich hatte ihm nicht glauben wollen, weil ich dachte, er wolle uns nur erschrecken, und auf jeden Fall habe er zumindest übertrieben.

Mir schien, daß ich nie, noch nicht einmal während der schwersten Bombenangriffe und Beschießung so unglücklich gewesen war wie in dieser ersten Nacht in Amerika.

Nach einigen Stunden unruhigen Schlafs wurden wir durch ein lautes Klopfen an der Tür geweckt. Ich beschloß, nicht aufzumachen, weil ich mich ohnehin nicht hätte verständlich machen können. Das Klopfen wiederholte sich beharrlich. Wir blieben mucksmäuschenstill. Nachdem er noch mehrmals geklopft hatte, ging der ungebetene Besucher schließlich weg.

Keine Stunde war vergangen, als sich das beharrliche Klopfen wiederholte. Da Slutskij versprochen hatte, nicht vor zwölf zu kommen, entschloß ich mich, dem Klopfen keine Aufmerksamkeit zu schenken. Der Besucher klopfte noch einige Zeit lang. Trotz seiner Bemühungen zeigten wir keine Reaktion.

Punkt zwölf öffnete ich die Tür auf ein vorsichtiges Klopfen Slutskijs. Juri und ich stürzten auf ihn zu, um ihm von den Schrecken zu erzählen, die wir erlebt hatten. Er pflichtete uns bei, daß die Gegend wirklich nicht sehr angenehm sei.

Wieder flehte ich ihn an, eine andere Unterkunft für uns zu finden, und versprach jede Arbeit anzunehmen, ob als Dienstmädchen, Köchin, Kindermädchen, wenn wir nur aus diesem Wohnblock herauskämen, aus dieser fürchterlichen Wohnung mit all ihren amerikanischen Annehmlichkeiten; in Deutschland hatten wir zwar auf sie verzichten müssen, aber dort waren wir tausendmal glücklicher gewesen. Selbst unsere »Ostarbeiter«-Baracken erschienen uns jetzt wie das Paradies. Dort waren wir nicht allein gewesen. Wir waren umgeben von unseren russischen jungen Mädchen und Burschen. Wir erinnerten uns an Wasja und Petja, diese treuen und ehrlichen Burschen, die nach jedem Bombenangriff nach uns gesehen hatten und, wenn sie nicht arbeiteten, versucht hatten, unsere Sachen zu retten, und uns allein durch ihre Gegenwart aufmunterten. Hier waren wir bis auf die Stunden, in denen Slutskij erschien, völlig allein. Dies war schlimmer als das Leben auf einer unbewohnten Insel, weil von der Straße dauernd diese fremde Sprache, die lauten Rufe und das Hupen der Autos heraufdrangen. Die riesige Stadt dröhnte unablässig, erfüllte uns mit Furcht. Vorerst gab es keinen Ausweg. Wir mußten es ertragen und abwarten, bis sich unsere Lage änderte.

Slutskij, unsere einzige Stütze, schlug vor, daß wir ausgehen und einige seiner Bekannten besuchen sollten, die uns möglicherweise raten könnten, was wir tun sollten. In dieser Hoffnung verließen wir die Wohnung und waren sogleich in dem Babylon, das man New York nennt. Glücklicherweise empfanden wir auf den Straßen nicht die Furcht, die uns in der Wohnung bedrückt hatte. Das Wetter war wunderbar; überall waren Menschen. Auf dem Broadway, den wir zuerst entlanggingen, hörte man nur fremde Sprachen, besonders Russisch. Das hob sofort unsere Stimmung.

Was jedoch Slutskijs freundlichen Ratschlag anging, so führte er zu einem kompletten Desaster. Einige waren nicht zu Hause; andere waren schon durch die amerikanischen Annehmlichkeiten verwöhnt, hatten die Bedingungen im Lager vergessen und zeigten keine Neigung, ihr Quartier mit uns zu teilen.

Ein russischer Priester bot uns fünfundzwanzig Dollar an, aber ich lehnte ab. Ich wollte das neue Leben in Amerika nicht mit Almosen beginnen. In einer leeren Zahnpastatube hatte ich eine Reserve von hundert Dollar, die ich in Deutschland als Vorbereitung auf eine mögliche Ausreise nach und nach erworben hatte. Mit einem solchen Kapital hielt ich uns für reich. Am dringendsten brauchten wir in diesem Augenblick jedoch nicht Geld, sondern eine Unterkunft für einige Tage, bis ich Arbeit gefunden hatte.

In gedämpfter Stimmung mußten wir nach Hause zurückkehren. Slutskij ging, trotz unseren kleinen Listen, ihn länger festzuhalten und versprach, am nächsten Morgen wiederzukommen.

Wieder verbrachten wir eine angsterfüllte Nacht. Und am Morgen war wieder dieses Klopfen an der Tür, und wieder bestand unsere Antwort in Grabesstille. Fünf schlimme Tage vergingen. Als ob sie durch eine Verordnung geregelt wäre, wiederholte sich jeden Tag dieselbe Routine. Jeden Morgen machte sich jemand endlos an unserer Tür zu schaffen. Später erschien dann immer Slutskij und fuhr mit uns in der Untergrundbahn durch ganz New York, wobei er uns Ratschläge gab, wie man Arbeit finden könne. Er brachte uns Zeitungen, und wir konnten sie nicht lesen. Er selbst meldete sich auf die Anzeigen von Stellenvermittlungen.

Meine Moral war schlecht. Am sechsten Tag endlich flehte ich Slutskij an, so früh wie möglich zu kommen und herauszufinden, wer jeden Tag an unsere Tür klopfte. Das Klopfen kam von Zeitungsjungen, Milchmännern und anderen, denen die Studenten, die die Wohnung für den Sommer weitervermietet hatten, noch Geld schuldeten.

Slutskij, der auch nur gebrochen Englisch sprach, weil er nur wenige Monate zuvor angekommen war, konnte unseren ungebetenen Gästen erklären, daß wir mit den Schuldnern nichts zu tun und die Tür nur deshalb nicht aufgemacht hätten, weil wir kein einziges Wort Englisch sprächen.

Gott sei Dank, das war endlich bereinigt. Jetzt nahmen Juri und ich unseren Mut zusammen, und am siebten Tag gingen wir, ohne auf Slutskij zu warten, zum Times Square, wo es eine große Zahl von Stellenvermittlungen gab. Wir machten den Weg zu Fuß, von der 134. bis zur 42. Straße. Man kann sich wohl vorstellen, wie wir aussahen, als wir dort ankamen. Aber alles war umsonst. Es gab zwar viele Angebote für Hauspersonal, aber verlangt wurden Englischkenntnisse und jemand ohne Kinder. Enttäuscht kehrten wir in unsere phantastische Wohnung zurück, diesmal aber mit der U-Bahn.

Zwei weitere Tage vergingen mit ergebnislosem Suchen, dann stießen wir plötzlich auf die Anzeige einer russischen Stellenvermittlung in der russischen Zeitung. Sie suchten ein Zimmer-

174

mädchen für ein Hotelrestaurant etwa fünfundfünfzig Kilometer von New York entfernt. Wir fuhren zu der Agentur. Ein netter Russe, ein Angestellter der Agentur, sagte uns, daß es schwierig sein würde und daß wir das nicht lange durchhalten würden. Sie wären es leid, Leute dorthinzuschicken. Wir sahen jedoch keinen anderen Weg und beschlossen, uns mit dem Besitzer zu treffen.

Um neun Uhr standen Juri und ich am Morgen des 9. Junis im riesigen Foyer eines eleganten Hotels. Wir warteten. Eine hochgewachsene, hübsche Frau erschien. Sie machte einen sehr entschiedenen Eindruck; hinter ihr kam eine kleine, alte Frau. Die Jüngere überschüttete mich sofort mit Fragen wie: »Haben Sie schon als Zimmermädchen gearbeitet? Sind Sie mit Haushaltsgeräten vertraut? Wissen Sie, wie man Betten macht?« Diese letzte Frage brachte mich ernsthaft durcheinander. War es möglich, daß die Amerikaner da etwas Neues erfunden hatten, von dem ich noch nie gehört hatte? Ich beschloß, auf die Frage, ob ich schon als Dienstmädchen gearbeitet hätte, lieber indirekt zu antworten. Ich war zwar nie eins gewesen, hatte aber in Rußland eine eigene Familie gehabt und daher einige Erfahrung mit dem Sauberhalten einer Wohnung und dem Geschirrspülen. Über meine Studien und meine pädagogischen Aktivitäten, besonders auch über meine Französischkenntnisse, schwieg ich mich aus – glücklicherweise.

Alles ging recht glatt, bis der Blick der Hotelbesitzerin auf Juri fiel. »Und wer ist das?« war die äußerst unfreundliche Frage. »Das ist mein Sohn«, antwortete ich schüchtern. Der Gesichtsausdruck der Dame veränderte sich sofort, und sie sagte ärgerlich: »Nein. Mit einem Sohn können wir sie auf keinen Fall nehmen«, machte kehrt und eilte zu einem anderen Zimmer. Die alte Dame näherte sich mir schnell und flüsterte: »Warten Sie einen Augenblick. Gehen Sie nicht weg.«

Juri und ich setzten uns und sahen uns an. Wir hätten gern gewußt, was als Nächstes geschehen sollte. Es waren kaum fünf Minuten vergangen, als die beiden Frauen zurückkamen und die

Junge mich ansah und sagte: »Wo sind Ihre Sachen? Ein bißchen Bewegung, bitte. Wir haben keine Zeit zu verlieren. Heute ist Freitag.« Was der Freitag bedeutete, fand ich erst später heraus. Freitag war der Tag, an dem alle Gäste ankamen, um das Wochenende auf dem Land zu verbringen. Die alte Frau lächelte in stillem Einverständnis und nutzte den Augenblick, um mir zuzuflüstern, daß die andere Kandidatin für diese »exklusive« Stellung bei der Befragung durchgefallen sei. Auf diese Weise hatten sich unsere Chancen verbessert.

Wir packten unsere Koffer, ließen eine Nachricht für Slutskij an der Tür und verließen glücklich die Wohnung und die Gegend, wo wir neun so unangenehme Tage verbracht hatten.

Croton Heights

Unsere zukünftige Arbeitgeberin war nicht sehr gesprächig und damit beschäftigt, den Wagen zu fahren, was sie, um ehrlich zu sein, recht gut machte. Ihre Mutter, eine reizende alte Dame, der unsere nicht gerade beneidenswerte Lage zu Herzen ging, war wohl von ihrer Tochter eingeschüchtert und sagte auch nicht viel. Das Autoradio spielte wilde Musik, und wir fuhren mit ungewohntem Tempo dahin. Entlang der Straße boten sich auf beiden Seiten großartige Ausblicke mit vielen Felsen, dichten Wäldern, grünen Wiesen und hübschen Häusern. Wir betrachteten alles mit großem Interesse.

Schließlich fuhren wir in einen Wald oder riesigen Park und einen Berg hinauf. Der Wagen hielt vor einem zweigeschossigen, grauen Holzgebäude, um das sich eine weite Fläche sauber getrimmten Rasens erstreckte. Weiter unten standen hohe Bäume in einem Park. Dies war das Landhotel und Restaurant, in dem wir arbeiten sollten.

Gegenüber dem Hauptgebäude lag eine ziemlich große Garage und über ihr eine Wohnung. Mrs. Kochubey, die Besitzerin, erläuterte uns, daß die Angestellten in dieser Wohnung lebten und

176

daß auch für uns dort ein Zimmer zur Verfügung stünde. Unser nächster Nachbar wäre ein alter Koch, mit dem wir ein Schlafzimmer teilen würden. Im unteren Geschoß, neben der Garage, lebte der Gärtner mit seiner Frau. Alle Angestellten wären Russen. Das war ein großer Trost. Zumindest würde es mit der Sprache keine Schwierigkeiten geben.

Wir schleppten unsere Koffer die enge Treppe hinauf. Trotz ihrer Einfachheit – ein kleines Zimmer mit einem Fenster – erschien mir unsere neue Wohnung wie ein Geschenk des Himmels. Während wir auspackten und die Sachen einräumten, tauchte ein kleiner, grauhaariger Mann in der Tür auf. Das war unser Nachbar, der Koch. Er war gekommen, um sich mit seinen neuen Nachbarn und Kollegen bekannt zu machen. Von ihm erfuhren wir alle Einzelheiten des Lebens in Croton, und wenn er es auch nicht besonders rosig schilderte – Schwierigkeiten machten mir keine Angst, und meine Stimmung blieb gut.

Am selben Tag begann ich mit meiner Arbeit, nachdem ich den Besitzer, einen netten, gutmütigen Herrn von fünfundfünfzig Jahren, kennengelernt hatte. Man sagte mir, daß ich an solchen Tagen wie dem Wochenende, das schon am Freitag mit dem Eintreffen der Gäste begann, dem Kellner abends helfen müsse, weil er allein nicht mit allem fertigwürde. An jenem Abend mußte ich auch das Geschirr spülen und die Salate anrichten. Ich wußte bereits, daß unsere Arbeitgeberin keine Fragen mochte; man mußte schon selbst wissen, wie alles zu machen war. So fragte ich nicht lange, sondern tat alles so wie ich es für richtig hielt. Glücklicherweise achtete in der allgemeinen Hektik niemand auf mich. Der Kellner eilte mit riesigen Tabletts und strahlendem Gesicht in den Speisesaal und wieder hinaus. Offenbar sah er bei dieser Menge von Gästen ein gutes Trinkgeld voraus. Ich hatte wenig Freude daran. Alles, was ich bekam, war ein Berg schmutzigen Geschirrs mit Essensresten drauf. Nach all den Jahren des Hungers während des Krieges und der Nachkriegsjahre in Deutschland war es seltsam und bedrückend anzusehen, daß diese große Menge an Lebensmitteln einfach in den Abfall geworfen werden sollte. Ich hatte keine Zeit, darüber nachzudenken. Der Kellner brachte mehr und mehr Geschirr, und es war unmöglich, mit seinem Tempo Schritt zu halten. Mir wurde schwach von der unerträglichen Hitze. Der Schweiß lief mir über das Gesicht. Es gab dort nicht nur keine Klimaanlage, ganz in meiner Nähe stand auch noch der sengendheiße Herd. Auf der anderen Seite meines Arbeitsplatzes, dem Spülstein und der Geschirrspülmaschine, war ein Fenster zum Garten. Auch von dort wehte feuchte Hitze herein. Im Dunkel eines Baumes konnte ich Juri erkennen, dem die strenge Chefin die Küche verboten hatte. Traurig beobachtete er seine Mutter in ihrer neuen Rolle als Geschirrspülerin in einem »fürstlichen« Hotel. Ohne es zu wollen, erinnerte ich mich an die Worte, die ich den frohgemuten Amerikanern der Kommission in Rastatt gesagt hatte. Ich hatte in der Tat erraten, was meine unabänderliche Zukunft in dem »Land der Verheißung« sein würde, in das wir damals auszureisen versuchten.

Am nächsten Morgen begann ich das Bettenmachen zu erlernen, auf das Mrs. Kochubey so großen Wert gelegt hatte. Ich war eine äußerst mittelmäßige Schülerin. Die hochrote und wegen meines Unverständnisses unzufriedene Fürstin zwang mich, das Bett ihrer alten Mutter auch ein fünftes Mal zu machen. Alle anderen Betten waren von Gästen belegt, denen ein solcher Unterricht sicher merkwürdig erschienen wäre. Schließlich beherrschte ich diese Kunst.

Was die Haushaltsgeräte anging, etwa den Staubsauger, so hatte Mrs. Kochubey keine Zweifel an meiner Fähigkeit, sie zu benutzen. Ich beschloß, ihr nichts davon zu sagen, daß ich weder in der Sowjetunion noch im Nachkriegsdeutschland die Gelegenheit gehabt hatte, mich mit ihnen vertraut zu machen. Glücklicherweise durfte Juri mir den schweren Staubsauger tragen, und über die technische Handhabung war er viel besser informiert als ich. Der Staubsauger begann zu laufen und dröhnte all den Gästen im Obergeschoß in die Ohren, die ihre Zimmer noch nicht verlassen hatten. Die Arbeit ging voran. Die Badezimmer wurden gesäubert, die Betten gemacht. Mrs. Kochubey hatte keine Zeit, den

Fortgang meiner Arbeit zu überprüfen. Sie eilte geschäftig in der Küche und unter den Gästen umher.

Bevor wir noch mit dem Putzen fertig waren, war es schon Zeit, das Mittagessen aufzutragen. Juri ging hinaus und half dem Gärtner dabei, Blumen zu schneiden und die Liegestühle für die Gäste aufzustellen, die nach einem reichhaltigen Mittagessen gerne draußen ruhten.

Mein Platz an der Geschirrspülmaschine war von der Frau des Gärtners besetzt. Die Arbeit als Kellnerin war einfacher, wenn nur nicht die englische Sprache gewesen wäre. Es gab viele Mißverständnisse an meinem ersten Arbeitstag. Der Gast bat um Pfeffer, ich brachte ihm ein Glas; statt einer Serviette brachte ich Salz. Ich wurde oft von dem Kellner erlöst, einem jungen Mann polnisch-jüdischer Herkunft, der auch sein Heimatland verlassen und sich in Amerika angesiedelt hatte. Die Gäste waren zumeist großzügig bei meinen Irrtümern. Sie fragten mich dann, wie lange ich schon in Amerika sei, und waren entzückt von meinen hübschen Erklärungen in Form meiner zehn Finger.

Viele von ihnen sprachen Russisch, einige Französisch und Deutsch. Sie überschütteten mich mit Fragen über das Leben in Deutschland, über den Krieg, über all unsere Abenteuer. Zum großen Ärger von Mrs. Kochubey, die meine Aktivitäten aus dem benachbarten Empfangsraum beobachtet hatte, mußte ich an den Tischen stehenbleiben. Ihrer Meinung nach sollte das Personal so etwas nicht tun – aber ich war in dem naiven Glauben, daß es nicht höflich wäre, so nette Leute einfach sitzenzulassen, ohne ihre Neugier zu befriedigen.

Das Ergebnis des ersten Arbeitstages war unglaublich. Die Tasche meiner weißen Schürze war vollgestopft mit Ein- und sogar Fünf-Dollar-Scheinen. All das mußte ich meinem Oberkellner abliefern. Er gab mir allerdings einen gewissen Anteil, nachdem er seinen Reichtum gezählt hatte. Das war die übliche Verfahrensweise. Ich war sehr zufrieden, weil selbst die zehn Prozent, die ich erhielt, mir wie ein unglaublicher Reichtum vorkamen.

Während des Nachmittags konnte ich eine Stunde ausruhen.

Anstatt mich schlafen zu legen, nahm ich meine Schreibmaschine und warf schnell meine ersten Eindrücke von meinem Leben in Amerika aufs Papier. In New York City, in jener entsetzlichen Wohnung, war ich unfähig gewesen, mich zu konzentrieren; hier war ich trotz meiner Müdigkeit weitaus froher gestimmt. Juri legte sich nicht hin; er interessierte sich brennend für alles, was mit unserem neuen Leben zu tun hatte.

Die Gäste kamen mit ihm ins Gespräch, wenn sie draußen spazierengingen. Juri stellte nur allzugern ihre Neugier zufrieden. Die meisten Gäste waren russische Juden, die seit langem in New York lebten. Sie liebten dieses Restaurant deshalb so sehr, weil der Koch alle Arten von russischen Gerichten phantastisch gut zubereitete, Gerichte, an die sie durch das Leben in Amerika nicht mehr gewöhnt waren.

Einige Tage nach unserer Ankunft in Croton Heights rief mich Mrs. Kochubey zu sich und fragte, was ich mit Juri vorhätte. Sie war der Ansicht, daß er in einem Ferienlager untergebracht werden sollte, wo er schneller Englisch lernen würde, weil er mit anderen Kindern zusammen wäre. Ich war ganz einverstanden damit, hatte jedoch nicht die geringste Idee, wie man einen solchen Ort finden könnte.

An meinem freien Tag fuhr ich nach New York zu Nicholajewski, dem Mann, der die Papiere unterschrieben hatte, die unsere Ausreise nach Amerika ermöglicht hatten. Ich wollte ihn um Rat fragen. Als ich ihn dort nicht vorfand, erzählte ich seiner Sekretärin Burgina von unserem Problem, Juri in einem Lager unterzubringen.

Die Umstände unter denen Juri jetzt lebte, waren überhaupt nicht passend für einen Jungen in seinem Alter, besonders deshalb, weil er unter all diesen Russen niemals Englisch lernen würde. Burgina fand sofort eine Lösung. Sie wußte von einem Lager nicht weit von New York, das am 1. Juli öffnete und in dem Juri eingeschrieben werden konnte. Die Kosten für den ganzen Sommer beliefen sich auf hundert Dollar, und sie erbot sich, die zu bezahlen; ich nahm unter der Bedingung an, daß ich ihr den

Betrag zurückzahlen würde, sowie ich im Herbst soviel Geld verdient hätte. Das war ein wunderbarer Ausweg aus unserem Dilemma.

Außer dem Geld für den Aufenthalt im Sommerlager wurden noch verschiedene Kleidungsstücke benötigt. Und so schmolz meine in einer leeren Zahnpastatube mitgebrachte Bargeldreserve noch an diesem Tag dahin. Burgina gab mir den Rat, mit Kerenskij zu sprechen, der mit einer bestimmten Bank Darlehen für Flüchtlinge vereinbart hatte. Ich beschloß mein Glück zu versuchen und suchte ihn auf, nachdem ich vorher angerufen hatte, um sicher zu sein, daß er auch dort war. Er war außerordentlich freundlich, gab mir sofort einen Hundert-Dollar-Schein gegen eine Quittung und fragte mich nach den Einzelheiten unserer Ankunft und Arbeit. Das Darlehen könne ich meinen Möglichkeiten entsprechend zurückzahlen, sagte er. Er zeigte sich nicht gerade begeistert von meiner Arbeit in dem fürstlichen Hotel und riet mir, intensiv Englisch zu lernen, damit ich in eine andere Stellung wechseln könne.

Er war im großen und ganzen sehr nett und zu meinem Glück nicht an meinem Mädchennamen interessiert. Weil er Mitglied des vierten Reichsparlaments (der Duma) gewesen war, dem auch mein Vater angehört hatte, war Kerenskij ein erbitterter Feind meines Vaters gewesen. Nach dieser Beratung mit Kerenskij mußte ich noch einige persönliche Einkäufe erledigen. Wegen der Hitze und der Feuchtigkeit war nichts von dem, was ich an Kleidung aus Deutschland mitgebracht hatte, hier zum Anziehen geeignet.

Den ganzen Heimweg dachte ich an den unschätzbaren Dienst, den Burgina mir erwiesen hatte, indem sie einer ihr völlig unbekannten Person einen beträchtlichen Geldbetrag geliehen hatte, und das sogar ohne Quittung. Wieder hatte ich Glück gehabt. Auch in Amerika konnte man Menschen treffen, die zu helfen bereit waren. Noch während ich bei Kerenskij war, telefonierte Burgina herum, um herauszufinden, wann und wohin man Juri bringen mußte.

Glücklich über den erfolgreichen Tag und mit Kleiderkartons hochbeladen, kehrte ich nach Croton zurück und teilte meinen neuen Arbeitgebern mit, daß Juri noch zwei Wochen bleiben müsse. Wir kamen überein, daß sie die Kosten für sein Essen von meinem wöchentlichen Lohn von zwanzig Dollar abziehen würden. Das Problem hatte sich zu unserer beiderseitigen Zufriedenheit gelöst.

Juri versuchte sich überall im Hotel und im Garten nützlich zu machen. Er half dem alten Gärtner, der nur mit Mühe schwere Dinge tragen konnte; und er lief sofort los, um jeden Auftrag zu erfüllen. Und sehr bald hatte er Mrs. Kochubeys Herz gewonnen. Als Folge davon wurde ich informiert, daß man mir für Juris Essen nichts abziehen würde.

Was das Leben in Croton in der Hauptsache so angenehm machte, war die regelmäßige Wiederkehr bestimmter Gäste aus New York an den Wochenenden. Wir wurden besonders gute Freunde mit den Ehepaaren Kassirer und Stein. Sie waren die regelmäßigsten Gäste, sie ließen kein Wochenende aus. Kassirers Frau war in St. Petersburg geboren, er stammte aus Berlin. Sie waren lange vor Hitlers Machtergreifung nach Amerika gekommen und jetzt in New York gut etabliert. Er war der Vizepräsident einer großen Gesellschaft; sie war Abteilungsleiterin in der öffentlichen Bücherei. Am Freitag warteten wir immer ungeduldig auf ihre Ankunft, und wenn wir auch nur wenig Zeit hatten, um mit ihnen zu reden, so nutzten wir doch jede freie Minute, um sie mit diesen überaus netten Menschen zu verbringen.

Weitere gute Freunde waren die Steins. Ich erinnere mich, wie er immer Eugen Onegin für uns rezitierte, zu Juris großem Erstaunen und Vergnügen. Und es waren noch andere Gäste da, die einen sehr angenehmen Eindruck hinterließen. Viele von ihnen hatten ähnliche Unannehmlichkeiten in Rußland erlebt. Für mich waren die Menschen immer das Wichtigste in meinem Leben. Das ist mir in diesen letzten Jahren immer deutlicher geworden. In Augenblicken völliger Verzweiflung und in scheinbar aussichtslosen Situationen haben ein freundliches Wort und die Unterstützung durch Freunde alles verändert. Und das Leben wurde wieder leichter und froher. Genauso war es auch hier in Croton. Dank den Menschen um uns erschien mir selbst diese ungewohnte und schwierige Arbeit nicht länger so widerwärtig wie in den ersten Tagen. Ich sah jetzt der Zukunft mit mehr Freude entgegen.

Anfang Juli brachte ich Juri in das Sommerlager. Es war ein trauriger Tag für mich; wir waren noch nie getrennt gewesen. Aber es war leider notwendig, und wir konnten nichts anderes tun, als uns mit den Umständen abzufinden. Unsere Chefs, der alte Koch und einige der Gäste belohnten ihn großzügig. Er fuhr als richtiger Kapitalist ab, jedenfalls nach unseren Maßstäben. Er hatte einen Koffer mit den erforderlichen Kleidungsstücken bei sich. Das Lager verlangte alle möglichen Sachen in einer solchen Zahl, wie sie Juri in seinem ganzen Leben nicht gehabt hatte. Ich war ziemlich erstaunt, aber nach der Liste, die mir Burgina gegeben hatte, sollte ich einen Berg Socken, Shorts, dunkle Hosen, eine Menge Hemden undsoweiter kaufen. Es war undenkbar, daß Juri sich im Vergleich mit den anderen Kindern benachteiligt fühlen könnte.

Als Juri weg war, wurde mein Leben eintönig. Ich gewöhnte mich nach und nach an die Arbeit und an die Geräte, die neu für mich gewesen waren.

Etwas sehr Unangenehmes passierte mir während dieser Zeit. Ich hatte noch nie zuvor die Waschmaschinen benutzt. In den ersten Tagen hatte ich Angst, zu viele Handtücher hineinzustopfen, die Handtücher wurden nämlich im Hotel gewaschen. Die größeren Wäschestücke wurden in die Wäscherei gebracht. Das alles erledigte ich zufriedenstellend. Eines Tages Mitte Juli, als wir gerade eine große Zahl von Gästen gehabt hatten, füllte ich die Maschine bis sie ganz voll war und setzte mich daneben, um englische Vokabeln zu wiederholen, was ich in jeder freien Minute zu tun versuchte. Plötzlich hörte ich ein lautes Krachen, und die Maschine stand still. Mrs. Kochubey kam auf mein Rufen herbeigeeilt und war völlig außer sich. Ein Handwerker mußte gerufen werden, und weil er nicht sofort erschien, mußten wir den ganzen Haufen schmutziger Handtücher in die Stadt bringen. Ich war ziemlich zerknirscht, weil der Unfall ganz und gar meine Schuld war. Ich war doch kein so gutes Hausmädchen.

Weil Juri weg war, fuhr ich an meinen freien Tgen öfter nach New York. Ich traf viele Bekannte, mit denen wir von Europa hierhergekommen waren. Ihnen allen war es gelungen, Arbeit zu finden. Es war interessant, unsere Eindrücke von den Lebensbedingungen in diesem neuen Land auszutauschen. Ich ging öfter zu den Jaworskijs und den Olschewskijs, mit denen wir während unseres Aufenthaltes in Rastatt so eng befreundet gewesen waren.

Ich schaute auch häufig in der Tolstoj-Stiftung vorbei und sprach mit Alexandra Lwow, der Tochter unseres berühmten Lew Tolstoj. Als sie erfuhr, wo und als was ich arbeitete, wurde Alexandra ungehalten. Warum versuchte ich nicht, eine Stelle als Russischlehrerin zu finden? Oder zumindest in einem Büro? »Was ist das für eine phantastische Idee, das Dienstmädchen spielen zu wollen«, sagte sie verärgert und fügte hinzu: »Vielleicht versuchen Sie sogar noch, ein gutes Zimmermädchen zu werden.«

Ich entgegnete, daß ich nirgendwo hingehen könne, weil ich kein Englisch spräche und nicht verstehe, was man zu mir sage. Um sie zu unterhalten und abzulenken, begann ich ihr einige der unglaublichen Geschichten zu erzählen, die mein Leben in Croton abwechslungsreicher gemacht hatten. Aexandra Lwow beruhigte sich und lachte herzhaft. Aber dann fing sie wieder an und versuchte mich zu überzeugen, daß ich so schnell wie möglich Englisch lernen müsse. »Nur dann werden Ihre Studienjahre in Leningrad nicht verloren sein.« Ich stimmte ihr natürlich zu; aber vorerst sah ich noch keinen Silberstreif am Horzizont.

Ungefähr zu dieser Zeit gelang es Lauras Eltern, den Krylows, und ihrer Schwester, in die USA zu kommen. Sie alle ließen sich häuslich in jener fürchterlichen Wohnung nieder, die Slutskij für uns gemietet hatte. Für die Krylows war sie gar nicht so schlecht, schließlich waren sie zu dritt, darunter ein Mann. Außerdem sprach Lauras Schwester Rima schon etwas Englisch. All dies gab ihnen einen großen Vorsprung vor uns. Ich besuchte sie und stellte schon fest, daß die Wohnung nicht mehr so abstoßend war, wie sie mir in den ersten Tagen unseres Aufenthalts erschienen war.

Dima und seine Frau kamen Anfang August mit ihrem Baby, und ich bekam einen Tag frei in Croton, um sie abzuholen. Und so war die Familie auf dem neuen Kontinent wieder zusammengekommen. Europa wurde zu einer Erinnerung.

Ich mußte Juri am 1. September abholen. Während seines ganzen Aufenthalts den Sommer über hatte ich ihn nur zweimal besuchen können. Das lag daran, daß das Lager ziemlich weit von New York und von Croton entfernt war. Es war eine ziemlich lange Fahrt, die fast einen ganzen Tag dauerte. Es war fast unmöglich, sich länger von der Arbeit zu entfernen, weil sie so wenig Personal hatten.

An jenem 1. September fuhren Dima und ich zu der Pier, weil die Kinder mit einem Schiff den Hudson hinuntergebracht wurden. Wir warteten und warteten. Viele der Kinder, die von ihren Eltern erwartet wurden, hatten bereits das Schiff verlassen, aber Juri war nirgendwo zu sehen. Ich begann nervös zu werden, als plötzlich ein Junge auf mich zulief und mir etwas zu erklären versuchte. Ich befürchtete sofort, daß Juri etwas passiert war, und versuchte zu begreifen, was geschehen war.

Es ist unmöglich, meine Überraschung und mein Entsetzen zu beschreiben, als ich erkannte, daß der Junge, der zu mir gelaufen kam, Juri war. Es stellte sich heraus, daß er nur wenige Tage vor seiner Abreise mit Poison Ivy, einer Giftranke, in Berührung gekommen war, von der ich bisher noch nie etwas gehört hatte. Der Hautausschlag hatte sich über sein ganzes Gesicht verbreitet, und er sah aus, als ob er eine Maske trüge. Riesige Ohren staken aus dieser Maske heraus, ebenso wie ein geschwollener Hals, und alles war mit roten Pusteln bedeckt. Ich war so froh gewesen, erwartete einen glücklichen, gesunden Jungen; und nun plötzlich diese Enttäuschung. Juri versuchte mich zu beruhigen, sagte, daß es nicht gefährlich sei und bald vorübergehe. Ich war jedoch untröstlich.

Nach unserer Rückkehr nach Croton mußte Juri mehrere Tage auf seinem Zimmer verbringen, weil er sich den Gästen in diesem Zustand nicht zeigen konnte. Ich hoffte nur, daß es bis zum Anfang des Schuljahres in der Schule, wo er angemeldet war, wieder verschwinden würde.

In sechs Tagen hatte er sich von dieser scheußlichen Plage erholt – aber nun hatte ich mich angesteckt. Meine Hände waren mit Pusteln bedeckt, aber mein Gesicht war nicht betroffen. Ich mußte mit verbundenen Händen im Restaurant bedienen, was zwar nicht sehr angenehm war, aber immer noch weniger unappetitlich, als wenn ich meine Hände unverbunden gelassen hätte. Diese Entzündung ließ mich nicht so schnell los, und von meinen Händen breitete sie sich über meinen ganzen Körper aus. Ich konnte nachts nicht schlafen und war am Tag stets schläfrig und müde. Man hat mir gesagt, daß einige Leute immun gegen diese Giftranke sind. Ich scheine jedoch außerordentlich empfindlich dafür zu sein.

Der ganze Monat September, ein so schöner Herbstmonat, war völlig verdorben für mich, erst durch Juris Infektion, dann durch meine. Meine Gedanken kehrten immer wieder nach Europa zurück. Wir hatten dort nie ein vergleichbares Wetter gehabt; wir mußten nie eine so feuchte Hitze erdulden, wie das ganz besonders bei unserer Ankunft in New York der Fall gewesen war. In Europa hatte es keine giftigen Ranken gegeben, die solche Beschwerden hervorriefen. In Rußland und Deutschland waren wir von morgens bis abends durch die Wälder gestreift, hatten Pilze und Beeren gesammelt und niemals Angst gehabt, etwas anzufassen. Hier konnte man noch nicht einmal in den Park gehen. Man mußte immer aufpassen, ob diese Ranke irgendwo war.

Juri gewöhnte sich schnell an die Schule und sprach schon recht gut Englisch. Sobald ich meine Giftranken-Infektion überstanden hatte, fuhren wir zu Nicholajewski, und dankbar gab ich Burgina die hundert Dollar zurück, die sie mir im Juni geliehen hatte. Sie waren erstaunt über Juris Erfolg in der englischen Sprache.

Er war auch gut angesehen in der Schule, sowohl bei den Lehrern als auch bei den Schülern. Sie versuchten ihm beim Erlernen der Sprache zu helfen. Er war nun mein Dolmetscher, weil meine Sprachkenntnisse unglücklicherweise kaum zunahmen. Zu viele Gäste waren Europäer, und mit ihnen mußte ich nicht englisch sprechen.

Wir bereiteten uns auf Thanksgiving Day vor, das letzte lange Wochenende der Saison. Alle Zimmer waren im voraus bestellt. Mrs. Kochubey kaufte alle möglichen Lebensmittel ein; der Besitzer kümmerte sich um die Getränke, während der Koch phantastische Pasteten und sonstige Gerichte zubereitete. Wir erwarteten alle unsere neuen Freunde.

Alles begann am Mittwoch. Ein Gast nach dem anderen traf ein. Die Kassirers brachten uns eine riesige Menge Geschenke mit, was unsere Stimmung noch weiter hob. Alles ging gut bis zum Donnerstag Abend. Da erhob sich völlig unerwartet gegen sechs Uhr abends ein starker Wind, dem ein heftiger Regen folgte. Bald entwickelte sich der Wind zu einem regelrechten Orkan. Sämtliche Fenster im Haus rappelten, und die Bäume ächzten und brachen. Nie im Leben hätte ich mir einen solchen Sturm vorstellen können.

Jedermanns Laune schlug um. Es war gefährlich, nach Hause zu fahren. Also beschlossen alle, zu bleiben und das Ende des Sturms abzuwarten. Es schien fast unmöglich noch im Obergschoß zu bleiben, so heulte und wütete der Wind. Alle drängten sich im Salon und an der Bar im Erdgeschoß. Dort brannte ein angenehmes Feuer im Kamin.

Am späten Abend hatte der Sturm sich nicht gelegt, sondern war im Gegenteil so stark geworden, daß er die Drähte zerrissen hatte. Im Haus fiel der Strom aus, was beinahe zu einer Panik führte. Krachend stürzten die alten Bäume im Park um. Am folgenden Tag zählten wir dreißig umgestürzte Bäume! Voller Angst verbrachten wir die Nacht, aber gegen Morgen ließ der Sturm nach. Die Sonne kam heraus und beschien ein trauriges Bild. Es war unmöglich, auch nur eine Straße vom Hotel entlang zu fahren, weil überall Haufen von Ästen und riesige Bäume lagen. Alles sah aus wie nach einer Schlacht.

Juri, der Koch und ich profitierten von einem freien Augenblick, um das Gelände um unser Hotel zu besichtigen. Der Koch war über Siebzig, aber er versicherte mir, daß er etwas Ähnliches in seinem ganzen Leben noch nicht gesehen habe, obwohl er schon in vielen Ländern gelebt hatte. Was gibt es doch für unglaubliche Naturphänomene in Amerika!

Dieser Sturm ließ die Besitzer einen Entschluß umstoßen, den sie vorher gefaßt hatten. Bis zu dem Sturm wollten sie, daß Juri, der Koch und ich während der Wintermonate in Croton bleiben sollten, die sie selbst immer in Florida verbrachten. Dieser Gedanke hatte uns sehr gefallen. Wir waren gut befreundet mit dem Koch, und Juris Schule war nicht weit entfernt. New York war leicht zu erreichen, und während des Winters konnte man Schilaufen und Schlittschuh fahren. Wir hatten sogar daran gedacht, einen großen Weihnachtsbaum im Salon aufzustellen und unsere Freunde einzuladen. Jetzt zerrannen all unsere Pläne.

Der Sturm hatte einen so gewaltigen Schaden angerichtet, daß überall Reparaturen ausgeführt werden mußten. Die Kochubeys versuchten Arbeiter zu finden, die diese Schäden beseitigen sollten. Sie machten sich auch Sorgen um eine mögliche Wiederholung eines solchen Sturms und unsere Hilflosigkeit in einer solchen Situation. Deshalb entschieden sie sich, das Hotel zu schließen, und rieten uns, in die örtliche Zeitung eine Anzeige zu setzen, daß eine Frau mit Sohn eine Beschäftigung für drei Monate suchte. Niemand antwortete auf diese Anzeige.

Weil Juri sich schon an seine Schule gewöhnt hatte, hielt ich es für eine gute Idee, ihn in Yorktown zu lassen, einem kleinen Dorf, in dem seine Schule lag, und ihn in einer Pension unterzubringen, die Bekannten der Kochubeys gehörte. In der Zwischenzeit würde ich versuchen, in New York Arbeit zu finden. Juri war kategorisch gegen eine solche Lösung. Er wollte nicht in einem fremden Haus leben und von mir getrennt sein. Auch mir gefiel diese Aussicht nicht, aber im Moment gab es keinen anderen Ausweg.

Ich fuhr nach New York und suchte ein Zimmer. Ich fand ein kleines, dunkles Zimmer bei einer Familie in der 80. Straße West.

Die Kochubeys machten mir folgenden Vorschlag: Wenn ich im März, also nach den drei Monaten, die sie in Florida wären, zu ihnen zurückkäme, würden sie mir hundert Dollar im Monat zahlen. Natürlich stimmte ich zu. Das war schon eine große Hilfe. Für Juri mußte ich fünfzig Dollar im Monat bezahlen, und mein Zimmer kostete dreißig Dollar. Zusätzlich würde ich mich nach einer zeitweiligen Beschäftigung umsehen. Wenn ich erst eine Stelle gefunden hätte, könnte Juri jeden Freitag kommen, um das Wochenende mit mir zu verbringen.

Auf der Suche nach einer Stelle traf ich zufällig auf einen der weiblichen Gäste von Croton. Sie schlug mir vor, auf ihrem Landsitz zu leben, der nicht weit von New York entfernt lag. Sie sagte, daß Juri jeden Freitag kommen könne und so nicht länger allein nach New York fahren müsse. Ich müsse im Haushalt aushelfen und würde fünfundsiebzig Dollar im Monat erhalten. Das schien ein recht annehmbarer Vorschlag, und ich willigte ein.

Am ersten Tag meines Aufenthaltes bei Mrs. Wolf bemerkte ich, daß ich einen dummen Fehler gemacht hatte. Diese Frau, eine Deutsche, wurde von einem Amerikaner ausgehalten und führte sich wie ein reicher, launischer Tyrann auf. Sie war die Alleinherrscherin auf dem Landsitz; ihr Freund hatte eine Wohnung in New York. Sie war umringt von Dienern und »Parasiten«. Da sie aus einer armen Familie stammte, war sie berauscht von ihrem Reichtum und der Macht, die sie über von ihr abhängige Menschen hatte. Die Köchin war eine Italienerin, die fast überhaupt kein Englisch sprach, aber dank ihrer großen Kochkunst recht unabhängig war. Mrs. Wolfs größtes Vergnügen war gutes Essen. Sie verschwendete nicht einen Gedanken an eine Diät, obwohl ich in meinem ganzen Leben noch nie eine so fette Frau gesehen hatte. Die schlaue Köchin hatte sie schnell für sich gewonnen.

Neben der Köchin gab es noch zwei männliche Angestellte. Einer von ihnen diente als Barkeeper und unterhielt die Dame mit endlosen Geschichten. Das war seine einzige Aufgabe. Sie kommandierte ihn zwar herum, war aber nett zu ihm. Der zweite Mann war ungefähr fünfundvierzig und galt als überflüssig für den Haushalt. Und auch ich hielt ihn in der Tat für völlig überflüssig. Uns beiden zeigte sie ihren wahren Charakter. Meine Pflichten waren sehr ungenau umrissen, was mir besonders unangenehm war.

Die faule Mrs. Wolf schlief morgens sehr lange. Während sie schlief, war jedes Geräusch untersagt, und ich konnte den Staubsauger in den Wohnräumen nicht benutzen. Es war mir peinlich, nichts zu tun, und so versuchte ich wenigstens den Eindruck zu erwecken, daß ich beschäftigt sei. Die Italienerin sah mir mißbilligend zu. Ab zwölf mußte ich ständig auf der Hut sein, damit ich um Himmels willen nicht den Moment verpaßte, wenn die Klingel aus dem Schlafzimmer ertönte. Die Klingel bedeutete, daß die Gebieterin erwacht war und das Frühstück verlangte.

Meine Aufgabe war es, ein Tablett mit Kaffee und dem umfangreichen Frühstück zu bringen, das sie im Bett zu sich nahm. Manchmal war das um zwölf, manchmal um drei Uhr nachmittags! Die Frühstücksprozedur war endlos lang und in meinen Augen völlig idiotisch. Die Italienerin zeigte mir, wie man den Orangensaft bereitete, wie der Kaffee gemacht werden mußte (nach ihren Vorschriften), wie die Servietten genau so und nicht anders gefaltet wurden, wie man aufpaßte, daß die Eier unter keinen Umständen länger als drei Minuten kochten und so weiter. Gott behüte, daß man irgendeine Kleinigkeit vergaß! Denn dann konnte unsere Gebieterin ihren Zorn nicht mehr zurückhalten und fluchte mit den unerhörtesten Ausdrücken. Wichtiger noch war, daß der ganze folgende Tag in stürmischer Atmosphäre verging; und es war dann besser, sich von ihr nicht sehen zu lassen. Weil es jedoch unvermeidlich war, von ihr gesehen zu werden, bedeutete dies, daß der Tag für jeden im Haus ruiniert war.

Wenn ich mit dem Tablett hinaufging, kochte ich innerlich. Mein einziger Wunsch war es, das Tablett auf den fetten Torso dieser Frau zu leeren, die sich für eine Königin hielt, nur weil ihr Freund Millionen hatte, die andere nicht besaßen. Das Tablett wurde auf ein besonderes Tischchen quer über Mrs. Wolfs Bett gestellt. Verschlafen, ungepflegt und ungewaschen begann sie dann zu essen. Sie verlangte nicht nur, daß ich während ihres Mahles anwesend blieb, ich sollte sie auch mit Konversation unterhalten. Es fiel ihr nie ein, mich zum Sitzen aufzufordern.

Nach der langen Frühstücksprozedur mußte ich ihr Zimmer auf eine besondere Weise saubermachen und dann nach unten gehen, um den Tisch für das Essen zu decken. Einer ihrer »Parasiten« zeigte mir, wie man den Tisch genau so und nicht anders deckte und wie man die Gerichte zu ihrer Zufriedenheit vorlegte. Dasselbe Verlangen, das ich morgens hatte – nämlich das Tablett über sie zu leeren – blieb mir treu. Wie gern hätte ich die Schüsseln und Platten über ihr ausgekippt.

Das Mittagessen schleppte sich ungefähr zwei Stunden hin, manchmal sogar noch länger. Nachdem ich den Tisch abgeräumt und mit der Italienerin zu Abend gegessen hatte, war ich schon so müde von der blödsinnigen Art, in der ich den Tag verbracht hatte, daß ich abends nur noch ins Bett wollte.

Aber da war noch etwas, an das ich denken mußte: die Herrichtung von Mrs. Wolfs Schlafzimmer für die Nacht. Erst drei oder vier Stunden zuvor hatte ich alles in Ordnung gebracht, aber jetzt mußte ich wieder das Bett für die Nachtruhe der Dame vorbereiten. Die Italienerin zeigte mir, wie man das Nachthemd hübsch ausbreitete, wie man das Bettuch einschlug, und wie man Mrs. Wolfs Pantoffeln so hinstellte, daß sie ihre Füße ohne sich zu bücken hineinstellen konnte. Und unter keinen Umständen durfte ich vergessen, einen Krug mit kaltem Wasser an ihr Bett zu stellen.

All die verrückten Forderungen dieser groben und unerzogenen Kreatur verärgerten mich zutiefst. Hier war eine Frau, die nur wegen des Geldes ihres Geliebten Gewalt über Menschen erlangt hatte und diese nur deshalb in derartig erniedrigende Situationen bringen konnte, weil sie kein Geld hatten. (Offenbar auf eine Empfehlung ihres Millionärsfreundes lehrte Mrs. Wolf Sporterziehung an der Columbia Universität).

Mehrer Male vergaß ich, die gesamte Prozedur für die Herrichtung ihres Schlafzimmers auszuführen, und erregte ihren Zorn. Dann weckte mich die Italienerin auf, falls ich abends schon eingeschlafen war, und schickte mich wieder hinauf, um alles gemäß den bestehenden Befehlen auszuführen. Und diese Italienerin machte mir das Leben nicht weniger zur Hölle als die Gebieterin. Wenn sie mich zum Beispiel morgens dabei ertappte, wie ich mit einem Wörterbuch in der Hand die Räume putzte (was gewöhnlich der Fall war), geriet sie völlig außer Fassung.

Wie ich es dort drei Wochen lang aushielt, weiß ich wirklich nicht. Anfang Januar kündigte ich an, daß ich gehen wolle, unter dem Vorwand, unbedingt Englisch lernen zu müssen. Ich zog nach New York und schrieb mich in einer Schule für Erwachsene ein. Juri bettelte mich an, ihn mitzunehmen. Es war auch für mich angenehmer, wenn wir beide zusammen waren; also mietete ich ein Zimmer an der 108. Straße in der Nähe des Central Park und wieder bei einer russischen Familie. Diesmal war das Zimmer größer und heller. Juri wechselte in eine Schule in der Nähe der Wohnung, und unser zweimonatiger Aufenthalt in New York begann.

Ich beschloß, mich ernsthaft an das Sprachstudium zu machen. Morgens ging ich zu einem Privatlehrer und abends in Kurse für Erwachsene. In der Zwischenzeit gingen wir immer ins Kino, wenn Juri aus der Schule gekommen war, und sahen dort manchmal zwei Filme hintereinander, falls ich keine Abendschule hatte. Zu jener Zeit kostete der Eintritt dreißig Cents in fast allen Filmtheatern am Broadway. Juri konnte schon sehr gut Englisch und verstand alles.

192

Am Sonntag ging ich gewöhnlich in die Museen. Die Frick Collection, die mir Mrs. Kassirer gezeigt hatte, liebte ich ganz besonders. Ich war mit ihr fast jeden Sonntag dorthin gegangen, an dem man dort Konzerte veranstaltete, was den Besuch noch angenehmer machte. Wir erhielten Einladungen von verschiedenen Leuten, die wir in Croton kennengelernt hatten. Diesmal genossen wir das Leben in New York richtig, anstatt verängstigt zu sein wie bei unserer Ankunft aus Europa.

Einmal schlug Mrs. Burgina vor, daß wir Juri zu einem Schachklub mitnehmen sollten, was er sich schon immer gewünscht hatte. Wir gingen alle drei hin und wurden gar nicht freundlich von dem Geschäftsführer des Klubs empfangen, der uns mit der Forderung nach einer Eintrittsgebühr von zehn Dollar begrüßte. Aber Juri wurde Mitglied des Klubs und war dann oft dort. Zwei Wochen später ging ich eines Abends hin, um Juri zu treffen, und der Geschäftsführer begrüßte mich mit einem freundlichen Lächeln, gab mir meine zehn Dollar zurück und überschüttete mich mit Komplimenten über Juris Schachspiel. Er sagte mir, daß er von einem so begabten Jungen kein Geld annehmen wolle und es für ihn eine Ehre sei, einen solchen Jungen in seinem Klub zu haben. Juri war glücklich, und ich war im siebten Himmel.

Ich stellte fest, daß ich mich nach einem zusätzlichen Job umsehen mußte. Es war schwer, von den hundert Dollar zu leben, die mir die Kochubeys zahlten. Durch Bekannte fand ich eine Stelle in einem Musikgeschäft, wo ich nur wegen meiner Verwandtschaft mit dem Komponisten Skrjabin eingestellt wurde, denn mein Englisch war immer noch sehr schwach. Die Arbeit war die langweiligste, die man sich vorstellen konnte. Ganze Tage lang war ich mit der Kartei beschäftigt, schrieb hier etwas auf und suchte dort nach etwas anderem. Ich nickte ständig ein und sprang dann auf, um in den Waschraum zu laufen, wo ich mir kaltes Wasser ins Gesicht spritzte, um wieder wach zu werden. Ich war bald davon überzeugt, daß solch eine monotone Arbeit nichts für mich war, und träumte paradoxerweise von der Rückkehr der Familie Kochubey und meiner Arbeit als Zimmermädchen und Kellnerin. Dabei war ich wenigstens ständig in Bewegung, und bei einer solchen Beschäftigung bestand keine Gelegenheit, bei der Arbeit einzuschlafen. Nur hatte ich jetzt keine Lust, New York zu verlassen, eine interessante und lebendige Stadt, die noch weit von der Stadt entfernt war, zu der sie in zehn Jahren werden sollte. Zu jener Zeit gingen Juri und ich überall spazieren und kehrten sogar spät abends zu Fuß zurück.

Bald mußten wir das Quartier wechseln, unsere Vermieter zogen nach Colorado. Mein Englischlehrer riet mir, bei einer russischen Witwe ein Zimmer zu mieten. Diese Frau war einsam und gelangweilt und hatte nach einer passenden Mieterin gesucht. Es war recht schwierig, jemanden zu finden, der bei ihr wohnen wollte, sie hatte nämlich eine dieser uralten New Yorker Wohnungen, die mehr wie ein Flur aussahen. Die Räume lagen hintereinander: Küche, Eßzimmer, das Schlafzimmer der Wohnungsinhaberin (die letzten beiden Räume hatten keine Fenster) und das letzte Zimmer mit Fenstern zur Straße, das wir bekamen. Die Bewohner mußten durch alle Zimmer gehen, Mrs. Iwanownas Schlafzimmer eingeschlossen. Mir machte das nicht viel aus, und so zogen Juri und ich dort ein. Die Vermieterin erwies sich als eine sehr nette Person, sie war etwa fünfzig Jahre alt. Sie hatte gerade ihren Mann verloren, und weil sie sich einsam fühlte, suchte sie erst eine Mieterin (zum Glück hatte sie mich gefunden) und dann einen Ehemann.

Die Suche nach dem letzteren war ein wenig kompliziert. Mrs. Iwanowna zeichnete sich nicht durch Schönheit aus, und reich war sie auch nicht. Ihr Alter war ebensowenig verlockend für mögliche Bewerber. Was diese Dame sich nicht alles ausdachte! Sie zahlte dreißig Dollar an eine Spezialagentur, die ihr bei der Suche nach einem Ehemann helfen sollte. Dann begann sie ein Restaurant am Broadway zu frequentieren, das für solche Kontakte berühmt war. Und sie setzte ständig Anzeigen in die russische Zeitung.

Mehrere Male arrangierte die Agentur Treffen mit Ehekandidaten, die dort verzeichnet waren; währen meines Aufenthaltes bei

194

ihr hatte sie jedoch keinen Erfolg. Manchmal war da eine verdächtig aussehende Person in ihrer Wohnung, wenn wir nach Hause kamen. Ich ging dann schnell vorbei in mein Zimmer und verschloß die Tür. Es war ein Glück für alle, daß das Ganze recht ruhig ablief. Ein Ehemann fand sich allerdings nicht.

Am 5. März 1951 zogen wir aus. Ungefähr zwei Wochen später traf ich sie strahlend vor Glück an, als wir bei ihr vorbeischauten. Ein kahlköpfiger, dürrer Kerl unbestimmbaren Alters saß in unserem früheren Zimmer, das in einen Salon umgewandelt worden war. Dieser Mensch wurde uns als ihr Ehemann vorgestellt. Unser Auszug hatte offenbar die Angelegenheit beschleunigt.

Später erfuhr ich, daß sich die Dinge mit diesem Gemahl nicht zum besten entwickelt hatten. Er wurde bald krank und starb. Die untröstliche Witwe machte sich wieder auf die Suche nach einem Ehemann und fand auch einen, und zwar einen älteren Mann, der früher Augenarzt gewesen war. Ich traf ihn auf einer Party, die von der New Yorker Ärztevereinigung veranstaltet wurde. Sie stellte uns einander vor. Sie hatten beide ein Menge Freizeit, und weil sie beide gerne reisten, waren sie oft unterwegs. Ich behielt natürlich meine Befürchtung für mich, aber ich dachte, daß sie das Familienleben nicht sehr lange genießen würde.

Dank meiner Bekanntschaft mit Mrs. Iwanowna erfuhr ich von der Einsamkeit der Frauen – eine weitverbreite Sache in Amerika. Weil die Ehemänner gewöhnlich früher sterben, wird New York von einsamen Frauen jeglichen Alters geradezu überschwemmt.

In Rußland und Europa ist das anders. Die Familien bleiben enger zusammen. Die Kinder leben noch nach dem Ende ihrer Studien und sogar nach der Hochzeit weiter bei ihren Eltern. Es ist dort nicht so einfach, eine Wohnung zu finden. Oft leben Brüder und Schwestern zusammen und sogar Großväter und Großmütter, die während meines Lebens in der Sowjetunion und selbst heute noch, wie ich gehört habe, nicht in Altenheime geschickt werden. Die alten Leute haben einige engbegrenzte Pflichten; sie erziehen die Enkelkinder. In Amerika bietet sich ein anderes Bild. Hier gibt es keinen Mangel an Wohnraum. Oft bewohnt das Ehepaar ein Haus für sich allein. Dann stirbt einer, und der andere bleibt allein und einsam zurück. Dies ist besonders schwierig für Europäer, die an solche Umstände nicht gewöhnt sind.

Anfang März, als ich bei Mrs. Iwanowna lebte, erhielt ich die Nachricht, daß Warja mit ihrem Sohn nach Amerika auswandern wollte. Obwohl sie die ganze Zeit in Deutschland gearbeitet hatte und obwohl der Vater ihres Sohnes Deutscher war und dort bleiben wollte, hatte sie sich trotzdem entschieden, nach Amerika auszuwandern. Ich ging sie am Dock abholen, nachdem ich vorher für sie arrangiert hatte, daß sie etwas Geld von der Literaturstiftung erhielt, um ihr über die ersten Wochen in diesem Land zu helfen.

Croton Heights 1951

Juri und ich kehrten nach Croton wie in unser Zuhause zurück, und wir wurden von allen Bewohnern dort freudig begrüßt. Ich hatte schon vor langer Zeit die kleinen Unannehmlichkeiten und Spitzen verziehen, die ich von Mrs. Kochubey hatte erdulden müssen. Ihre zärtliche Sorge und Liebe für Juri hatte das mehr als ausgeglichen. Sie betete ihn an, und das veränderte natürlich meine Einstellung ihr gegenüber von Grund auf.

Der Besitzer war wie immer sehr freundlich, der Kellner Pavel fröhlich, und der alte Koch verbarg seine Freude nicht, daß er wieder mit allen zusammen an die Arbeit gehen konnte. Die Mutter hatte sich in Florida gelangweilt und richtete ihr Zimmer im Hotel mit viel Liebe her. Alles ging seinen gewohnten Gang. Außerdem war das Wetter wundervoll, und es roch nach Frühling. Alles wurde geschäftig für die Eröffnung vorbereitet.

Und als ob ich nie etwas anderes in meinem Leben getan hätte, war ich mit dem Staubsauger und dem Staubtuch beschäftigt, damit das Hotel wieder sein sauberes Erscheinungsbild erlangte. Juri wurde wieder in die Schule in Yorktown aufgenommen, wo er sich tausend Mal besser fühlte als in New York. Dort hatte er sich Angriffen junger Rowdys ausgesetzt gesehen, die ihm seine Uhr abnehmen wollten. Nur das zufällige Auftauchen des Lehrers rettete ihn vor solch einer Attacke. In der Schule von Yorktown begrüßten ihn alle herzlich, von den Lehrern bis zum letzten Schüler. Zusätzlich zu den freundlichen Gefühlen, die sie für ihn hegten, erweckte er auch ihr Interesse, denn er war der einzige Ausländer in der Schule. Am 24. März feierten wir die Eröffnung des Hotels. Viele Gäste hatten sich versammelt, und wir begrüßten sie wie Freunde und enge Verwandte. Die Atmosphäre war äußerst herzlich. Die Arbeit machte mir überhaupt keine Angst. Unter den Gästen waren einige neue, mit denen sich Juri schon bald sehr gut verstand. Ich erinnere mich besonders an einen reizenden, älteren russischen Juden, der lange Zeit in Frankreich gelebt hatte, wo er als der Perlen– und Edelsteinkönig bekannt war. (Er hatte das größte Geschäft für Edelsteine). Er und seine Frau waren immer sehr nett zu uns. Bis heute sind sie mir als eine sehr angenehme Erinnerung aus jener Zeit im Gedächtnis geblieben.

In dieser Saison gab es viel weniger lustige Vorfälle, die von meiner ungenügenden Kenntnis der englischen Sprache verursacht wurden. Trotz allem hatte ich während meines Aufenthalts in New York doch etwas Englisch lernen können. Der einzige Gast, der mir gegenüber ein ganz anderes Verhalten an den Tag legte, war meine Arbeitgeberin für drei Wochen, Mrs. Wolf, die mir offensichtlich die schlechte Arbeitsleistung auf ihrem Besitz nicht verziehen hatte. Sie strafte mich mit niedrigen Trinkgeldern. Ich bekam nicht mehr wie früher fünfzehn Dollar, wenn ich ihr ein spätes Abendessen brachte, sondern mußte mich jetzt mit zweien begnügen. Sie genoß im Hotel eine bevorzugte Behandlung. Weil sie es ablehnte, zusammen mit vielen Menschen im allgemeinen Speisesaal zu essen, kam sie immer erst, wenn die Gäste nicht mehr bei Tisch saßen, und belegte dann einen großen Tisch. Oft stand ich dort inmitten ihrer Parasiten bis in die späten Abendstunden. Häufig stellte ich mir in der Küche einige Stühle zusammen und schlief darauf ein. Ich konnte jedoch nicht auf mein Zimmer gehen, bis sie fertig war.

Einige der Gäste, besonders die Deutschen, kamen mit einer bestimmten Absicht – sie wollten mit Juri Schach spielen. Juri hatte sich schon als ein unbesiegbarer Schachspieler einen Namen gemacht. Dank ihrer Zuneigung für Juri hatte Mrs. Kochubey keine Einwände gegen diese Übertretung der Hausregeln. Wir fuhren jetzt weit seltener nach New York und verbrachten unsere freien Tage entweder in Croton oder bei den Deutschen, die in der Nähe lebten. Ab und zu fuhren wir zum Essen nach Yorktown.

Nach den strengen Vorschriften der Kochubeys war es den Angestellten nicht erlaubt, an ihren feien Tagen im Hotelrestaurant zu essen. Aber der Koch, zu dem wir ein besonderes Verhältnis hatten, brachte uns immer irgendein besonderes Gericht auf unser Zimmer, was er natürlich vor der Chefin verbarg.

Weil er besonders gutmütig war, lehnte sich der Koch gegen die von Mrs. Kochubey aufgestellten Vorschriften auf. Er war ein bemerkenswerter Mensch. Jeden Monat schickte er etwas von seinem verhältnismäßig geringen Lohn an seine Freunde und Bekannten, denen die Ausreise aus Europa noch nicht gelungen war. Er selbst hatte nach der Flucht aus Rußland lange Jahre als Rechtsanwalt in Jugolawien gearbeitet, dann aber beschlossen, seinen Beruf und die gute Stellung aufzugeben, um in Amerika Koch zu werden. Europa schien ihm ein ziemlich hoffnungsloser Fall wegen der Nähe der Sowjetunion und der Möglichkeit, daß er wieder unter die kommunistische Herrschaft geraten könnte, vor der er gerade geflohen war.

Der Sommer verging schnell und ohne besondere Vorfälle.

Der September kam. Als ich an einem meiner freien Tage nach New York fuhr, um die Jaworskijs zu besuchen, stellte ich fest, daß unser Freund Mr. Jaworskij nach Syracuse gezogen war, um an einer neueröffneten Schule für Luftwaffenoffiziere der dortigen Universität Russisch zu lehren. Das brachte mich auf den Gedanken, dort mein Glück zu versuchen. Zuerst ging ich zu Alexandra Lwowna Tolstoj, um sie um Rat zu fragen. Sie dämpfte meine Hoffnungen, als sie mir erzählte, daß die Militärschule wegen der großen Zahl der Bewerbungen die Einstellungen gestoppt habe. Ich kehrte nach Croton zurück; aber dann entschloß ich mich doch, nach Syracuse zu fahren und mich an Ort und Stelle zu informieren.

An meinem nächsten freien Tag nahm ich Juri als Glücksbringer mit und fuhr zu einem Vorstellungsgespräch mit dem Direktor des Programms nach Syracuse. Während ich im Vorzimmer wartete, versuchte mich seine Sekretärin zu entmutigen, indem sie mich darauf hinwies, daß sie mindestens hundert Bewerbungen habe und zur Zeit nicht eine einzige Stelle frei sei. Das paßte nicht in meine Pläne. Nach einer so langen Reise schien es mir völlig idiotisch, wegzugehen, ohne den Direktor gesprochen zu haben.

Ungerührt von ihren unfreundlichen Blicken, warteten Juri und ich weiter. Schließlich wurden wir zum Direktor hineingerufen. Nachdem er mich über meine Ausbildung, über meine Arbeit in der Sowjetunion und über meine gegenwärtige Stellung befragt hatte, wiederholte der Direktor, was schon die Sekretärin über die große Zahl der Bewerber und die geringe Zahl der verfügbaren Stellen gesagt hatte. Er war nicht im geringsten ermutigend. Trotzdem hinterließ ich ihm meine Adresse und Telefonnummer in Croton, und Juri und ich kehrten ziemlich niedergeschlagen nach Hause zurück.

Es fiel mir nicht leicht, unseren Arbeitgeber und den Angestellten von unserem Mißerfolg zu erzählen, aber offenbar war niemand überrascht.

Sie dachten, daß ich etwas zu selbstsicher wäre und ein bißchen zuviel verlangte, wenn ich gleich eine Stellung in einer Militärschule haben wollte. Ich mußte am nächsten Tag etliche Augenblicke verletzten Stolzes verdauen, als ich putzte, Geschirr spülte, die Wäsche wusch und so weiter.

Das bißchen Hoffnung, das kurz aufgeblitzt war, hatte sich in nichts aufgelöst.

Nun gut, dachte ich, es sieht so aus, als ob ich wie so viele andere Flüchtlinge, die nach Amerika kamen, in der Rolle eines Dienstboten hängenbleiben werde. Ich tröstete mich mit dem Gedanken, daß ich nicht erwaret hatte, einen Ausnahme zu sein. Warum sollte ich jetzt verzweifeln?

Eines Morgens, ungefähr eine Woche nach unserer Reise nach Syracuse, putzte ich gerade im Haus, als ich ans Telefon gerufen wurde. Weil ich Anrufe nicht gewohnt war, verspürte ich sogar eine gewisse Unruhe. Man stelle sich mein Erstaunen vor, als ich die Stimmer von Mr. Menu erkannte, dem Direktor des Syracuser Unterrichtsprogramms, der mich aufforderte, sofort mit der Arbeit als Lehrerin an der Luftwaffenschule zu beginnen. Natürlich nahm ich dieses Angebot überglücklich an und fragte noch nicht einmal nach den Einzelheiten. Er fügte hinzu, daß er alles noch am selben Tag in einem an mich gerichteten Telegramm bestätigen werde. Meine Zufriedenheit und meine Selbstachtung kannten keine Grenzen. Ich konnte meine Freude jedoch nur mir Juri teilen, der genauso wie ich gelitten hatte. Bei unseren Arbeitskollegen, selbst bei denen, die uns gewogen gewesen waren, machte sich Neid bemerkbar. Wenn das auch traurig war, so konnte ich doch den Grund dafür verstehen. Sie fühlten sich offensichtlich erniedrigt von der Arbeit, die wir ab jetzt vermeiden konnten. Sie alle gehörten zur europäischen Intelligentia, und es war irgendwie entwürdigend für sie, sich so lange mit niedrigen Arbeiten abgeben zu müssen.

Dies war der einzige Mißton, der unser großes Glück begleitete. Ich mußte allein vorausfahren und Juris Ankunft vorbereiten. Die Kochubeys waren sehr nett und erlaubten Juri, bei ihnen zu leben, bis ich mich eingerichtet hatte. Und binnen weniger Tage war auch er auf der Reise zu meiner neuen Stellung.

Syracuse

In Syracuse lernte ich meine Lehrerkollegen und die Studenten kennen, die in der Mehrzahl das College bereits hinter sich hatten und im Rang von Leutnants oder Obersten standen. Ein Lette war Leiter meiner Gruppen, und Jaworskij, mein alter Freund aus Deutschland, unterrichtete auch in ihr. Jeder Lehrer unterrichtete fünf Stunden täglich an fünf Tagen in der Woche. Gewöhnlich hatte jeder Dozent seine eigene Gruppe, obwohl wir öfter tauschten, um die Studenten an verschiedene Aussprachen und an unterschiedliche Stimmen – männliche und weibliche – zu gewöhnen.

Ich war so zufrieden mit meiner Arbeit, daß ich mich ernsthaft hineinkniete. Was war das für eine große und angenehme Veränderung in meinem Schicksal! Von den Studenten in meiner Gruppe erinnere ich mich besonders an einen Hauptmann Stevenson. Die Natur war sehr großzügig zu ihm gewesen; er war groß, gutaussehend, voller Leben und außergewöhnlich herzlich im Umgang mit seinen studentischen Freunden ebenso wie mit den Dozenten. Jeder hatte ihn gern. Seine liebenswürdige Frau und die bezaubernde Tochter Connie (die sofort mein besonderer Liebling wurde) rundeten das Bild ab. Die Stevensons luden uns oft für den Abend ein. Ich machte für ihn Schallplattenaufzeichnungen in russischer Sprache, so daß er sie zu Hause nach dem Unterricht abhören konnte und so mehr Übung in der russischen Aussprache bekam. (Ich habe nie die Verbindung zur Familie Stevenson verloren. Jedes Jahr schreiben wir uns mindestens einen Brief oder eine Karte, und 1957 besuchte ich sie in London. 1967 besuchten er und Conni mich in Los Angeles, wo ich eine Vorlesung an der University of California Los Angeles (UCLA) hielt. Wir trafen uns 1977 wieder, als ich ein Sommersemester in Oregon lehrte, und wir trafen uns das letzte Mal 1979 in Seattle, als Stevenson mit seinem Sohn und der reizenden Tochter, meinem Liebling Connie, zum Flughafen kam, um mich abzuholen. Und 1983 habe ich ihn nur angerufen, um ihm zu erzählen, daß ich gerade meine Memoiren schriebe).

Es gab dort viele andere sehr liebenswerte Menschen, an die ich die besten Erinnerungen behalten habe; aber leider ist der Kontakt zu ihnen seit langem abgebrochen. Ich erinnere mich noch an einen Studenten polnischer Herkunft, aber weniger wegen seiner Begabung für die russische Sprache als vielmehr wegen seines reizenden dreijährigen Sohns. Dieser Junge konnte sich nie an meinen russischen Akzent und an mein beschränktes Englisch gewöhnen. Dauernd wiederholte er, daß ich alles so merkwürdig aussprächte und daß ich mir ihn als Vorbild nehmen solle.

Da war noch ein anderer ausgezeichneter Student mit Namen Pletcher, mit dem uns das Schicksal nach einer Trennung von neunundzwanzig Jahren wieder zusammenführte. Als ich 1979 nach Seattle flog, hatte ich einen dreistündigen Aufenthalt in Denver, wo Pletcher lebte. Stevenson, der mich zum Flughafen gebracht hatte und zu seinem früheren Studienkollegen immer noch freundschaftliche Beziehungen pflegte, beschloß, Pletcher telefonisch zu verständigen, daß ich nach Denver käme.

Pletcher kam sofort zum Flughafen und begrüßte jeden, der mit der Maschine gekommen war. Er war sicher gewesen, daß er mich sofort erkennen würde. Aber leider war das nach neunundzwanzig Jahren nicht so einfach. Wir trafen uns damals nicht. Als ich nach Iowa zurückkehrte, rief er mich an, und wir sprachen lange miteinander. Später tauschten wir Briefe und Fotos aus, um weitere Mißgeschicke zu vermeiden. Bald darauf zog er nach Florida, von wo er mir Fotos seiner Familie schickte, mit drei gutaussehenden, erwachsenen Söhnen, die mich an den jungen Leutnant erinnerten, den ich vor neunundzwanzig Jahren gekannt hatte.

Des weiteren erinnere ich mich an die beiden Studenten Hall und Svob, beide recht groß, fröhlich und sehr nett, die gern an den Wochenenden nach New York fuhren. Sie luden mich oft ein, mit ihnen zu fahren, und unterwegs sprachen wir dann sechs Stunden lang nur Russisch; das half ihnen mehr als eine ganze Unterrichtswoche. (1980, als ich mit einer Freundin aus

Deutschland durch Amerika reiste, machte ich in Reno eine Pause und rief Svob an. Ich war tief betroffen, als ich von seinem Vater hörte, daß er einen unheilbaren Gehirntumor hatte und seit mehreren Monaten im Krankenhaus lag.)

Juri ging in Syracuse in die Schule, und unsere tägliche Routine spielte sich langsam ein. Er wurde bald in den Schachklub aufgenommen und begann sich an Turnieren zu beteiligen. Meine Freude kannte keine Grenzen, als er eines dieser Turniere gewann.

Meine Arbeit in der Schule ließ sich sehr gut an, und mein Verhältnis zu den Studenten war wunderbar. Der älteste Offizier der Gruppe sorgte immer für Disziplin, und trotz meinen erbärmlichen Englischkenntnissen gab es keine Schwierigkeiten.

Ich erinnere mich an einen Vorfall mit einem jungen Lehrer, der den Unterricht in meiner Lieblingsabteilung abhalten sollte. Es war wohl der Tag, an dem wir beide die Gruppen tauschten. Der junge Lehrer wartete völlig verwirrt und äußerst beunruhigt im Korridor auf mich. Als ich ihn fragte, was er da mache und warum er nicht zum Unterricht gehe, antwortete er, daß die Studenten so sehr ins Kartenspielen versunken seien, daß sie ihm nicht die geringste Aufmerksamkeit schenkten.

Er war nicht in der Lage, die Ordnung wiederherzustellen. Das kam mir komisch vor, und ich ging mit ihm zurück. Mich erkannten die Studenten als ihre Lehrerin und legten sofort die Karten hin. Und der verschüchterte junge Mann, den die Studenten nie zuvor gesehen hatten und den sie wegen seiner Jugend nicht als einen Lehrer angesehen hatten, konnte seinen Unterricht in Ruhe abhalten.

Die Ankunft des Sommers brachte eine große Freude für mich durch den unerwarteten Umzug Warjas auf einen Landsitz in der Nähe von Syracuse. Sie arbeitete immer noch als Hausbedienstete für reiche Amerikaner, und sie erlaubten ihr sogar, Gäste zu empfangen. Weil Warja niemanden hatte außer Juri und mir, versuchten wir jedesmal, wenn wir nicht nach New York fuhren, die freien Tage zusammen mit ihr im Schoß der Natur auf jenem wunderschönen Besitz am Ufer des Sees zu verbringen.

Die Abschlußprüfungen kamen näher, und ich dachte mit Trauer daran, wie es wohl wäre, von diesen netten jungen Leuten getrennt zu sein, mit denen ich elf Monate lang gearbeitet hatte. Ich dachte daran, daß wir uns nie wiedersehen könnten. Amerika ist ein so riesig großes Land, und sie würden in alle Richtungen davongehen.

Wieder dachte ich, ohne es zu wollen, an Rußland. Dort waren die Menschen weitaus weniger beweglich. Dies traf ganz besonders auf die Menschen zu, die wie wir damals in Leningrad lebten. Alle unsere Freunde und Bekannten hatten offensichtlich jahrhundertelang in eben dieser Stadt gelebt. Dort durfte man noch nicht einmal von einer Stadt in die andere umziehen, es sei denn aus wichtigen Gründen; und man versuchte es gar nicht erst. Jene, mit denen man in den frühen Lebensjahren befreundet war, blieben bis ans Ende Freunde. Die Beziehungen zwischen den Menschen waren enger.

In Amerika dagegen erstaunt mich immer wieder diese große Mobilität. Ich kann mich einfach nicht daran gewöhnen. Einige der Studenten, besonders die mit Familie, kaufen sogar Häuser, obwohl sie wissen, daß sie nach einem Jahr umziehen und folglich das Haus verkaufen müssen, um ihrer Versetzung an eine neue Stelle zu folgen.

Bald verbreitete sich ein Gerücht, daß ein neuer Professor mit dem Auftrag käme, ein Lehrbuch zu schreiben mit dem wir unterrichten sollten. Das war sehr merkwürdig, denn wie sollten wir danach unterrichten, wenn das Buch noch nicht einmal geschrieben war?

Es war jedoch nicht unsere Aufgabe, das zu beurteilen. Die neue Gruppe von hundert Studenten wurde als ein Experiment angesehen. Gegen meinen Wunsch, aber als eine große Ehre in den Augen der Verwaltung, wurde ich in diese Gruppe versetzt. Als sämtliche hundert Studenten in dem riesigen Saal erschienen, wo uns der Direktor ihnen vorstellen sollte, fiel mir sofort ein fröhlicher, nett aussehender, angenehmer junger Bursche auf, der russische Sprichwörter deklamierte.

Vor dem offiziellen Teil des Programms konnte ich mich mit ihm unterhalten und erfuhr, daß er aus Chikago kam und Marshall hieß. Auf meine Frage, wo er so viele Sprichwörter gelernt habe, antwortete er mit einem Lachen, daß das Sammeln und Aufsagen von Sprichwörtern sein Hobby sei. Es zeigte sich, daß er über hundert in seinem Notizbuch aufgeschrieben hatte. Wenige Tage später brachte mich dieser Marshall in arge Verlegenheit, als er zu einer Dozentin sagte: »Dieses Kleid steht Ihnen wie ein Sattel der Kuh.« Sie hatte gesehen, daß ich mich oft mit ihm unterhielt, und nahm natürlich an, daß ich ihn dazu angestiftet hätte, nachdem ich ihm das Sprichwort beigebracht hatte.

Echte Freundschaften entstanden mit einigen dieser Studenten. Unglücklicherweise ist mit dem Lauf der vielen Jahre die Verbindung zu einigen abgerissen. Andere jedoch blieben treue Freunde, und wir schreiben uns und treffen uns manchmal. Ich halte sehr viel von diesen langjährigen Freundschaften, und wenn ich in Iowa bin, kann es passieren, daß das Telefon klingelt und eine fremde Stimme sagt: »Erinnern Sie sich an mich, ich war vor dreißig Jahren ihr Student in Syracuse.« Das hebt meine Stimmung enorm, und ich bin glücklich und dankbar, daß es sogar in unserem materialistischen Jahrhundert etwas gibt, das wertvoller ist als Geld und irdische Besitztümer.

Übrigens mahnte uns der Direktor während ich an diesem Unterrichtsprogramm beteiligt war mehrfach, an die Geheimhaltung unserer Arbeit zu denken; wenn uns jemand fragte, sollten wir nur antworten, wir seien Dozenten an der Universität Syracuse. Unter keinen Umständen dürften wir unsere Militärschule erwähnen. Wir waren erschrocken und erzählten noch nicht einmal unseren Verwandten davon! Aber wie groß war unser Erstaunen, als einer der Dozenten die sowjetische Zeitung Prawda aufschlug und einen langen Artikel mit allen Einzelheiten unseres Programms vorlas – und mit einer kompletten Liste der Dozenten, dieser »Verräter des Vaterlandes«.

Wieder mußten wir feststellen, daß der sowjetische Geheimdienst überall war und seine Methoden hatte, alles herauszufinden, was ihn interessierte. Wir übersetzten den Artikel und schickten ihn dem Direktor.

Als meine Beschäftigung an der Syracuser Sprachenschule zu Ende ging, mußte ich mich wieder nach einer Stelle umsehen. Spencer, einer meiner Studenten, schlug vor, daß ich mit ihm zu seinen Verwandten nach Boston fahren und unterwegs in verschiedenen Colleges und Universitäten haltmachen solle, in der Hoffnung, eine Stelle als Dozentin zu finden. Allerdings kam bei diesen Bemühungen nichts heraus. Alle verlangten amerikanische Studienabschlüsse und nahmen die russischen Diplome gar nicht zur Kenntnis, obwohl auf meinen stand, daß ich von dreizehn Noten zwölfmal »Ausgezeichnet« erhalten hatte. Es war ein gewisser Trost, daß wir viele interessante Orte besuchten, darunter die bezaubernde Stadt Boston, und viele Leute kennenlernten.

Ich verabschiedete mich von Spencer, der genauso enttäuscht war wie ich, und reiste nach Washington mit Empfehlungsbriefen für Jakobson, der eine wichtige Position in der Library of Congress innehatte. Die Frau, mit der er seit Jahren verheiratet war, lehrte Russisch an der George-Washington-Universität. Ich wurde freundlich empfangen; es gab dort jedoch keine Hoffnung auf eine Anstellung. Ich kehrte nach Syracuse zurück und begann mich mit Warja, die sich auch dort niedergelassen hatte, nach Hausarbeit umzusehen. Zu dieser Zeit kam eine andere russische Familie, die Giatsintows, in Syracuse an. Ihr Sohn Kolja war fast im selben Alter wie Juri, und sie wurden sehr gute und langjährige Freunde.

Ende August begann ich in einem Studentenrestaurant zu arbeiten, wo ich aus reiner Notwendigkeit fünf Jahre blieb. Ich würde diesen Zeitabschnitt gern aus meinem Gedächtnis löschen; aber auch hier gab es unter den schwierigsten Umständen heitere und glückliche Augenblicke, die immer mit Menschen zusammenhingen. Dieses Mal waren es die amerikanischen Studenten, die wir bedienten. Oft hatten sie nur wenig Geld. Unser Restaurant zeichnete sich durch sein russisches Gebäck aus, und wir konnten ihnen ab und zu ein Extrastück des sehr leckeren Rumkuchens zukommen lassen, ohne daß es der wachsame Restaurantbesitzer sah. Am Sonntag, wenn alle anderen Selbstbedienungsrestaurants für Studenten geschlossen hatten, fielen ganze Studentenmassen bei uns ein, so daß es immer schwierig war, einen Platz zu finden.

In diesem Restaurant arbeiteten Juri, Kolja und viele andere Mädchen und Jungen aus russischen Emigrantenfamilien mehrere Stunden am Tag. Diese russischen Familien hatten sich hauptsächlich wegen der Luftwaffenschule in Syracuse niedergelassen. Jetzt waren viele aus der älteren Generation arbeitslos; die Kinder suchten nach jeder Art von Verdienstmöglichkeit und gingen ohne zu murren in dem Restaurant arbeiten, in dem auch ich angestellt bleiben mußte.

Der Start des Sputniks im Jahr 1957 veränderte mein ganzes Leben. Ich wurde aufgrund meiner Leningrader Diplome im Graduierten-College der Universität angenommen und erhielt sogar ein Stipendium. Ich schrieb mich im Seminar für vergleichende Literaturwissenschaft ein, um mich auf eine Promotion vorzubereiten, weil man meine Arbeit in Leningrad als einer Magisterarbeit gleichwertig akzeptiert hatte. Obwohl ich in den Kursen neben weitaus jüngeren Studenten saß, war ich nicht verzweifelt; im Gegenteil, ich hielt mich für jemanden, der vom Glück begünstigt war. Das Stipendium reichte für das Notwendigste, was Juri und ich brauchten. Wir lebten sehr bescheiden und waren mit dieser Wendung der Ereignisse völlig zufrieden. Es schien, daß das Glück uns wieder einmal gelächelt hatte.

Leben in Amerika und Europa

Meine Bekanntschaft mit Marcel Aymé

Die englische Sprache war immer noch ein Problem. Jedoch erlaubten mir meine Professoren, die schriftlichen Arbeiten in Französisch vorzulegen. Selbst die Diskussion meiner Abhandlungen wurde in Französisch geführt. Das erleichterte mir die Arbeit ganz gewaltig. Meine Professoren und Studienkollegen – außer mir waren nur noch fünf im Seminar – waren mir sehr wohlgesinnt.

Als ob es gestern gewesen wäre, erinnere ich mich an die Beklemmung, mit der ich meinem Dozenten für die französische Literatur des neunzehnten Jahrhunderts, Professor Bart, meine erste schriftliche Arbeit überreichte, ein Referat über Stendhal. So etwas hatten wir in der Sowjetunion nie machen müssen. Dort waren in der Tat fast alle Prüfungen mündlich und die schriftlichen Arbeiten von ganz anderer Art.

Wer beschreibt mein Erstaunen und meine Freude, als der Professor mir meine Arbeit mit der Note A (Sehr gut) zurückgab. Das war in der Tat einer der glücklichsten Augenblicke meines Lebens. Es gab mir Selbstvertrauen und die Zuversicht, daß ich die Arbeit für die mir so wichtige Promotion leisten konnte, die mir bis dahin unerreichbar erschienen war. Ich wußte bereits, daß ich ohne die Promotion an keiner amerikanischen Universität würde arbeiten können.

Ich segnete Professor Bart, denn er hatte mich mit seiner Einschätzung gerettet. Ein anderer, dem ich während der Zeit meiner Studien an der Universität von Syracuse besonders zu Dank verpflichtet war, war Professor Menu, eben der Mann, der mich für die Luftwaffenschule eingestellt hatte, wo er der Programmdirektor gewesen war. Professor Menu hielt einen Kurs über die

Literatur des zwanzigsten Jahrhunderts. Ich arbeitete in Französisch lange Referate für ihn aus, sogar mehr, als von mir verlangt wurden. Als ein ausgezeichneter Kenner der russischen Literatur verweilte Professor Menu während der Diskussion über meine Arbeiten oft bei den russischen Schriftstellern. Das machte die Debatten und Diskussionen lebendiger und leichter.

Ich brachte das erste und zweite Semester mit ausgezeichneten Erfolgen hinter mich und wurde in die Ehrenverbindung Phi Sigma Jota aufgenommen. Jetzt wurde es notwendig, über ein Thema für meine Dissertation nachzudenken. Ganz zufällig stieß ich auf den Namen des französischen Schriftstellers Marcel Aymé, dessen Werke mir besonders gefallen hatten. Außerdem schien er mir ein außergewöhnlicher Mensch zu sein.

Ich dachte nicht lange darüber nach, sondern beschloß, ihm zu schreiben und ihm mitzuteilen, daß ich eine Dissertation über ihn vorbereitete. Die Antwort kam postwendend. Sein Brief war äußerst freundlich und sehr ermutigend. Ich zeigte ihn allen meinen Professoren, die ziemlich beeindruckt waren. Alle von ihnen, besonders Menu, waren sehr zufrieden mit dieser Wendung der Ereignisse. Der Kontakt zu dem Schriftsteller, über den ich meine Arbeit schreiben wollte, war eine Investition in meinen zukünftigen Erfolg.

Und so begann im Frühjahr 1959 meine Korrespondenz mit diesem überragenden Schriftsteller und Menschen. Mein späteres Zusammentreffen und die Bekanntschaft mit ihm sollten einen großen Einfluß auf die kommenden Jahre haben.

Juri hatte unterdessen die High School abgeschlossen und ging aufs College. Dima, der in New York lebte, reiste nach Deutschland, um sein Medizinstudium abzuschließen.

In Syracuse gab es eine große russische Kolonie und zwei russische Kirchen. Es gab Abendgesellschaften und sogar Bälle; man feierte Weihnachten, den Neujahrstag und Ostern. Juri hatte unter den jungen Leuten eine große Zahl von Freunden, aber sein bester Freund blieb Kolja Giatsintow, von dessen Ankunft in Syracuse ich schon erzählt habe.

1960 hatte ich alle meine Kurse abgeschlossen; es blieben noch das Abschlußexamen und die Verteidigung meiner These. Weil ich mir keine Hoffnungen auf eine Erneuerung des Stipendiums machen konnte, das ich jetzt seit zwei Jahren bezogen hatte, mußte ich mich für das nächste Studienjahr nach einer Arbeit umsehen und im Herbst die Examen ablegen. Ich hielt es für unbedingt notwendig, noch vorher mit Marcel Aymé zusammenzutreffen, so daß ich meinem Doktorvater bereits die ersten Kapitel meiner Dissertation geben könnte. Von Marcel Aymé, der einzig wahren Quelle, konnte ich alle notwendigen Informationen erhalten. Das war außerordentlich wichtig.

Während ich mich auf meine Reise nach Paris vorbereitete, schickte ich Bewerbungen an verschiedene Universitäten, die Dozenten für Russisch suchten.

Im vergangenen Jahr war mein Professor für französische Literatur ein sehr netter junger Mann griechischer Herkunft mit Namen Christofatis gewesen, der drei Jahre an der Universität von Iowa verbracht hatte. Bei einem Gespräch über meine Zukunft riet er mir, nach Iowa zu schreiben und meine Dienste als Professor für russische Sprache und Literatur anzubieten. Ich hatte Zweifel, daß man mich nehmen würde, weil ich meine Promotion noch nicht abgeschlossen hatte und nicht darauf rechnen konnte, eine Stelle als Assistenzprofessor zu erhalten. Unter dem Einfluß von Christofatis schrieb ich dennoch an die Universität von Iowa.

Zu jener Zeit schien mir Iowa ein äußerst entfernter und schrecklich abgelegener Fleck auf der Weltkarte. Zu meiner großen Überraschung erhielt ich schon bald nach meinem Brief einen Anruf vom Leiter der Abteilung für Fremdsprachen, Dr. de Chasca. Er bot mir für den kommenden Herbst eine Stelle als Dozentin an, weil ich meine Dissertation noch nicht beendet hatte. Außerdem wollte er, daß ich Mitte Mai zu einem Einstellungsgespräch käme. Ich nahm all meinen Mut zusammen (schließlich hatte ich noch kein ernsthaftes Angebot) und antwortete, daß ich zu dem Gespräch nicht kommen könne, weil ich bereits mein Flugticket nach Paris für den 13. Mai hätte; außerdem könne ich nicht als Dozentin kommen.

Er antwortete, daß er in diesem Fall mit dem Dekan sprechen müsse und mir dann Bescheid geben werde. Nach diesem Gespräch war ich ziemlich niedergeschlagen und ließ Juri an meinen Gefühlen teilhaben. Ich befürchtete, daß ich zu hoch gepokert hätte und daß ich mir etwas anderes suchen müßte, weil mein Stipendium auslief und wir keine weiteren Mittel hatten. Juris unerschöpflicher Optimismus war eine gewaltige Stütze in dieser bangen und wichtigen Zeit.

Drei andere Bewerbungen bei der Universität von Reno, der University of California und der Columbia Universität waren zunächst unbeantwortet geblieben. Von den drei möglichen Stellen zog mich am meisten die in Nevada an, weil mein früherer Student Svob in Reno lebte und arbeitete. Er unterhielt sich mit mir am Telefon und überredete mich nachdrücklich, nach Reno zu kommen, wo er mir auf jede mögliche Weise helfen würde.

Ich verbrachte zwei bange Tage, während derer ich mich für mein Selbstvertrauen und den selbstsicheren Ton bei meinem Gespräch mit Professor de Chasca verwünschte, einen Ton, der überhaupt nicht meine Art war.

Meine Überraschung und meine Freude waren grenzenlos, als ich am 9. Mai 1960 ein Telegramm mit folgendem Wortlaut erhielt: »Sie sind als Assistenzprofessor mit einem Gehalt von 6500 Dollar jährlich vom September dieses Jahres an eingestellt.« Unterschrift: »de Chasca, Leiter der Abteilung für Fremdsprachen.« Einige Tage später erhielt ich den Vertrag. So hatte sich Juris und mein Schicksal entschieden.

Ein paar Tage später kamen zwei weitere Antworten: eine aus Reno und eine von der Columbia Universität. Ich schrieb zurück, daß ich ein Angebot aus Iowa angenommen hätte. Die sechziger Jahre waren die günstigste Zeit für Russischlehrer, die eine Stellung suchten.

Zur Feier des Tages teilte ich mit Juri das Geld, das mir von meiner Arbeit bei den Kochubeys übriggeblieben war, und am

211

13. Mai brachen wir nach Europa auf. Ich nahm das Flugzeug und Juri das Schiff nach Amsterdam.

Sommer in Europa

Ich kam am frühen Morgen des 14. Mai in Paris an und wurde dort von meiner Nichte Tanja abgeholt, die ich schon so lange nicht mehr gesehen hatte. Sie und ihr Mann, Oberst in der französischen Armee, lebten in einem Vorort. Ich war in bester Stimmung und einfach von allem und jedem entzückt: das Zusammentreffen mit Verwandten, der wundervolle Pariser Frühling und, als Wichtigstes von allem, das Bewußtsein, daß ich im Herbst einen festen Arbeitsplatz hatte. All meine Ängste waren vergessen. Ich machte mir keine Sorgen mehr um die Zukunft.

Ein Gehalt von 6500 Dollar schien mir ein unglaublicher Reichtum im Vergleich zu dem Stipendium von 1500 Dollar, das ich zwei Jahre lang erhalten hatte, und mehr noch im Vergleich zu meinem früheren Lohn für die Arbeit in den amerikanischen Hotels und Restaurants. Ich sah mir den Vertrag aus Iowa nicht genau an, in dem stand, daß ich nur für ein Jahr auf Probe angestellt worden war.

Kurz nach meiner Ankunft in Paris rief ich Marcel Aymé an. Seine Frau nahm das Gespräch entgegen, und ich sagte ihr, daß die Verwandten, bei denen ich wohnte, unglücklicherweise kein Telefon hätten. Deshalb gab ich ihr deren Adresse. Dann wartete ich auf eine Nachricht von Marcel Aymé. Ich zweifelte nicht einen Augenblick daran, daß er antworten würde, schließlich hatte ich in Syracuse diese außergewöhnlich freundlichen Briefe von ihm erhalten.

Aber die Zeit verging, und ich hörte nichts von ihm. Meine Stimmung sank. Tanja schlug vor, daß wir für zwei Wochen in eine russische Pension in der Gegend der Loire-Schlösser fahren sollten. Ich willigte ein. Die bezaubernden Schlösser und der Aufenthalt unter netten Menschen in einem Gasthaus ließen mich die Enttäuschung, die ich empfand, nachdem Marcel Aymé auf meinen Wunsch nach einem Treffen nicht geantwortet hatte, vergessen.

Dann trafen wir in einem kleinen Dorf an der Loire ganz zufällig den französischen Kritiker Catelin, der ein gutes Buch über die Werke von Marcel Aymé geschrieben hatte. Als dieser Kritiker, ein recht exzentrischer junger Mann, hörte, wer ich war, kam er zu mir und fragte mich vorwurfsvoll, wohin ich verschwunden wäre und warum ich Marcel Aymé nicht mitgeteilt hätte, daß ich Paris verlassen wolle. Marcel Aymè habe zwei Wochen lang nach mir gesucht und schon die Hoffnung aufgegeben, mich zu finden. Das Mißverständnis klärte sich schnell auf.

Seine Frau hatte sich vertan, als sie die Adresse aufschrieb; und obwohl er mir eine Einladung zum Abendessen geschickt hatte, war sie bei mir offensichtlich nicht eingetroffen. Sie hatten an jenem Abend lange auf mich gewartet, bis Marcel Aymé schließlich in seinen Wagen gestiegen und zu der Adresse gefahren war, die ihm seine Frau genannt hatte. Natürlich hatte er mich nicht finden können. Ich war zugleich glücklich und verzweifelt, weil ich unbeabsichtigt ein solches Problem verursacht hatte und nicht zu dem formellen Abendessen erschienen war.

Glücklicherweise renkte sich alles wieder ein. Ich schrieb Aymé und erklärte ihm das Mißverständnis. Er lud mich in ein dänisches Restaurant auf den Champs-Elysées ein. Dieser Abend in dem eleganten Restaurant ist mir lange im Gedächtnis geblieben. Ich war in einer wunderbaren Stimmung. Mit diesem berühmten Schriftsteller in einem solchen Restaurant zu sein, wo ihn viele Leute kannten, und mich mit ihm einfach und ungezwungen unterhalten zu können, das machte mich unermeßlich froh.

Der nächste Tag brachte ein weiteres freudiges Ereignis. Ich holte Juri am Bahnhof ab. Er war von Amsterdam angekommen und ebenfalls bester Stimmung, weil er etliche Tage auf dem Schiff in der lustigen Gesellschaft anderer Studenten verbracht hatte. Er wollte mehrere Tage durch Paris streifen und sich dann ein ge-

213

brauchtes Motorrad kaufen, um eine Rundreise durch Europa zu machen. Mein früherer Student Bill Spencer hatte uns noch in Amerika erzählt, daß er Paris zur selben Zeit wie wir besuchen wolle.

Ich fand ein Zimmer für beide in einer Pension nicht weit von den Verwandten, bei denen ich wohnte. Damals war es noch recht einfach für amerikanische Studenten, durch Europa zu reisen, und der Wechselkurs war sehr günstig. In vielen Städten gab es Studentenwohnheime, wo sie fast umsonst die Nacht verbringen und frühstücken konnten. In Deutschland zum Beispiel gab es für einen Dollar 4,20 Mark, und eine solche Übernachtung kostete eine Mark, also weniger als fünfundzwanzig Cent. In Frankreich war der Wechselkurs sogar noch günstiger. Bei solchen Umtauschraten kamen sich Juri und ich wie Millionäre vor. Alles im Leben ist natürlich relativ. Aber uns erschien im Vergleich zur Vergangenheit alles so leicht und erreichbar.

Juri, der immer starken Anteil an all meinen Angelegenheiten nahm, wurde geradezu ekstatisch, als ich ihm von meinem Abendessen mit Marcel Aymé erzählte.

Nachdem wir einige Tage zusammen in Paris verbracht hatten, und Bill uns unglücklicherweise nicht finden konnte, weil er die Adresse verloren hatte, kaufte Juri sich ein gebrauchtes und gnadenlos lärmendes Motorrad für dreißig Dollar und fuhr los. Ich reservierte mir ein Zimmer für acht Dollar in einer Pension in Bad Kissingen und verließ Paris Anfang Juli. Ich mußte mich ernsthaft auf meine Prüfungen im Herbst vorbereiten und meinte, daß diese einfache Pension in einem deutschen Kurort dafür der ideale Ort wäre.

Ich wurde nicht enttäuscht, ich hatte ein großes, helles Zimmer mit allen Annehmlichkeiten und vor allem mit einem schönen, großen Arbeitstisch, wie man ihn nicht in allen europäischen Kurorten findet. Jeden Tag stand ich zwischen fünf und sechs Uhr morgens auf und arbeitete konzentriert bis neun Uhr dreißig. Dann ging ich immer frühstücken. Danach machte ich jedesmal einen langen Spaziergang, bei dem ich oft die interessan-

testen Leute traf. Von drei Uhr bis zum Abendessen arbeitete ich
dann wieder in meinem Zimmer.

Juri kam mich bald besuchen, nachdem er durch Frankreich ge-
reist war und unsere alte Freundin Warja in Marseille aufgesucht
hatte. Warja hatte während und nach dem Krieg in Bendorf gelebt. Während der französischen Besetzung hatte sie einen französischen Offizier geheiratet und war mit ihm in den Süden
Frankreichs gezogen.

Bad Kissingen gefiel Juri so sehr, daß er zwei Wochen dortblieb.
Der Besitzer der Pension erklärte sich einverstanden, eine Liege
in mein Zimmer zu stellen, und für achtzehn Mark zusätzlich bekam Juri dasselbe Essen wie ich. Dies war einer der angenehm-
sten Zeitabschnitte unseres Lebens. Juri spielte Tennis, und zusammen machten wir beide lange Spaziergänge auf der Suche
nach Pilzen. Es ist wohl wahr, daß meine Arbeit dabei etwas zu
kurz kam; aber dennoch nahm ich mir für alles Zeit.

In Bad Kissingen gab es eine russische Kirche mit einem unge-
mein liebenswerten alten Priester und seiner Frau. Juri und ich
besuchten ihn öfter. Während des Abendgottesdienstes beobachtete ich einmal eine hübsche junge Frau, die wohl zum erstenmal eine orthodoxe Kirche besuchte und weder den Gottesdienst
noch das Ritual kannte. Ich half ihr, und nach dem Gottesdienst
machten wir uns bekannt und unterhielten uns. Sie war eine
Russin aus Poltawa, die während des Krieges nach Deutschland
gekommen war. Ihr Mann war ein Deutscher, der sie durch eine
Laune des Schicksals aus dem Lager hatte retten können, in dem
die auf ihren Rücktransport in das sowjetische Vaterland War-
tenden festgehalten wurden. Irgendwie war es ihm gelungen, die
Wachen abzulenken und Anuschka auf sein Motorrad zu setzen
und in seine Heimatstadt Siegen zu bringen, wo sie jetzt lebt.

An jenem Abend kam sie uns besuchen, und von da an waren wir
fast unzertrennlich. Von Anfang an schwärmte Anuschka für
Juri. Das machte sie mir natürlich um so liebenswerter. Weil sie
hübsch, nett und fröhlich war, machte sie auf jeden einen guten
Eindruck. Juri fuhr bald ab, um seine Reise durch Europa fortzu-

setzen. Anuschka jedoch blieb meine treue Gesellschafterin. Juri und ich hatten abgemacht, uns in Karlsruhe zu treffen, wo die Dawidows, unsere Leningrader Bekannten, lebten. Von Karlsruhe aus wollten wir in die Schweiz reisen, wo wir ebenfalls nette Bekannte hatten, die wir zufällig im Zug kennengelernt hatten und die darauf bestanden, daß wir sie besuchen sollten.

Der Schwarzwald, die Schweiz, dann wieder Paris – all das ging so schnell vorüber wie ein strahlender Traum. Ich mußte für die Doktorandenprüfungen zurückkehren, und Juri mußte zum Semesterbeginn wieder im College sein. Am 1. September kam ich in Syracuse an, und am nächsten Tag begann ich vier Stunden täglich die für mich vorbereiteten Examensarbeiten zu schreiben. Das dauerte eine ganze Woche.

Am 22. September, einen Tag nach Juris Rückkehr, kam Nadine an, eine junge Französin. Sie war die Tochter meiner alten Freunde, der Chomets. Ich hatte sie in Paris getroffen und zugestimmt, Nadine aufzunehmen, die unbedingt Amerika sehen wollte. Ich erwähnte damals nicht, daß mir nach meiner Reise nur noch vierhundert Dollar blieben und ich, wenn alles gutginge, erst nach einem Monat mein erstes Gehalt erhalten würde. Ich stimmte sehr gerne zu, diese junge Französin während der Zeit ihres Aufenthalts in den Vereinigten Staaten bei mir aufzunehmen. Natürlich erwähnte ich auch nicht, daß ich immer noch keine Wohnung in meiner neuen Heimatstadt hatte und auch nicht andeutungsweise wußte, wie und wann ich mich dort einrichten würde.

An der Strecke von Syracuse nach Iowa hatte ich viele gute Bekannte, deshalb war es nicht nötig, in Motels oder Hotels zu übernachten. Die erste Etappe mit einem Zwischenstop in Niagara Falls endete am späten Abend in Cleveland, im Haus von Freunden aus Piatigorsk, den Mironenkos. Diese Freunde gaben uns zu Ehren eine große Party. Einerseits war eine solche Aufmerksamkeit sehr nett; sie war jedoch ein wenig deplaziert, weil Nadine und ich nach der langen Fahrt sehr müde waren und nur noch schlafen wollten. Am nächstenTag stand uns eine weitere lange Fahrt bevor – nach Chikago, wo Marshall, der ehemalige Student aus der Luftwaffenschule und eifriger Sammler russischer Redensarten und Sprichwörter, auf uns wartete. Es war ein wundervolles Wiedersehen. Marshall kam mit einer Flasche Champagner zur Telefonzelle gelaufen, weil wir uns im Verkehr von Chikago hoffnungslos verirrt hatten.

Am nächsten Morgen legten wir die letzte kurze Strecke unserer Reise nach Iowa zurück. Als das Hinweisschild für Iowa City vor meinen Augen auftauchte, begann mein Herz aufgeregt zu schlagen. Was erwartete mich in diesem neuen, unvertrauten und abgelegenen Ort? Ich war sehr froh, daß ich nicht allein war und neben mir diese junge Person saß, so voller Leben und Hoffnung auf eine glückliche Zukunft. Ihr Optimismus machte mir Mut. Und ich dachte, daß es doch gut gewesen war, daß ich der Bitte ihrer Eltern zugestimmt und Nadine mitgenommen hatte! Irgendwie würde sich schon alles finden. Die schlimmsten und schwierigsten Zeiten lagen hinter mir. Wir fuhren sofort ins Jefferson Hotel, wo Professor de Chasca ein Zimmer für uns reserviert hatte. Nadine war von allem entzückt, von den kleinen Restaurants, in denen wir unterwegs eingekehrt waren, bis zu dem großen, guteingerichteten Hotelzimmer. Aber ich entdeckte an der Tür die Karte mit dem Preis – zehn Dollar die Nacht. Das schien mir ein außergewöhnlich hoher Preis.

Iowa

Ich beschloß, gleich am nächsten Morgen meine ganze Kraft auf die Suche nach einer Wohnung für uns beide zu verwenden. Inzwischen waren meine Ersparnisse auf der Reise so ziemlich dahingeschmolzen, trotz einer Reihe günstiger Umstände wie die kostenlosen Übernachtungen und der Benzin-Preiskampf in verschiedenen Staaten. In Iowa zum Beispiel war die Gallone Benzin auf siebzehn Cent gefallen im Vergleich zu dem damals üblichen Preis von dreißig Cent.

Aber wie es scheint, nimmt sich das Schicksal in den schwierigsten Augenblicken meines Lebens immer wieder meiner an. Also erzählte ich Nadine nichts von meinen Sorgen, ging ruhig zu Bett und schlief sofort ein.

Am nächsten Tag begann die Einschreibung an der Universität. Weil ich keine Vorstellung davon hatte, wo und wie diese ablief, ging ich in das Büro des Dekans. Er war nicht da, aber ich traf seine Sekretärin Mary Lou Kelley an, die sich als eine herzliche, sehr liebenswürdige Person erwies und mir alles erklärte. Auch Mr. de Chasca war bei der Anmeldung. Ich ging sofort dorthin und bat ihn um die Erlaubnis, den Tag für die Suche nach einer Bleibe zu nutzen.

Als ich in das Hotel zurückkehrte, ließ ich es darauf ankommen und bezahlte die Rechnung, ohne ein Zimmer für die Nacht zu reservieren. Nadine und ich brachen dann auf, um eine Wohnung zu suchen. Das war keine leichte Sache. Die Studenten hatten schon lange die Stadt durchkämmt und die Wohnungen gemietet, die in der Nähe der Universität lagen.

Wir suchten überall und fragten sogar Passanten, ob sie von einer freien Wohnung wüßten. Um zwei Uhr kaufte ich die Zeitung, die gerade herausgekommen war, und um vier Uhr mietete ich eine Wohnung, die uns recht angenehm erschien. Sie lag direkt dem Friedhof an der Church Street gegenüber. Die Nähe des Friedhofs machte uns überhaupt nichts aus. Die Stille war beruhigend, und wir waren nicht abergläubisch in bezug auf nächtliche Besuche der Verstorbenen.

Das Auspacken unseres geringen Gepäcks dauerte nicht lange. All meine Besitztümer hatten leicht in den Kofferraum meines Pontiac gepaßt. Nadine und ich kamen zu dem Schluß, daß wir Glück gehabt hatten.

Nachdem ich eine Monatsmiete von fünfundsiebzig Dollar im voraus bezahlt hatte, blieb mir das stolze Saldoguthaben von zweihundert Dollar. Das mußte für einen Monat reichen, bis ich mein erstes Gehalt bekam. In bester Laune ging ich Lebensmittel einkaufen.

Weil ich nicht wußte, wo ich parken konnte, setzte mich Nadine am nächsten Tag vor Field House ab, wo die Anmeldung vor sich ging. Alles war neu für mich. Ich war besonders beunruhigt wegen des gewaltigen Postbergs, der mich erwartete. Eine Abteilung für russische Sprache und Literatur bestand als solche noch nicht. Alle Fremdsprachenabteilungen außer der deutschen unterstanden de Chasca. Ich war der einzige Russischprofessor. Außer mir gab es noch drei Assistenten: Tamara, eine Russin; Suleika, eine Serbin, und Oreste, einen Westukrainer.

Viele Studenten hatten sich für Russisch eingeschrieben. Aus meinem Briefwechsel mit de Chasca wußte ich, daß ich in der zweiten, dritten und vierten Lehrstufe unterrichten sollte. Zusätzlich gab es einen Kurs mit technischem Russisch und einen Abendkurs für die Militärreservisten. Ob ich auch den letzteren übernehmen mußte, wußte ich noch nicht. Außerdem fiel mir die ganze Schreibarbeit der russischen Abteilung zu, besonders die Korrespondenz.

Nadine war überhaupt keine Belastung für mich. Im Gegenteil, sie half mir, wo sie nur konnte. Die Studenten und Einwohner der Stadt waren von ihrer attraktiven Erscheinung und ihrer Aussprache fasziniert. Sie sprach recht gut Englisch, aber mit einem amüsanten französischen Akzent.

Im Debattierklub der Universität gab Dekan Stuit ein Essen für die neuernannten Dozenten. Mein Nachbar bei diesem Essen war Universitätspräsident Hancher, der sich sehr eingehend mit mir unterhielt und mir viele Fragen über Rußland und unsere Erlebnisse stellte.

Während der ersten Tage nach unserer Ankunft luden uns Mary Lou Kelley und ihre Schwester Alice zu einer Rundfahrt durch die Stadt und ihre Umgebung ein. Wir beide mochten Iowa sehr. Dieser Staat erinnerte mich an Rußland, besonders an die Ukraine. Eine Woche nach unserer Ankunft gaben wir ein festliches Abendessen.

Die ersten, die wir einluden, waren die Schwestern Kelley, die beide seit unserer Ankunft sehr nett zu uns gewesen waren und uns oft einen Gefallen erwiesen hatten. Ihre herzliche Unterstützung legte den Grundstein für unser neues Leben in Iowa. Wir wußten, daß wir auch dort treue Freunde und Helfer haben würden.

Gewöhnlich war ich bis zwei Uhr beschäftigt. Dann holte mich Nadine ab, und wir fuhren in unsere Wohnung zurück. Ich war immer noch damit beschäftigt, meine Dissertation abzuschließen; deshalb arbeitete ich noch einige Stunden zu Hause, falls ich nicht durch den Vormittag zu müde geworden war. Ich legte Wert darauf, einmal in der Woche die benachbarten Colleges zu besuchen, um die russischen Sprachlehrer kennenzulernen. Es war mir unerläßlich, mit meinen Kollegen Kontakt zu halten.

Juri war an der Universität von Syracuse geblieben, wo er Chemie studierte. Es tat mir leid, daß er nicht in Iowa war, und so träumte ich zunächst nur heimlich davon, ihn dazu zu bewegen, nach Iowa zu kommen. Ich konnte mich überhaupt nicht damit abfinden, daß die Mehrzahl der Kinder in Amerika das Elternhaus nach der Schule verlassen und auf eigenen Füßen stehen. Ich konnte Rußland nicht vergessen, wo sogar erwachsene Kinder während des Studiums noch unter dem elterlichen Dach lebten. Es ist schwer zu sagen, was besser ist, aber in Rußland sind die Familienbindungen irgendwie stärker. Bis jetzt waren Juri und ich noch nie für längere Zeit getrennt gewesen. Jetzt litt ich doch sehr unter unserer Trennung.

Ich war sehr zufrieden mit meinen Studenten. Ich hatte das Gefühl, daß sie mich mit offenen Armen aufgenommen hatten, fleißig lernten und sich für alles, was russisch war, interessierten. In unserer Abteilung war ich völlig unabhängig. Mr. de Chasca mischte sich nicht in die Einzelheiten meiner Arbeit ein und ließ mir absolute Freiheit. Das machte meine Arbeit sehr befriedigend.

Er wußte wirklich für seine Untergebenen eine angenehme Atmosphäre zu schaffen. Das wurde mir besonders deutlich im Vergleich zu meiner früheren Beschäftigung in der Sowjetunion, im Hitlerdeutschland, sowie zu meiner Abhängigkeit von

220

einigen arroganten französischen Offizieren während der Besatzungszeit in Deutschland. Dieser Anfang unter de Chasca schuf eine gute Basis für mein Leben an der Universität und im Staat Iowa.

Anfang Dezember dieses Jahres 1960 verspürte ich plötzlich starke Schmerzen in der Bauchgegend. Am 5. Dezember ging ich zum Arzt. Eine Reihe von Untersuchungen ergab, daß ich Gallensteine hatte und sofort operiert werden mußte. Ich war verzweifelt. Wie würde das alles ausgehen? Ich hatte doch gerade erst mit der Arbeit angefangen, und nun sollte ich plötzlich für längere Zeit ins Krankenhaus. Die Ferien begannen am 16. Dezember. Ich beschloß, am 13. ins Krankenhaus zu gehen, in der Überlegung, daß ich dann nur drei Tage fehlen würde und meine Assistenten mich vertreten könnten. So machte ich es auch, und am 13. brachte Nadine mich ins Krankenhaus.

Die Operation war langwierig und schwierig. Als ich nach der Betäubung endlich wieder zu mir kam, schmerzte mein ganzer Körper, und ich glaubte, daß ich diese Schmerzen nicht würde aushalten können. In einer Ecke des Zimmers erblickte ich Nadines schmale Gestalt. Es war eine so unvorstellbare Beruhigung, zu wissen, daß jemand, der einem nahestand, in der Nähe war. Ich merkte, daß sie sich wirklich Sorgen um mich machte. Ich erinnere mich, daß ich nur einen Satz sagte: »Es ist schrecklich, Nadine.«

Die Nacht war ein totaler Alptraum. Mich plagten drückende Schmerzen, Schlaflosigkeit, Depression, Angst vor der Zukunft und das Gefühl, daß ich nie wieder gesund werden würde.

Vom nächsten Tag an durften Besucher in mein Zimmer. Auf den Tischen um das Bett war kein Platz mehr für die Blumen, die angekommen waren. Das Zimmer war zu einem Gewächshaus geworden. Mein Chirurg, Dr. Geiss, konnte sich gar nicht fassen angesichts der Aufmerksamkeit, die mir meine Studenten und Kollegen erwiesen, die mich gerade drei Monate kannten. Ich war natürlich sehr glücklich und sehr gerührt. Und ich glaube, daß dies meine Genesung beschleunigte.

Juri, den man über meinen Zustand unterrichtet hatte, kam nach einigen Tagen ebenfalls. Das war ein großer moralischer Auftrieb. Er brachte mir einen Brief aus Syracuse mit, in dem stand, daß ich die Prüfungen bestanden hatte und jetzt nur noch meine Dissertation abliefern mußte.

Die Frage tauchte auf, wohin ich nach meiner Entlassung aus dem Krankenhaus gehen könnte. Unsere Wohnung lag im ersten Stock, und mit ihrer engen, steilen Treppe war sie nach einer so schweren Operation kaum als Zuflucht geeignet. Dann lächelte mir das Schicksal. Die Schwestern Kelley boten mir an, bis zu meiner völligen Genesung in ihrem Haus zu bleiben.

Unwillkürlich erinnerte ich mich an meine Gedanken vor beinahe zehn Jahren, als Juri und ich uns an jenem denkwürdigen Maiabend der Freiheitsstatue genähert hatten. Das Herz war mir schwer vor Sorge über die unbekannte Zukunft und vor Angst, wie wir beide in einem fremden Volk in diesem neuen Land unseren Weg machen sollten, ohne die Sprache zu beherrschen, ohne Verwandte oder Freunde.

Aber selbst damals befreite mich ein tiefer Glaube an die Menschheit von meiner Niedergeschlagenheit. Jetzt war ich überzeugt, daß ich mich nicht geirrt hatte. Überall kann man Menschen wie die Kelleys treffen. Ich war solchen Menschen nicht nur zu Hause in Rußland begegnet, sondern sogar unter unseren Feinden, den Deutschen; und unter den Franzosen, die Deutschland besetzt hielten; und jetzt hier in Amerika, das mir so weit entfernt und fremdartig erschienen war.

Am 24. Dezember brachte Juri mich in das Haus der Kelleys. Wir verbrachten den Weihnachtsabend mit ihnen, an ihrem Weihnachtsbaum, mit ihren Geschenken und vor allem in einer Familienatmosphäre.

Dima kam mich am 26. Dezember besuchen. Die Kelleys luden meine Söhne zum Weihnachtsessen ein. Drei Tage später reisten die beiden ab. Dima mußte zu seiner Arbeit zurück, und Juri wollte den Silvesterabend mit seinen jungen russischen Freunden in Syracuse verbringen.

Anfang Juni beabsichtigte ich, für ein zweites Treffen mit Marcel Aymé nach Paris zu fliegen und weiter an meiner Dissertation zu arbeiten, die ich noch zu Anfang des Jahres 1962 verteidigen wollte.

Paris, 1961

Am 8. Juli erwarteten mich meine Nichte Tanja und ihr Mann in Paris. Wir sollten zusammen nach Florenz fahren, wo sie den ganzen Monat verbringen wollten.

Noch vor der Abreise nach Italien rief ich Marcel Aymé an und wurde zum Abendessen in sein Haus eingeladen. Wieder war es sehr angenehm, mit ihm zusammenzusein, mit einem so liebenswürdigen und kultivierten Menschen zu sprechen und in seinem Arbeitszimmer zu sitzen, wo so viele berühmte Werke geschrieben worden waren.

Wir fuhren bald nach Florenz ab, und ich sah die Stadt zum erstenmal. Jeden Tag besuchten wir Museen und Ausstellungen und streiften durch die Straßen, wo es bei jedem Schritt etwas Interessantes zu sehen gab. Das Wetter war phantastisch.

Zu dieser Zeit war Juri mit seinem Freund Kolja Giatsintow und anderen Studenten in Europa. Sie reisten in dem Wagen, den sie im Auftrag von Koljas älterem Bruder gekauft hatten. Nach der Reise durch Europa sollten sie ihn in die Vereinigten Staaten überführen. Juri schrieb, daß er mich in Italien besuchen wolle. Ich erwartete ihn voller Ungeduld, aber er kam nicht. Anfang Juli verließen wir Florenz, Tanja und ihr Mann kehrten nach Paris zurück, und ich fuhr wieder nach Bad Kissingen in dasselbe Sanatorium, in dem ich im Jahr zuvor gewesen war. Juri kam für eine ganze Woche dorthin, während seine Begleiter bei Koljas Verwandten in Jugoslawien blieben.

Im September kehrte ich zum Beginn des Semesters nach Iowa zurück. Im Frühjahr 1961 hatte die Universitätsverwaltung beschlossen, einen Leiter für das Russische Seminar einzustellen, um de Chasca von einer außerordentlich mühevollen Last zu befreien. Ein Komitee war einberufen worden, um die Bewerbungen der vielen Kandidaten für diese Position zu prüfen. Dr. de Chasca schlug einen früheren Studenten mit Namen Oppenheimer vor, der in Spanisch promoviert hatte. Ich kannte keinen der Kandidaten persönlich, verließ mich auf die Beurteilung von de Chasca und stimmte auch für Oppenheimer. Von seiner Ankunft im Herbst an teilte ich mein Büro mit ihm. Wir kamen gut miteinander aus und uns gegenseitig nicht ins Gehege.

Im Februar 1962 wechselte Juri von Syracuse zu unserer Universität, in das Chemische Institut. Ich war sehr glücklich darüber. Ich fand bald ein Zimmer für ihn bei einem Professor, der Zimmer an Studenten vermietete. Zum Abendessen kam Juri stets zu mir.

Im Frühjahr dieses Jahres nahm ich das Angebot von Stilman, dem Leiter der Slawischen Abteilung der Columbia Universität in New York, an, im Sommerprogramm zu unterrichten.

Juri erhielt einen Sommerjob im Chemischen Institut der Universität Iowa. Er beschloß, mich mit dem Wagen nach New York zu bringen, bevor der Unterricht begann. Wir brachen in Begleitung von Pavel Batinic, der am Coe College Russisch lehrte und sich in diesem Frühjahr unerwartet hatte scheiden lassen, nach New York auf. Er wollte uns begleiten, um sich nach Arbeitsmöglichkeiten umzusehen.

Er hatte Glück. Eine Woche nach unserer Ankunft wurde eine Stelle im Sommerprogramm der Columbia Universität frei; und auf meine Empfehlung hin stellten sie Batinic für diese Position ein.

Der 22. Juli war als Datum für mein Rigorosum festgesetzt. Obwohl man mir versicherte, daß praktisch niemand in diesem letzten Stadium durchfällt, war ich doch sehr besorgt. Diese Prüfung entschied über meine zukünftige amerikanische Laufbahn.

Alles ging glatt, ohne daß ich irgendwelche Fragen falsch beantwortete. Alle Professoren waren mir wohlgesonnen, und nach zwei Stunden wurde ich aus dem Heiligtum hinausgeführt, wo über mein Schicksal entschieden werden sollte. Mein Ratgeber und Freund Professor Menu erschien als erster und gratulierte mir zur Erlangung des Doktorgrades. Meine Freude war grenzenlos.

Die letzten beiden Wochen des Unterrichts an der Columbia Universität vergingen angenehm schnell und fast unbemerkt. Fast jeder, sowohl Lehrer wie auch Studenten, nahm an meinem Erfolg teil, und sie wetteiferten miteinander, mich zum Feiern einzuladen. Für mich war natürlich die Annahme der Dissertation und die Erlangung des Doktorgrades ein wichtiges Ereignis; jetzt wußte ich, daß meine Position in Amerika gesichert war.

Ich beschloß, alles was ich in Columbia verdient hatte, auszugeben und nach Europa zu reisen. Der Hauptzweck dieser Reise war es, Marcel Aymé persönlich mitzuteilen, daß meine Dissertation über ihn es mir ermöglicht hatte, die Position zu erreichen, von der ich in der Vergangenheit nur hatte träumen können.

Ich dachte nicht lange darüber nach; ich kaufte das Ticket und flog in den ersten Augusttagen nach Europa. Meine erste Station war Bad Kissingen und dort das Sanatorium Dietz, wo ich schon zweimal gewesen war. Die Folgen der Hungersnot, der Blockade von Leningrad und des Lagerlebens in Deutschland machten sich bemerkbar.

Bei meiner Ankunft in Bad Kissingen rief ich sofort Marcel Aymé an und verlangte ihn diesmal selbst. Dann rief ich Tanja an und lud sie ein, einige Zeit mit mir zu verbringen.

Marcel Aymé war offensichtlich erfreut über meinen Erfolg. Er hatte mir kurz vorher noch geschrieben, er sei sicher, daß ich den Lorbeerkranz erringen würde. Jetzt teilte er meine Freude und riet mir, die Dissertation umgehend in Buchform zu veröffentlichen. Ich folgte seinem Rat, und das Buch wurde Anfang des folgenden Jahres von einem der großen Pariser Verlage, Mercure de France, veröffentlicht.

Bald kam Tanja, blieb eine Woche bei mir und genoß die angenehmen Zerstreuungen dieses reizenden deutschen Kurortes.

Ich erwartete auch Dima, der zu der Zeit gerade in Europa war. Dima brachte ein bezauberndes junges Mädchen mit, Karin, die Frau seines Freundes Dr. Mosler. Er hatte Dr. Mosler während seiner Studien in Mainz kennengelernt, und jetzt waren sie gute Freunde. Ich mochte Karin sofort. Mit ihnen kam der kleine Sohn der Moslers.

Dima führte den Jungen herum und paßte ständig auf, daß weder Bienen noch andere Insekten das Kind stachen.

Seit jener Zeit besteht eine wundervolle Beziehung zwischen Karin und mir, und das trotz dem großen Altersunterschied. Noch oft habe ich später diese freundlichen Menschen in Würzburg besucht, bei denen ich mich immer wie zu Hause fühlte.

Dieses Mal verbrachte ich nur einen Monat in Europa und flog von Frankfurt direkt nach New York zurück, wo ich von Juri und seinem Freund Kolja abgeholt wurde. Wir fuhren mit dem Wagen nach Syracuse und verbrachten eine Nacht bei Koljas Eltern. Am nächsten Tag setzten Juri und ich unsere Reise nach Iowa fort.

Wieder mußte ich mich nach einem Quartier umsehen, weil ich die Wohnung aufgegeben hatte, die ich im vergangenen Frühjahr gehabt hatte. Ich mußte nehmen, was ich fand, nachdem die Masse der Studenten das Beste ausgesucht hatte. Was ich fand, war nicht sehr gut. Es war ein Zimmer mit einer winzigen Küche, in der sich nur mit Mühe eine Person umdrehen konnte. Das Badezimmer mußte ich mit der Nachbarin teilen, einer älteren Frau.

Meine Kollegen waren entsetzt, als sie diese Wohnung sahen. Im Vergleich zu den Gemeinschaftswohnungen in Rußland oder den Baracken in Deutschland aber erschien sie mir gar nicht so schlecht. Es war gut, daß ich nicht verwöhnt und mit Dingen zufrieden war, die andere als völlig unannehmbar betrachteten. Ich konnte die Meinung meiner amerikanischen Freunde nicht teilen. Juri kam jeden Tag zum Abendessen zu mir. Häufig besuchte mich Miriam Gelfand. Sie und ihr Ehemann Larry, ein Geschichtsprofessor, waren von Wyoming nach Iowa gezogen.

Mit Miriam, die gerade ihre Lehrtätigkeit im russischen Seminar aufgenommen hatte, ergab sich sofort eine enge Freundschaft. Sie war eine wunderbare Person, immer bereit, zu helfen. Zu meinem Glück ließen sich die Gelfands für längere Zeit in Iowa nieder, was in einer Universitätsstadt ziemlich selten ist. Es ist so schön, über viele Jahre dieselben Freunde zu haben. Hier in Amerika ziehen die Leute immerzu woanders hin, wo sie bessere Arbeitsbedingungen finden und mehr Geld verdienen. In Rußland hatten wir eine völlig andere Einstellung zum Geld, offenbar deshalb, weil keiner es hatte.

Wir lebten so: man erhielt seinen Lohn und hatte Glück, wenn er bis zum Ende des Monats reichte und man nicht jemanden anpumpen mußte. Niemand verschwendete auch nur einen Gedanken an das Sparen. Löhne und Gehälter wurden nach der Fachausbildung gezahlt und waren überall gleich. Niemand versuchte, sein Nest zu verlassen.

Juri spielte oft Schach und hatte schon einen recht guten Ruf, nachdem er das Turnier für den Mittleren Westen gewonnen hatte. Seine Studien an der Universität machten gute Fortschritte, was mir gewaltige Freude machte. In Syracuse hatten ihn vor allem die Mädchen, die ihm keineswegs gleichgültig waren, von seinen Studien abgelenkt. Weil er gut aussah und eine freundliche, heitere Art hatte, war er auf dem Campus ein großer Erfolg, und die Mädchen liefen ihm nach. Hier verwandte er zunächst einmal mehr Aufmerksamkeit auf seine Studien, zum Mißvergnügen einer beachtlichen Zahl von Mädchen. Sie hielten ihn für den attraktivsten Burschen auf dem Campus, was mich zwar sehr stolz machte, mich aber auch befürchten ließ, daß ein solcher Ruhm seinen Studien abträglich sein könnte.

Anfang Februar 1963 bat mich Juri um Erlaubnis, seine Freundin zum Abendessen mitzubringen. Das war ein Mädchen, von dem ich noch nicht einmal gehört hatte. Sie war ein sehr nettes Mädchen, da sie aber schon verheiratet gewesen und etliche Jahre älter als Juri war, fühlte ich mich ziemlich unbehaglich. Sie machte den Eindruck, daß sie ganz genau wußte, was sie wollte, und welche Ziele sie hatte. Jetzt wollte sie offenbar Juri, der so sanft und leicht zu beeinflussen war.

Im März freute ich mich über die Veröffentlichung meines Buches durch den Verlag Mercure de France in Paris, die nach meiner überarbeiteten Dissertation erfolgte. Marcel Aymé hatte Wort gehalten.

Im April wurde ich eingeladen, an der Universität von Minnesota einen Vortrag zu halten. Ich fuhr mit dem Wagen dorthin. Ich hielt den Vortrag auf Russisch, und mir schien, daß nur wenige der Anwesenden ihn verstanden, obwohl sie alle Dozenten der russischen Sprache und/oder Literatur waren. Dann bemerkte ich, daß ein junger Mann im Publikum aufmerksam zuhörte und richtig auf den Inhalt des Vortrags reagierte.

Nach der Veranstaltung lernte ich ihn kennen und sagte ihm, daß ich den Eindruck hätte, nur er habe unter all den anwesenden Professoren verstanden, wovon ich gesprochen hatte. Am selben Tag lud er mich ein, im Herbst einen Vortrag in Urbana, Illinois, zu halten, wo er für den russischen Teil einer Konferenz verantwortlich war. Dieser junge Mann war Norman Luxenburg.

Der Frühling näherte sich und mit ihm auch die Anziehungskraft Europas. Juri und Nancy (das war der Name seiner Freundin) hatten beschlossen, zwei Monate zusammen zu verbringen, zuerst in Menton in Frankreich, wo er an einem Chemiker-Kongreß teilnehmen mußte. Dann wollten sie entweder nach Spanien oder nach Griechenland, wo Nancy schon gewesen war und das sie erneut besuchen wollte. Ich hätte gern gesehen, daß sie nach Spanien fuhren, weil mein Vetter Pavel, der in Marokko lebte, uns eine Reise in seinem Wagen angeboten hatte. Natürlich waren die jungen Leute nicht besonders an einer Reise unter der Aufsicht von Mutter und Onkel interessiert.

Nancy ließ sich am 1. Mai von ihrem Mann scheiden. Ich kenne den Hauptgrund für diesen Entschluß nicht, ob es an der Beziehung zwischen dem Ehepaar lag oder an dem Auftauchen von Juri. Diese Affäre wurde immer intensiver, und der leichtherzige Flirt hatte sich in eine ernsthafte Liebe verwandelt. Das Herz wurde mir schwer. Ich hatte immer auf etwas Besonderes für meinen geliebten, gutaussehenden und begabten Sohn gehofft. Alles an dieser so nett aussehenden Nancy erschreckte mich: ihr Alter, ihre Selbstzufriedenheit, ihre gerade erst abgewickelte Scheidung, die Anwesenheit ihres geschiedenen Mannes in Iowa City und besonders ihre Bemühung, Juri zum Wechsel an das Massachusetts Institute of Technology (MIT) zu überreden. Wieder sah ich eine Trennung von meinem Sohn und die Einsamkeit voraus.

Dima lebte weit entfernt. Bei seiner Rückkehr aus Deutschland, wo er seine Studien mit überdurchschnittlichem Erfolg abgeschlossen und den Doktorgrad der Medizin erlangt hatte, war er nach Connecticut gezogen. Während seines Aufenthalts in Deutschland hatte seine Frau Philosophie zu studieren begonnen und einen Philosophen kennengelernt, den sie jetzt heiraten wollte, nachdem sie sich von Dima hatte scheiden lassen.

Anfang Juni brachen Juri, Pavel Batinic und ich mit dem Wagen von Iowa nach New York auf. Nancy war schon vorher mit ihrem Bruder abgereist und hatte mit Juri verabredet, ihn einige Tage später zu treffen und mit ihm nach Amsterdam zu reisen.

Anfang Mai des Jahres 1963 kaufte ich ein Haus. Was mich an diesem Haus besonders reizte, war, daß darin drei Wohnungen waren, eine für mich, eine, die ich für Juri vorgesehen hatte, und eine dritte, die ich an meine Studenten vermieten wollte, damit sie mehr Praxis im Russischen bekämen, was beim Studium von Fremdsprachen besonders wichtig ist. Am 12. Mai gaben Juri und ich eine Riesenparty in dem neuen Haus, um sowohl den Kauf des Hauses als auch das kürzliche Erscheinen meines Buches zu feiern. Außer einem Sofa hatten wir keine Möbel; das machte uns jedoch keine Sorgen. Wir mieteten alles: Tische, Stühle und Geschirr.

Wir luden etwa sechzig Personen ein. Es kamen einfach alle – viele Professoren, die wir kannten: Vizepräsident Weaver mit seiner Frau; Juris Freunde und Kollegen vom Chemischen Institut; und alle meine Ärzte, an der Spitze mein Chirurg Dr. Geiss, dem ich sehr dankbar war für die erfolgreiche Operation während meiner ersten Monate in Iowa.

Dieses Jahr, das so gut begonnen hatte, erwies sich als das tragischste Jahr meines Lebens. Die Bomben, der Hunger, der Krieg, das Lager – all diese Erfahrungen verblaßten vor dem entsetzlichen Ereignis, das am 26. Juli 1963 geschah. Juri und Nancy starben bei dem Erdbeben von Skopje in Jugoslawien. Sie hatten dort für eine Nacht ihre Reise nach Griechenland unterbrochen, wo Nancy unbedingt nach ihrem Aufenthalt in Frankreich hinwollte.

Zu jener Zeit war ich wieder in Bad Kissingen, wo ich eine Kur machte. Der Sommer war besonders glücklich und angenehm gewesen. Es schien, daß nun alle Schwierigkeiten endgültig hinter uns lägen: ich hatte den Doktorgrad erlangt; meine Stellung an der Universität war gesichert; das Buch war erschienen; das Haus war gekauft. Was sonst konnte man noch erhoffen?

Im Juni war ich mit meiner Nichte Tanja nach Rimini gefahren, wo ich ein großes Zimmer mit eigenem Badezimmer und allen Annehmlichkeiten gemietet hatte. Es war unglaublich billig, zehn Dollar pro Nacht inklusive aller Mahlzeiten für zwei! Wir blieben dort bis zum 5. Juli und genossen das wundervolle Wetter und das Meer.

Dann reiste ich in mein geliebtes Bad Kissingen, wo ich altbekannte Gäste wiedertraf und eine wundervolle Zeit verbrachte. Es gab so viel Unterhaltsames dort. Wir gingen im Wald Pilze suchen und machten lange Ausfahrten. Ein reicher, älterer Deutscher machte mich sehr glücklich. Jeden Tag bestellte er für mehrere Stunden eine Kutsche. Er selbst nahm mit einigen Damen aus dem Sanatorium in der Kutsche Platz, während ich auf dem Kutschbock saß und wie während meiner Kindheit auf dem Gut meines Vaters die Pferde lenkte.

Aus Juris Briefen wußte ich, daß die jungen Leute anstelle der beabsichtigten Reise nach Spanien jetzt nach Griechenland fuhren und diese lange Strecke auf dem Motorrad zurücklegen wollten. Am 26. Juli sah ich wie gewöhnlich die Nachrichten. Sie zeigten Bilder vom Erdbeben in Skopje, das sich am Morgen um fünf Uhr ereignet hatte. Ich fühlte einen Druck auf meinem Herzen und eine plötzliche Vorahnung. Es gab keinen logischen Grund für diese Vorahnung. Warum hätte ich annehmen sollen, daß gerade an jenem Tag Juri und Nancy in Skopje wären? Die Fahrt von Frankreich nach Griechenland war lang. Ich hatte nicht die geringste Ahnung, wo sie waren, denn Juri schrieb mir nur selten. Man hätte annehmen können, daß sie noch in Frankreich waren oder sogar schon in Griechenland.

Aber das Gefühl eines näherkommenden schrecklichen Ereignisses verließ mich nicht.

Am Morgen des 28. Juli erhielt ich einen Anruf aus Paris. Tanjas Mann war am Apparat und teilte mir mit, daß nach den Informationen, die er von französischen Journalisten erhalten hatte, ein in Frankreich unter dem Namen Garder (der Name von Tanjas Mann) registriertes Motorrad in Skopje gefunden worden war. Ich wußte sofort, daß dies das Motorrad war, das Juri in Paris gekauft hatte. Ich brachte kein Wort heraus und ließ den Hörer fallen.

Als der Arzt seine Morgenvisite machte, fand er mich in einem völlig aufgelösten Zustand. Ich weinte, schrie, und wiederholte nur das eine Wort »Warum?«. Der Arzt hatte nur einen Monat vorher seinen einzigen Sohn bei einem Autounfall verloren. »Auch ich habe immer nur ›Warum?‹ gefragt«, sagte er.

Die folgenden Tage kann man nicht beschreiben. Zum erstenmal in meinem Leben war ich völlig durcheinander und wußte nicht, was ich tun sollte, wohin ich gehen sollte und wo und bei wem ich Hilfe suchen könnte. Die Hauptsache war, herauszufinden, ob Juri lebte, denn noch gab es Hoffnung, daß er nicht umgekommen war, sondern irgendwo in einem Krankenhaus lag. In der Tat gab es noch keine offizielle Bestätigung. Ich ging zur russischen Kirche, zu unserem geliebten Priester. Er mochte Juri sehr, genauso wie seine alte Frau. Als er erfuhr, was geschehen war, betete er für mich um Juris Gesundheit und sichere Heimkehr. Am nächsten Tag nahmen mich Bekannte zum amerikanischen Konsulat in Frankfurt mit. Eine Amerikanerin, die eine wichtige Stellung im Konsulat innehatte, versuchte mir persönlich zu helfen. Sie kam telefonisch nach Skopje durch, aber die Neuigkeiten waren nicht sehr beruhigend. Im völlig zerstörten Hotel »Mazedonia« hatte man unter den Trümmern im ersten Stock die Pässe von Juri und Nancy gefunden. Die Amerikanerin umarmte mich, als sie mir diese schmerzliche Nachricht mitteilte.

Es schien mir, als ob mit jedem ihrer Worte das Leben aus mir strömte. Es gab keine Tränen, nur einen quälenden, beinahe körperlichen Schmerz in meinem Herzen. Es war, als ob das Licht ausgegangen wäre und die Person in den Armen dieser Fremden nicht ich, sondern jemand anders.

Was kam danach? Die Rückfahrt zum Sanatorium, das Mitgefühl und die Hilfe von Fremden, Anrufe von verschiedenen Freunden, die von der Tragödie gehört hatten. Aus Amerika kam neben unzähligen Telegrammen eine Nachricht von Dima, daß er mit dem Flugzeug unterwegs zu mir sei. Ich nahm das alles auf, als ob es etwas Fremdes wäre, das mich nicht direkt betraf. Nur nach einer schweren Dosis von Beruhigungsmitteln konnte ich einschlafen.

Dima traf ein, ebenso die Moslers. Visa wurden besorgt und auch Fahrkarten. Dima und ich beschlossen, nach Skopje zu fahren. Während der ersten Tage war die Einfahrt in die Stadt wegen wiederholter Nachbeben verboten. Dima und ich mieteten einen Wagen und fuhren nach Frankfurt. Von dort nahmen wir den Zug nach Jugoslawien.

Die ganze Nacht saß ich am Fenster unseres Abteils und ließ noch einmal mein ganzes Leben passieren, all die harten Schicksalsschläge. Sie alle erschienen mir unbedeutend, verglichen mit diesem Schmerz. Das Schicksal war unerbittlich zu mir, ein Schicksal, das so grausam das Leben dieses Jungen genommen hatte, der so voller Hoffnung und Kraft gewesen war, dieses jungen Mannes, der in seinem kurzen Leben schon so viel hatte erdulden müssen und der nun gerade erreicht hatte, wonach er immer gestrebt hatte.

Dieser Tod schien mir jetzt so sinnlos, wo die Bombardierungen und die Hungersnot des Krieges nur noch Erinnerungen waren. Juri war Amerikaner geworden, ein gleichberechtigter Bürger der neuen Gesellschaft, des neuen Landes, in dem alle Wege für eine bessere Zukunft offenstanden. Dann war plötzlich an einem Ort der Tod gekommen, wo er nur eine Nacht verbrachte! Damit wollte und konnte ich mich nicht abfinden!

Wir verbrachten eine ganze Nacht in den Ruinen von Skopje. Ein Team des Deutschen Roten Kreuzes unter der Leitung eines Arztes versuchte sein Möglichstes, um zu helfen. Aber was konnten sie schon tun?

Die Ausgrabungen gingen weiter. Man brachte uns in einen großen Schuppen, wo das Eigentum der Toten ausgebreitet war. Die Hitze war unerträglich. Ich konnte mich einfach nicht überwinden, in diesem Haufen von Sachen herumzuwühlen, in der Erwartung, etwas zu finden, das Juri gehörte, und so eine weitere Bestätigung für seinen Tod zu haben.

Und doch blieb noch eine kleine Hoffnung. Die hilfsbereiten Deutschen brachten uns in ihrem Wagen zum amerikanischen Krankenhaus ungefähr zwanzig Kilometer von Skopje. Auch dort war man sehr freundlich zu uns, aber wir fanden keine Spur von Juri. Man riet mir, die Adresse seines Zahnarztes in Iowa zu hinterlassen. Das könne für die Identifizierung der Toten hilfreich sein.

Ein hochgewachsener amerikanischer Luftwaffenhauptmann kam zu mir, als er erfuhr, daß ich aus Iowa kam. Auch er hatte an unserer Universität sein Examen abgelegt. »Wenn wir ihren Sohn finden, ob tot oder lebendig, bringe ich ihn, wohin Sie es wünschen«, sagte er mir. Dieses tiefempfundene Mitgefühl war zuviel für mich. Unter Schluchzen nannte ich ihm Wiesbaden.

Am 17. August 1963 versammelte sich eine kleine Gruppe enger Verwandter auf dem orthodoxen Friedhof von Wiesbaden. Dort wurden Juris Überreste der Erde übergeben.

Jetzt, während ich diese Zeilen schreibe, sind zwanzig Jahre seit jenem tragischen Ereignis vergangen, aber ich weiß immer noch nicht, wie und warum ich diesen quälendsten und schrecklichsten Augenblick meines Lebens überlebt habe.

BITTE BEACHTEN SIE
DIE FOLGENDEN SEITEN

ELENA SKRJABIN

Leningrader Tagebuch

Aufzeichnungen
aus den Kriegsjahren 1941–1945

Deutsch von Mikolaj Dutsch
312 Seiten · Eupyrus

Dieses ergreifende, aber auch versöhn-
liche Buch schildert die Kriegsodyssee
einer russischen Bürgerin.

Elena Skrjabins Aufzeichnungen beginnen
im Jahr 1941, als die von Kälte, Hunger und
Tod heimgesuchte Stadt Leningrad von
deutschen Truppen belagert wird. Knapp
ein Jahr später wird sie mit ihren Kindern
in den Kaukasus evakuiert, aber auch dies
ist nur eine Station auf der Flucht vor dem
Krieg, die in einem Zwangsarbeiterlager in
Bendorf am Rhein endet, aus dem sie 1945
befreit wird. Ein Zeugnis menschlicher
Schicksale während des Zweiten Weltkrieges und ein wesentlicher Beitrag zum Ver-
ständnis zwischen den Völkern.

LIMES

CURT HOHOFF

Die Verbotene Stadt
Roman
200 Seiten · Efalin

Abenteuerlich und voll Gefahren ist die
Reise zu der »verbotenen Stadt«, die in keinem Atlas zu finden ist. Über das märchen-
hafte Damaskus führt der Weg durch Sand-
wüsten und über Gebirge, bis endlich der
Erzähler fern über der Steppe den Lichter-
glanz der »verbotenen Stadt« erblickt.

Vom selben Autor sind lieferbar:

Woina, Woina
Russisches Tagebuch

Unter den Fischen
Erinnerungen an Männer, Mädchen
und Bücher 1934–1939

Venus im September
Roman

LIMES

TRUMAN CAPOTE

Andere Stimmen – Andere Räume

Roman
Deutsch von Hansi Bochow-Blüthgen
248 Seiten · Leinen

Das Buch erzählt die Geschichte eines einsamen Knaben, der die Antwort auf ein
langgehütetes Geheimnis sucht. Er war
gekommen, um bei einem Vater zu leben,
den er nie gesehen, einem Vater, der ihn
bei seiner Geburt schon verlassen hatte.

Nicht nur ein Werk ungewöhnlicher
Schönheit, sondern auch ungewöhnlicher
Intelligenz – einer der vollkommensten
Romane Amerikas.   New York Herald Tribune

LIMES